JN297953

現代日本政治論
1945-2005

藤本一美 著

専修大学出版局

序文

第二次世界大戦終了後、日本の政治は長い間、良くも悪くも、いわゆる「1955年体制」のもとで展開されてきたといえる。ここでいう、1955年体制とは、狭い意味では1955年（昭和30年）に結党された自由民主党（自民党）優位の下で、自民党と社会党が対立した二大政党制のことを指している。この体制の基底には、米ソ冷戦状況の進行とあいまって、「保守勢力」対「革新勢力」という対立軸が存在した。

その場合、保守勢力とは、西側自由主義諸国、とりわけその盟主である米国との関係を最も重視し、安全保障の面では米軍に依存しながら自衛力を整備し、そして内政面では天皇の元首化、日の丸の国旗化、憲法改正など、伝統的な価値を追求する立場に他ならない。一方、革新勢力とは、反米を唱え、旧ソ連や中国および北朝鮮などの社会主義諸国との友好関係を重視し、日米安全保障条約や再軍備に反対するもので、内政面では現行憲法を維持し、近代的・民主的価値を擁護する立場である。

このような対立軸は、すでに敗戦直後から見られたものの、より直接的には占領時代から講和条約締結に至る過程でしだいに明確な形をとり、そして1955年に右派社会党と左派社会党による日本社会党の統一並びに民主党と自由党による自由民主党の結成、すなわち保守合同でもって、最終的に確立された政治体制である。

この1955年体制は、その後長期にわたって日本政治の枠組みを規定し、大きな影響力を及ぼしてきた。だがそれは、1993年に自民党の分裂を契機として、反自民8派の細川政権の成立により、一時的に崩壊した。しかしながら、1996年、自民党はこれまで政策とイデオロギーのあらゆる面で鋭く対立してきた社会党と連立を組む形で、再び政権の座に復帰することに成功した。それ以降、自民党は連立政権で首相の座を手にし、橋本内閣―小渕内閣―森内閣―小泉内閣―安倍内閣および福田内閣とつないで権力の座に君臨しているのである。

すでに米ソ冷戦が終結して20年近くになり、東側陣営と西側陣営との対立、いいかえるなら保守勢力対革新勢力との対立の基盤が消滅したにもかかわらず、依然として保守勢力を代表する自民党による一党支配体制が存続している。それはある意味では、国際社会での米国一極支配体制と軸を同じくするものであるのかもしれない。

包括的な支配政党である自民党は、きわめて懐の広い政党である。党内には、右派から左派まで多様なイデオロギーと人材や政策集団（派閥）が存在している。戦後の日本は基本的には、保守勢力の下で経済的繁栄を謳歌し、平和を維持してきたといってよい。その限りで、自民党一党支配体制が日本の発展と安定に寄与してきた点は認めざるを得ない。これに対して、革新勢力は戦後の日本が右傾化と軍国化を強める中で、それを阻止する「民主勢力」として大きな役割を果たしてきたといえる。ことに、社会党および共産党は労働者の権利擁護のみならず自衛隊および核廃棄などを求める平和運動の進展に大きな役割を演じてきた。その点は大いに評価されるべきであろう。

本書は、以上で述べた認識を前提にして、米ソ冷戦という時代状況を踏まえて、保守と革新の対立軸を中心としながら、１９４５年から２００５年に至る日本の戦後政治の軌跡を辿るものである。論述は第1部では、戦後政治を縦軸に横断する形で分析・検討する。続いて、第2部では、戦後政治を横軸に横断する形で分析・検討する。そして、それらの分析と検討を通じて、現代日本政治の特色と問題点を提示できれば幸いであると考える。

第1部　戦後政治の争点と決算

第1章　戦後政治の軌跡

1．占領と戦後政治（1945年～1954年）

先の第二次世界大戦が日本の政治・経済・社会全般に与えた影響は極めて大きかった。日本はすべてを戦争に集中して、国家総動員体制をとった。米英との戦争による被害は甚大で、国土は荒廃し、都市は焦土と化し、そして国民生活は困窮を極めた。こうした中で、１９４５年8月15日、日本は敗戦を迎えたのである。

ポツダム宣言を受託した日本は、連合国軍の占領下に置かれることになった。だが、その実態は、米国による単独支配であったといってよい。占領統治の方式は、ドイツの直接統治とは異なって、日本政府の存在を認める「間接統治」であった。連合国は当初、日本の軍国主義の排除と民主化を求めた。したがって、米国の初期の占領政策は、日本の非軍事化と民主的改革が中心であった。その結果、政治的・宗教的自由制限の撤廃、婦人の解放、労働組合の結成・奨励、教育改革、農地改革、新憲法制定（改正）などの「民主化政策」が次々と実施されていった。

天皇中心の大日本帝国憲法を改正した新しい日本憲法の特色は、平和主義、象徴天皇制および国民主権であり、日本はその衣を替えて再出発することになった。こうして、日本は基本的人権を守る、非武装の議会制民主主義国家となったのである(1)。

しかし、戦後間もなく米ソの対立による「冷戦」が進展し、そこで１９４７年を境にして米国の対日占領政策は大きく変化した。米国は、日本の経済再建を進めてアジアにおける「反共の砦」とする政策をとり、このため民主化政策は一定の修正を余儀なくされた。１９５０年に勃発した「朝鮮戦争」は、日本を再軍備させ、米国との軍事同盟のもとに置くという方向を決定づけたといってよい。

次いで１９５1年、日本は米国のサンフランシスコにおいて、西側48ヶ国と平和条約に調印し、それと同時に米国との間で「日米安全保障条約」を締結した。そして翌1952年、両条約の発効により、長きにわたった占領時代は終わりをつげ、ここに日本は西側自由主義陣営の一員として「サンフランシスコ体制」の下で国際社会に復帰し、新しい時代を迎えることになったのである。

こうした状況の中で、戦前の政治家たちが公職追放の解除により次々と復活し、「戦後民主主義」を批判して、憲法改正と再軍備を求める勢力が台頭してきた。占領時代から政権の座にあった吉田茂の率いる自由党政権は、その内部において鳩山一郎らの旧勢力が反発を強め、彼らは1954年に至り、日本民主党を結成した。そして吉田内閣を打倒して、新たに鳩山内閣を発足させたのである。[2]

このように、1945年から1954年に至る時期は、敗戦、占領および独立・国際社会への復帰の過程であり、日本においては戦後の混乱期の中で、極めて起伏にとんだ政治が展開されたといえる。

2．55年体制の政治（1955年～1964年）

戦後の日本における政党政治の転換は、1955年に生じたといえる。すなわち、この年に、左派社会党と右派社会党が統一して、まず、日本社会党が発足した。一方、これに対抗する形で、自由党と民主党とのいわゆる保守合同が実現し、自由民主党が誕生した。ここに、2大政党制―「1955年体制」が成立したのである。

1955年体制は、これを二つの側面から見ることができる。第一は、制度的側面を重視するものである。それは、自民党と社会党による2大政党の結成に注目し、その出現とその体制下における政治体制をさすものである。そして第二は、機能面を重視するものである。2大政党制とは実際には、一か二分の一政党制であって、自民党単独政権の樹立に注目し、いわゆる政・財・官癒着の始点であったとする見方である。

この1955年体制は、国会での衆参両院における自民党の過半数議席を背景とし、米ソ冷戦が進行していく中で、自民党が「保守勢力」として、米国を中心とする西側諸国との連帯を強める一方で、他方では、社会党・共産党が「革新勢力」として、ソ連を中心とする東側諸国との関係を強めていった。そのため、両勢力は政治・経済・軍事などあらゆる場面で鋭く対立したのである。[3]

1960年に入って、国論を二分した日米安保条約の改定に伴う騒動の過程で、社会党から民社党が分裂し、その後、創価学会が公明党を結成して、野党の多党化が始まった。そして、安保騒動の責任を取って退陣した岸信介内閣に代わって登場したのが、池田勇人内閣であった。池田内閣は「所得倍増計画」を打ち出し、岸前内閣の強気で「対決型の政治」から経済成長と国民生活を重視する「低姿勢の政治」へと転換をはかった。以後、日本の政治は主として、経済上の問題をめぐって争われ、展開されていったといえる。(4)

わが国では、１９５５年から１９６４年の10年間に、鳩山一郎内閣、石橋湛山内閣、岸信介内閣、池田勇人内閣、そして佐藤栄作内閣という具合に政権の方はめまぐるしく代わり、そして、高度経済成長の時代に突入していった。この間に、国民生活は、一層豊かになり、それは東海道新幹線の開通と「東京オリンピック」の開催で頂点に達した。また、日本の経済的地位が国際的にも認められ、わが国は国際通貨基金（ＩＭＦ）８条国に移行し、経済協力機構（ＯＥＣＤ）への加盟が実現するなど、本格的な開放経済体制が整ったのである。

3．高度成長の政治（1965年～1974年）

佐藤（栄作）政権が発足したのは、１９６４年11月のことである。同政権は、その前の池田政権が促進した「高度経済成長」政策を引き継いだ政権であり、佐藤首相は7年8ヶ月という長い期間にわたって政権を担当した。佐藤政権が発足した当時、わが国の経済は不況の最中にあり、佐藤首相はこれに対応すべく、１９６５年に、戦後ではじめて「赤字国債」を発行した。そして、不況をみごと克服したわが国の経済はその後、未曽有の高度経済成長を遂げることになった。

高度経済成長とともにわが国は、欧米諸国と並んで「経済大国」の一つとして力をつけ、対米貿易も黒字に転換した。しかしおりしも、日米間において経済摩擦＝繊維紛争が生じ、その交渉は進行中であった沖縄返還交渉と相まって大きな政治問題となった。佐藤長期政権は内政面では、公害対策と大学紛争の沈静化に全力をあげたといえる。(5)

一方外交政策の面では、佐藤内閣は、安保条約を基盤に日米関係を最優先した。まず佐藤首相は、韓国との間では懸案であった基本条約の締結にこぎつけ、また、泥沼化した米国のベトナム戦争介入を全面的に支援した。そしてこの間に、佐藤首相は沖縄返還のため積極的に対米交渉を進め、1969年11月の日米首脳会談において、ついに沖縄の「核抜き、本土並み」返還の実現を図った。これを花道に佐藤首相は、1972年7月に引退したのである。

およそ8年に及ぶ佐藤長期政権の後を制したのは、田中角栄である。田中内閣は発足当初、国民の高い支持と期待の下に、日中国交正常化と日本列島の改造を試みた。しかし、田中首相は自らの「金権疑惑」が発覚し、国民の批判を受けて退陣を余儀なくされた。そこで自民党は、最小派閥の領袖であった三木武夫を総裁に担ぎだし、「クリーン三木」内閣が発足したのである[6]。

1965年から1974年に至る10年間の日本はいわゆる「高度経済成長」をとげた一方で、大学紛争、公害および石油ショックに見舞われるなど、あらゆる分野において「社会のひずみ」がクローズアップされるようになったといえる。

4．金権政治下の政治（1975年～1984年）

1975年から1984年に至る10年間に、わが国においては、三木武夫、福田赳夫、大平正芳、鈴木善幸および中曽根康弘内閣という具合に自民党総裁による五代の政権が続いた。だが、中曽根内閣を除けば、いずれの内閣も2年前後といった短命政権に終始したのである。その背景として、この時期に、保守陣営が混乱続きで、自民党は何度か分裂の危機に直面した点が挙げられる。

田中角栄内閣が金脈問題で退陣した後に、いわゆる「椎名裁定」で政権の座に就いたのは、三木武夫である。三木内閣の下では、戦後最大の疑獄事件となった「ロッキード事件」が発覚した。そして、この事件に関与した田中前首相が逮捕・起訴され、事件の徹底究明を目ざした三木武夫首相は、党内反主流派による「三木おろし」に遭遇し、そのために自民党は事実上、分裂状態に陥ったのである。

任期満了選挙となった1976年12月の総選挙では、自民党は249議席と過半数を割る大敗を喫し、この責任をとって三木首相は総辞職を余儀なくされた。三木政権を襲った福田赳夫は長年の念願であった首相の座に就いたものの、1978年11月の自民党総裁予備選挙において敗れて、政権の座を大平正芳に譲りわたした。

大平首相は、1979年10月、衆議院の解散・総選挙に打って出た。しかしその結果は、自民党は前回の

１９７６年の選挙を下回る２４８議席に終わり、総選挙後に敗北の責任をめぐって党内では、いわゆる「40日抗争」が勃発したのである。(7)

越えて１９８０年５月、野党は大平内閣不信任決議案を提出した。これに与党の自民党から造反者がでて、不信任決議案が可決されるという事態が生じた。この時、大平首相は内閣の総辞職ではなく衆議院の解散のほうを選択し、我が国の憲政史上初の「衆参同日選挙」が行われた。選挙戦中には大平首相が倒れて死亡するというアクシデントがあったものの、同日選挙では自民党は衆参両院で圧勝し、勢力を盛り返したのである。

後継政権は大平派の番頭格である鈴木善幸が継いだ。だが、鈴木首相は１９８２年秋の総裁選挙を辞退し、政権を投げ出すかたちで退陣した。その後政権は、中曽根康弘が継いだ。中曽根内閣の成立には、自民党の最大派閥である田中派の支援が大きく、同内閣は「田中曽根」内閣と揶揄された。しかしながら、中曽根首相は、「戦後政治の決算」を掲げて果敢に行財政改革に取り組み、自民党をまとめあげて、長期政権の土台を形成することに成功したのである。(8)

１９７５年から１９８４年に至る田中派支配下の自民党政権時代には、いわゆる「田中軍団」が鉄の結束を誇り、派閥の代表が逮捕されて有罪判決を受けたにもかかわらず、あらゆる面で自民党政治を牛耳っていたといえる。

5．政治改革の実験（1985年～1994年）

ここで取り上げている時期は、１９８５年から１９９４年の10年にわたる日本政治の動向とその特色である。この時期は、まず、中曽根内閣の長期政権のもとで、日本の「戦後政治の総決算」の掛け声に押されて、〃行財政改革〃が断行されたことである。その結果、国鉄、電々および専売の三公社の民営化が相次いで実現を見た。次いで、竹下内閣のもとでは「消費税の導入」が、また海部内閣の下では「自衛隊の海外派遣」が行われた。しかし、宮沢内閣の下での衆議院解散・総選挙において、ついに自民党が分裂し、ここに、非自民八派の細川内閣が誕生して政権交代が生じた。支配政党であった自民党は下野することになり、長期にわたったいわゆる「55年体制」は崩壊したのである。(9)

わが国では細川内閣以降、「連立政権」が常態化し、この時期には一連の「政治改革関連法案」が成立した。まず、衆議院には、「小選挙区比例代表並列制」が導入され、これまでの中選挙区制は廃止されることになった。また村山内閣のもとでは、長い間、政策・イデオロギーのあらゆる面で対立してきた自民党と社会党が手を組むことになり、戦後積み残されてきた多くの政治的案件が実現するなど、これまでの政治の対立軸は大きく変容した。

対立軸の変化は、特に外交・安全保障面と経済政策を中心とする「国家運営」の面で著しく見られ、そこでは、各々の連立政権はおしなべて、〝国連協力に積極的で小さな政府〟を志向したといえる。こうして、自民党一党支配下の各内閣の政治運営と比較するならば、連立政権下での各内閣の政治運営は、大きな様変わりを示したのはいうまでもない(10)。

いずれにせよ、〝米ソ冷戦の終結〟という世界的な大変動を経て、それは時間的ラグを経て日本の政治にもじわじわと浸透し、いわゆる「保守陣営」対「革新陣営」の対立軸は消滅することになり、新たな政策協議事項を中心に政治が展開されることになったのである。

6．日本政治の転換（1995年～2004年）

ここで分析の対象としている時期は、1995年から2004年に至る日本の政治である。この時期の日本政治の特色は、まず第一に、自民党が再び権力の座を取り戻したことである。すなわち、1996年1月11日、橋本龍太郎自民党総裁が首相に選出され、自民党は宮沢内閣の下で首相の座を失って以来、2年5ヶ月ぶりに首相の座を手にしたのである。それ以降、自民党は、小渕内閣、森内閣および小泉内閣と政権をつないで、首相の座を堅持している(11)。連立を組んでいるとはいえ、自民党支配体制が復活したとの印象を深くする。第二に、自民党は、「新保守主義」と「小さな政府」の旗印を掲げた小泉政権の下で、一種の衣替えをはかり「郵政の民営化」を促進するなど、長期安定政権を実現したことである。

一方、この間に、自民党と共産党を除く、その他の政党の再編成が行われ、新しい政党が生成し、そして古い政党は消滅していった。とくに野党第一党であった社会党は分裂を余儀なくされ、他の政党に吸収されていった。実際、この10年間に、政党はめまぐるしく相手を変えて連立を組む一方で、他方では統合・離散を繰り返したといってよい。

そして２０００年代に入り、日本の政治は大きく転換し、様変わりを示してきたといえる。特に自民党は、米国との間で日米安保体制の再定義を促進して、政治・軍事同盟関係を強化してきた。(12) そして小泉内閣の下では、イラクへの自衛隊の海外派遣が実現するなど右寄りの保守的姿勢が目立ち、また、国内経済の面では富者と貧者の格差が一段と広がったといえる。

注

(1) 藤本一美『戦後政治の争点　１９４５～１９７０』(専修大学出版局、２０００年)、42頁。

(2) 右同じ、１４２頁。

(3) 右同じ、１６４頁。

(4) 藤本一美・浅野一弘『日米首脳会談と政治過程』(龍渓書社、１９９４年)、１２０頁。

(5) 藤本、前掲書、『戦後政治の争点』、３３４頁。

(6) 藤本一美『戦後政治の決算　１９７１～１９９６』(専修大学出版局、２００３年)、71頁。

(7) 藤本一美『解散の政治学―戦後日本政治史』(第三文明社、１９９６年)、１７９頁。

(8) 藤本、前掲書、『戦後政治の決算』、１８５頁。

(9) 右同じ、３４３頁。

(10) 右同じ、３６０頁。

(11) 右同じ、３９０頁。

(12) 『朝日年鑑　１９９７年版』、１４２頁。

第2章　占領政策の転換と日本政治の波動
―1948年の政治状況

1．はじめに―問題の所在と分析視角

1948（昭和23）年の新年を迎えるに当たって、日本統治の責任者である連合国軍総司令官ダグラス・マッカーサー（Douglas MacArthur）は、「日本国民に与う」と題する声明を発表し、日本国民を激励した。その声明は、新聞のトップを飾り、片山哲首相の年頭所感の記事は、右端に追いやられていた。そこには、「支配者（占領軍）」と「被支配者（日本政府）」の関係が如実に示されていたといえる。この年、わが国は依然として、「連合国軍総司令部（GHQ）」の占領の下で間接統治されていたのである。

マッカーサーの声明は、次のようなものであった。「日本改造計画再建の設計は完成に近づいた。ヒナ形はできあがり、道は与えられている。今後の発展は主として日本人自身の手中にゆだねられている。これが成功するか失敗するかは、近代文明が要求するところの最も単純なしかも卓越した諸原則を実行する日本人の能力いかんにかかっている。占領はいかに慈悲深く、有益なものであろうと、精神的な高揚のみが人間の自由という不変の観念に基づく未来―成功と失敗のカギを握るのは常に個人の責任の十分な自覚であるような社会―を建設せんとする不敗の決心を生みだしうるものである。個人的な困難はやむを得ざるものである。日本の経済は日本の過去の指導者達の悲惨なる戦争遂行により今や窮乏に陥っている。これを救うものは日本人自身の最大限の努力発揮、日本人指導者の知恵と決心、平和の回復とそれに伴う国際貿易に対する現存諸制限の撤廃あるのみである。日本人の物資需要が日本の生産能力より大きな間は日本人中より弱い人々を死滅から守るため日本の国内経済を統制することが必要であろう。しかしかかる諸統制は一時的であり、終局的には自由企業に席を譲るものでなければならない。……それゆえに未来は諸君の手の中にある。諸君が諸君のくぐって来た偉大な精神革命に忠実であるかぎり、諸君の国家は立ち直り、発展をとげるであ

ろう。……諸君がたじろぐことなく前進することはこの新年に余の希望し確信しまた祈念するところである[1]」。

ところで、こうして迎えた１９４８年の政治的特色を述べるとすれば、以下の３点に要約することができよう。すなわち、第一点は、米国の極東政策が「東西冷戦」の進展に見合った形で明確に転換され、それに伴い日本に対する占領政策も大きく変容を遂げたことである。米国は、共産主義に対する防壁として日本を活用するため「民主化」に関してブレーキをかけ、その一方で、占領軍による諸種の規制はしだいに緩和されていった。

この年の国際情勢は、米ソ両大国による外交・軍事上の対立、すなわち、「東西冷戦」の進行によって一段と深刻さを増し、それは、日本を支配していたＧＨＱの政策に対して大きな影響を与えた。実際、この年には、米国の対日占領政策の大転換が行われたのである。米国のケネス・C・ロイヤル（Kenneth C. Royal）陸軍長官は、１月８日、「日本を共産主義の防壁にするために経済的に自立できる国家にするべきだ」と演説した。続いて３月20日には、ウィリアム・H・ドレーパー（William H. Draper）陸軍次官を団長とする調査団が「日本をアジアの工場」にするために来日した。ここに、米国の対日占領政策は、これまでの厳しい軍国主義の排除から一転して、迅速な日本経済の再建に重点を置くことに変化したのである。

特色の第二点は、片山哲内閣、芦田均内閣といった中道連立内閣が相ついで崩壊し、これに代って民自党の吉田茂が内閣を組織し、政治の重心が保守の側へと大きく傾斜したことである。

政局の方は、２月10日、片山連立内閣が社会党の内部対立などで総辞職し、後継内閣は紆余曲折があったものの、３月10日に民主党の芦田均を首班とする民主、社会および国民協同３党の連立内閣として発足した。しかし、７月６日、副総理の西尾末広が政治献金問題で辞任し、そのため、芦田内閣の政治基盤は著しく弱められることになった。その後、昭和電工に対する復興金融公庫の融資をめぐって疑獄事件が進展し、９月30日には、経済安定本部総務長官の栗栖赳夫が官憲により逮捕され、続いて10月６日には西尾前副総理も逮捕された。このため、芦田内閣は翌７日に総辞職を余儀なくされた。後継の首班については、一時民自党の山崎猛を擁立する動きもあった。しかし結局、10月19日、第二次吉田茂内閣が誕生し、それは長期にわたる保守単独政権の出発点となった。

そして特色の第三点は、「極東国際軍事裁判」(以下、東京裁判と略す)が終了して判決が下され、「A級戦犯」25人の被告の中で7人の絞首刑が執行されたことである。この結果、戦前の政治・軍事指導者の戦争責任問題について一応決着がつけられたのである。

東京裁判の審理は46年5月3日から開廷され、48年の11月12日に、東条英機元首相ら7人の絞首刑を含む25人に対して有罪判決が宣告された。ただ、注目されていた昭和天皇の戦争責任については、何ら問われないままに終了した。戦争犯罪の追及は東京裁判の判決でもって一応終了し、その後戦争責任の問題は長らく問題とされることがなかった。確かに、この裁判は連合国側による「勝者の裁き」の側面が見られたことは否めない。しかし、この裁判を通じて、国民に知らされていなかった軍部によるアジア諸国に対する「侵略戦争」の実態が明らかにされたことは有意義であった(2)。

本章では、占領下満3年目にあたる1948年の日本政治の動向を検討する。具体的には、最初に米国の占領政策の転換と中道連立政権の行方について言及する。次いで昭和電工疑獄事件が政界へ及ぼした影響を取り上げ、最後に、「東京裁判」の背景と意味を論じ、「戦争責任」の問題点を考えてみたい。その際、主として「支配者(占領軍)」と「被支配者(日本政府)」との関係を縦軸に、これに「民主勢力」と「保守勢力」との対立を横軸にすえて分析していきたい。論述のスタイルは、まず最近の研究成果に基づいて事件の事実関係を明らかにする。その上で、『朝日新聞』の社説などを紹介して、当時の一般国民の考え方をさぐり、次いで、筆者の立場を述べることにする。

2. 占領政策の転換と中道連立政権の破綻

①民主改革から「経済再建」へ

連合国の日本占領管理方式は、「象徴天皇制」を頂点にして日本の官僚組織を温存した間接統治であり、それは事実上、米国による単独占領であった。米国の対日占領政策は、当初社会不安防止のために現実主義的な政策として実施され、基本的には、軍事面での武力解除を目指した「ハード・ピース」路線であった。しかし間もなく、米国の対日占領政策を取り巻く国際環境は急激な変化を示した。つまり、戦時期の米英とソ連との間に存在した協調路線は破綻し、「東西冷戦」状態が開始された。また、アジアにおいても、中国共産党が蔣介石の率いる国民党を攻略するにつれて、米国の対日占領政策は寛大な「ソフト・ピース」路線に変化していったのである[3]。

こうした状況の中で、先に述べたように48年1月8日、米国の陸軍長官ロイヤルが、サンフランシスコ市のコモン・ウェルス・クラブにおいて、対日占領政策の方向は、「日本自身が自立しうるのみならず、今後極東におこるかもしれぬ新しい全体主義の脅威に対し防壁の役目を果たすに十分な強力な安定した民主主義を築き上げることにある」と結論づけたのである。この演説は、米国の対日占領政策が初期の非軍事化および経済民主化から大きな転換を示した演説として広く知られており、その転換の重点は何よりも経済政策にあった。

この演説のもつ意義を『朝日新聞』は、「社説：強い民主主義への気概」の中で次のように述べた。「6日サンフランシスコのコモンウェルス・クラブで述べられた米陸軍長官ケネス・ロイヤル氏の対日政策に関する意見は、連合国管理下にある日本国民に極めて注目すべき幾多の示唆を含んでいる。同長官は、米国の対日占領政策の方向は、日本が単に自立し得るばかりでなく、今後日本に起こるかも知れない新たな全体主義の脅威に対してこれの防壁の役目を果たすに十分なほど強力な安定した民主主義を築き上げるにあるとし、日本を厳重に非軍事化しようとする当初の方針と日本をして自立国家たらしめようとする新方針との間に矛盾を生じていると指摘した」。その上で「この矛盾が特に工業方面にあらわれ、人造ゴム、造船、化学、非鉄金属等諸工場の破壊が日本の平和的能力にも悪影響を及ぼし、過度の産業の分割が全体の生産および輸出余力を低下させ、ひいては日本の自立の日を遅らすべきを怖れているのである」。「しかし日本の占領政策に極めて大きな関係を持つ米陸軍長官のこの言明が、今後における対日賠償問題や過度経済力集中排除法の適用の上に何らかの影響を与えることは想像にかたくない。今日のような世界の情勢においては、内からも外からも、いつか全体主義の脅威が起らないとは限らない。しかしこれを防ぐ唯一の方法は、強い民主主義を確立するよりほかにない。また強い民主主義があれば全体主義は怖るゝに足りないのである[4]」。

ところで、米国が対日占領政策を転換するに際して、米政府内の議論をリードしたのが、国務省政策室長のジョージ・F・ケナン（George F. Kennan）と陸軍省の対日政策担当者だったドレーパー陸軍次官に他ならない。欧州復興のために「マーシャル・プラン」を推進したケナンは、日本をこのまま放置しておけば共産化するという懸念を抱き、「東西冷戦」が激化する中で日本の経済復興を促進した方が得策だと考えた。こうしてケナンは、48年の2月から3月にかけて占領下の日本を訪問し、そして、連合国総司令官のマッカーサーと意見の交換を行い、日本経済の再建の必要性を説き、同意を得たのである。一方、ドレーパーも、日本において社会主義的な政策の行き過ぎが見られるという情報を重視し、日本を直接視察した。そして、対日占領政策の優先を経済復興にすえる報告書を米国政府に提出した。かくして、対ソ連戦略上から日本の重要性に注目し、東側共産主義諸国に対する防壁として日本を強化する声が強くなってきた。これらの意見は、10月7日付の米国国家安全保障会議（NSC）文書第13号の2「アメリカの対日政策に関する勧告」としてまとめられ、日本の経済復興を中心とする占領政策の転換が図られたのである。(5)

GHQは、12月18日、米国政府がNSC13―2に基づいて極東委員会の中間指令として送付した日本の経済復興のための9原則を発表した。それは米国政府がマッカーサー司令官に対して、日本の急速な経済復興を目的とする9項目の経済安定計画の実施を日本政府に要求するよう指令したものであった。米国政府は、声明の中で日本政府の生産および対外輸出に対する努力は見るべきものがある。しかし、インフレ克服の努力は不十分であり、将来米国の対日援助資金に対する割り当て要求は今回の経済復興計画を日本政府がどのように実施するかによって考量されることを明らかにし、日本政府が断固たる措置をとることを要望した。その内容は、日本の経済自立のために、財政の均衡、徴税の強化促進、融資制度、賃金の安定、価格統制の強化、貿易・為替管理の改善、輸出の振興、重要原料などの増産および食糧供出の改善を図るものであった。

今回の指令は、日本の単一為替レートの設定を早期に実現させるための途を開くためにはぜひとも実施されねばならない九つの原則を示したもので、第一原則は極力経費の節減をはかり、また、必要でありかつ適当なりと考えられる手段を最大限に講じて真に総予算の均衡をはかることであった。つまり、9原則は、単一為替レートを早期に設定することを目標とし、そのために、主に財政面で緊縮政策を実施することによりインフレを最終的に収斂させることを目指したものであった。これが、「経済安定９原則」と呼ばれるものであって、その目的はまず日本経済の自立を達成することにあった。その結果、日本を東アジア資本主義圏の形成と安定に役立つ勢力とし、同時に米軍の対日占領費および経済援助費の削減に役立てようとするものであった[6]。

この指令の意義を『朝日新聞』は、「社説：緊迫せる経済再建の要」の中で次のように述べた。「マックアーサー元帥を通じ指令された今回の基本政策は、財政、金融、物資、賃金、生産、貿易等、経済全般にわたるいわば経済諸施策の根幹をなすものである」。「この指令は、日本が諸外国と経済的同一の条件のもとに自立することと、換言すれば単一為替を設定するための国内的準備態勢の整備にあるといわねばならない」。「指令にも指摘されている通り、この準備整備如何、いいかえれば、日本が誠意をもって経済の安定と回復とに努力するかどうかによって、われわれ国民の生活水準が引き上げられるかどうかが決まる。またこの態度如何によって、米国の対日経済援助の将来も決定する。われわれとしては、かように米国から指摘されるまでもなく、この際、大覚悟をもって民主的に強力な安定施策を推進することが肝要である」[7]。

47年に入り、米ソ関係は協調の可能性がうすれていき、「東西冷戦」が一層進行し日本の早期講和論も退潮していった。それと並行するかのように、米国の対日占領政策はケナン、ドレーパーらのイニシアチブによって転換し始めた。その結果、財政負担軽減、反共政策の観点から米国政府は、占領下日本の「経済民主化」よりもむしろ「経済自立化」を求める方向を目指し、対日占領政策の重点を政治面の改革から経済面の復興へと移行させていったのである[8]。

②片山内閣・芦田内閣・吉田内閣

占領下の日本の政治は、絶対的権力者であったＧＨＱによって左右され、ことにその政治部門であった「民政局（ＧＳ）」と「参謀第二部（Ｇ２）」の確執に翻弄された話はよく知られている。民政局は、敗戦後の日本が再び米国や世界の脅威にならないように、急進的な非軍事化政策および民主化政策を推進した。民政局局長はコートニー・ホイットニー（Courtney Whitney）であり、彼は日本の民主化政策を積極的に進めた代表格であった。一方、参謀第二部は、共産主義勢力やその運動に強い懸念を抱いていた。参謀第二部は部長のチャールズ・A・ウイロビー（Charles A. Willoughby）が率い、彼は保守的で反共的な政策を推進した。(9)

47年4月25日、日本国憲法施行直前の総選挙において、片山哲委員長が率いる社会党は143名を獲得して第一党となった。これは、有権者が未知の社会主義に期待を寄せていたことと、労組の積極的な支援があったからに他ならない。社会党は当初、自由党、民主党および国民協同党（以下、国協党と略す）を加えた挙国一致内閣を目指した。そして難航の末、4党による政策協定の成立にこぎつけた。しかし、自由党は社会党に左派との絶縁を迫り、社会党はそれをのむことができなかった。最終的に社会党は、吉田茂自由党を退けて、民主党、国協党と連立を組み、6月1日、憲政史上初の社会党首班内閣＝中道連立内閣が成立した。片山内閣は、GHQの支援のもとで国民の歓呼と世論の高い支持の中で登場したのである。

発足した片山内閣は、保守的要素を加味した斬新的改革と占領政策への協力を政策として掲げ、いわゆる「傾斜生産方式」により生産の拡大を促進することを施策の中心とした。内閣の課題は何よりもインフレを抑え、石炭増産などによって経済を安定させることにあり、物価を戦前比65倍としたのに対し、賃金を27倍に抑える物価・賃金政策をとった。内閣の交渉相手は、占領下に置かれていたので、日本の支配者であるGHQとの折衝が中心となった。

片山内閣は、国民生活安定のために「経済危機突破緊急対策」を推進した。だが、同内閣は4党政策協定に縛られて独自の政策を実施することができず、また、社会主義色をもつ政策として掲げた〝石炭国家管理〟の構想は、民主党と国協党との妥協により骨抜きにされてしまい、ようやく「臨時石炭鉱業管理法」として成立するしまつであった。

だが実際には、片山内閣は常に連立与党である社会、民主および国協3党の主義・政策の調整に苦慮したといえる。48年1月19日には、社会党大会において、片山内閣発足時の4党政策協定の破棄が決定され、連立政権の中心であった社会党自身が、片山内閣を見限った。1月29日、片山内閣は1947年度一般会計予算補正と特別会計予算補正を国会に提出した。これらの補正予算は、官公庁職員の生活補給金の残余０・８ヶ月分を支給し、その財源を国鉄運賃、郵便料金の値上げに求めるものであった。これに対して野党と「社会党左派」は、この値上げは国民の負担を大きくし、インフレを助長するものであると反対したのである。

このため補正予算の審議は難航し、２月５日の予算委員会において、「両予算補正を撤回し組み替えを求める動議」が提出され、それは社会党左派と野党の委員によって可決されてしまった。その後、片山内閣は局面打開の努力を続けたものの、結局、２月10日に総辞職するに至った。片山内閣は、わずか８ヶ月で退陣を余儀なくされたのである。

このように、短命に終わった片山内閣について、大森弥氏は次のように総括している。「数の上では安定多数の３党連立に支えられながら、片山内閣は短命の８ヶ月の間、社会党らしい実績を示すよりも、すでに占領政策に転換の兆しが見えはじめていたものの、まだ力を持っていた総司令部理念派の支持する民主化政策を実施しつつ、連立各党との折衝や社会党内の抗争にエネルギーを消耗させ、連立政権の維持に必要な調整能力を発揮することができず、自壊したといえよう。社会党首班政権の誕生でふくらんだ国民の期待は急速に萎んだ」[10]。

短命に終わった３党連立内閣について、『朝日新聞』は「社説：総辞職の意味するもの」の中で次のように述べた。「片山内閣が存続したこの８ヶ月の政治の過程の中にはいろいろの問題を含んでいる。４月の総選挙において社会党が絶対多数ではなかったが、第一党という結果を獲得したについては、その基盤に組織労働者あるいは農民組合の支持以外に、社会党の掲げた政策に期待をかけた一部労働者階級の支持があったのである。この支持の上に社会党は急速に大きくなり、４月総選挙において第一党になったのであるが、しかし反語的にいえば、この第一党になったこと自体に、すでに社会党の危機が存在していたのである」。つまり「社会党は形の上では第一党まで発展したが、実態においては、社会主義的政策の党として、また勤労者階級の党として十分な成長をとげていなかったからである。すなわち党内に多くの異端的要素を無整理のまま抱き込んだわけである。ここに社会党の性格のもつ不安定性が、片山連立内閣の政治運営のうちに、しだいに表面化し、連立内閣の危機に発展して行ったと同時に、社会党の危機に発展して行ったものと考える。片山内閣の実績に対する批判、また連立そのものに対する批判の根本の基礎はここにある」。「さらに具体的にいえば、社会党首班内閣である片山内閣が異質的な政党の連立という方式の中で、無性格的な妥協をくりかえしたということが、社会党の基盤となっている階層の支持を失わしめ、それが政局に反映して行ったのである。片山内閣は社会党首班内閣であり、社会党的内閣であるべきはずであった」。「政治における妥協というものは、自己の党のもつ政策なり方針なりを、現実の面に最大限に実行するために起こってくるのであって、妥協が第一義であるのではなく、原則なり理想なりが第一義なのである」[11]。

確かに、片山内閣は準備不足もあって指導部が弱体であり、それは短命のうちに終わってしまった。しかしながら他方で、片山内閣は新憲法のもとで最初の社会党首班内閣として、民主的制度や法律制度の面などで一定の成果をあげた点は認めなければならない。すなわち、片山内閣は、炭鉱国管法のほか、経済力集中排除法、国家公務員法、最高裁判所国民審査法、失業保険法、児童福祉法を成立させたし、また、労働省を新設し、各種公団を設立し、内務省廃止に伴う警察制度の改革を行った。さらに、「2・1スト」の緊迫した空気で明けた47年が比較的平穏な労働情勢の下に越年できたのも、社会党首班の政権であったからに他ならない[12]。

片山内閣は2月10日に総辞職したものの、その後の政局の行方は混沌としていた。それは、新憲法下での初の政変であったので確立したルールや先例も存在せず、そのため後継内閣の見通しがたたなかったからである。この時、野党の自由党は「憲政常道論」をとって、党首である吉田茂の首班指名を主張した。一方、与党の社会党、民主党および国協党は「多数派論」をとり、国会で多数に支持されたものが首班に指名されるべきだと主張した。

こうした状況の中で、2月21日、国会において首班指名のための投票が行われた。しかし、投票の行方は予断を許さなかった。まず、衆議院での投票結果は、芦田均が216票、吉田茂が180票となり、芦田が首班に指名された。次いで参議院での投票結果は、吉田茂が101票、芦田均が99票、その他が16票であった。そこで、上位2名の決戦投票となり、吉田が104票、芦田が102票となり、吉田が指名された。衆議院と参議院での議決が分かれたため、2月23日に両院協議会が開催された。だが、ここでも話し合いはつかず、衆議院の議決を国会の議決とする憲法第67条の規定にしたがい、芦田均新首相が決定したのである。

こえて3月10日、民主党、社会党および国協党の3党連立による芦田内閣が成立した。芦田新内閣は、前の片山内閣の政策を踏襲して、「経済の再建と対外信用の回復」を重要な使命とした。だが、新政権はその成立の経緯から「政権タライ回しである」との批判を浴び、また、政策の推進より以前に連立内閣内部の不協和音と野党の絶え間ない揺さぶりに苦しむことになる。[13]

ようやく発足した芦田内閣について、『朝日新聞』はその「社説：芦田内閣と社会党」の中で次のように注文をつけた。「むしろこの危機の段階においては、芦田内閣が十分なる政治的能力をもって、危機克服のための政策を発展的に実行することを希望したいのだ。そのためには芦田内閣自身が十分社会の批判をきき、そして消化してゆかねばならない。芦田内閣の成立経過をみても、成立した芦田内閣の陣容をみても不幸にして十分なる安定感をくみとることができない。民主、社会、国協三与党の連立関係において、片山内閣成立当時ほどの強さがみられないからだ。もちろん片山内閣成立のときにも、片山内閣の後半において表面化したような対立の要素は存在していたが、それでも、こんどのそれにくらべれば総体的な安定感をもっていた。芦田内閣に十分なる安定感を感じられない最も大きい原因の一つは芦田連立内閣に対する社会党の態度にある。疑問なのは一体社会党はどの程度の熱意と責任をもって、連立に協力しようとしているのか、ということである」。だが、「実質的には芦田内閣は社会党内閣の性格をもっている。しかし、片山委員長は入閣せず、形式的な責任論からすれば、芦田内閣に対し第二野党的形をとっている。社会党の作戦かも知れないが、ここに社会党の矛盾を感じる。公党としての政治責任と党内の人的事情とが、矛盾のままこんがかっているのでないだろうか[14]」。

発足した芦田内閣は、経済の自立を目標に、生活安定のためのインフレ克服、生産増強、分配の公正などをめざし、さらに外資導入をなしうる体制を整えようとした。しかしながら、吉田および片山内閣と同様に、芦田内閣もまた悪化する経済的危機のもとで労働者側の攻勢にさらされた。こうした中で、全逓信労働組合は地域ストを実施し、3月末に全国一斉のゼネストを予定していた。だが、これに対してGHQが介入し、マーカット経済科学局長はストライキを禁止する覚書を日本政府に交付した。そして7月1日には、マッカーサー総司令官は芦田首相に対して、「公務員の団体交渉権および争議権を否定する」書簡を送り、それは「政令201号」として交付され、ただちに施行されたのである。

芦田内閣は、GHQによって労働攻勢から救われたものの、もう一つの難問として、西尾末広副総理のいわゆる「献金問題」が浮上してきた。6月1日、衆議院の不当財産取引特別委員会において、西尾副総理は社会党の書記長時代に「書記長個人として」50万円の献金を受け取ったことを土建業者が証言した。それは、政党への献金の届け出を義務づけた「政令328号」に違反するものとして、大きな政治問題となった。このため西尾は、7月6日に副総理を、翌7日には社会党の中央執行委員の職も辞任した。そしてこの日に、東京地裁は西尾の起訴に踏み切った。副総理は辞任するとともに、政令違反と国会証言法の偽証罪で起訴されたが、それは、芦田内閣に致命的ともいえる打撃を与えた。しかし、芦田内閣崩壊の直接の契機は、「昭和電工疑獄事件」であった。後に詳述するように、この事件は政界・財界・官界を巻き込んだ一大疑獄事件へと発展し、GHQ内の対立を背景として大きな政治事件として内閣を揺さぶった。そして、この事件に関連して、6月には、日野原節三昭和電工社長、9月に入って、栗栖赳夫経済安定本部長官、大野伴睦民自党顧問、福田赳夫大蔵省主計局長が次々と逮捕された。

芦田内閣は現職閣僚の逮捕という事態に直面して、内閣改造で乗り切るか、あるいは内閣総辞職かの選択を迫られた。そこで、芦田首相は、連立与党の3党首会談を開いて打開策を検討し、また、GHQの示唆を受けて当初は内閣改造で乗り切ろうとした。しかし、10月6日、前副総理の西尾も昭和電工疑獄事件でのもみ消し工作に絡んで収賄容疑で逮捕され、ついに翌7日、芦田首相は内閣総辞職を決定した。かくして、芦田内閣はわずか7ヶ月たらずでもって退陣し、中道連立政権はまたもや崩れさったのである。[15]

芦田政権の総辞職について、『朝日新聞』は「社説：民自党首班内閣をつくれ」の中で次のように述べた。「社会、民主の両党を中心とする連立政権も、その立場の距離や政策の違いから、大して本質的でないと思われる政策の末端にまでもみあって動きがとれなくなり、結局はただ内閣の動揺と崩壊を防ぐために何も政策らしい政策を実行しない方が安全だという政治の空白状態にまで陥ってしまった。社民連立もその限界に来たのではないかという議論が、一般にも起きてきたばかりでなく、当の社民両党の指導層の一部にも出て来たのであるが、自己の立場に固執するために理性を失ってしまったのではないかと思われる政権欲から、外部的に与えられた条件を利用して、政局交代を避けて来た」。しかし、「こうした人為的小細工というものは、それほど長く続くものではない。結局、昭電疑獄事件が内閣の中軸閣僚の栗栖氏に及び、さらに芦田内閣成立の基礎であった芦田―西尾ラインの一端西尾氏が強制収容されるに及んで、内閣の存立と政局のカギを握る社会党が、政治的追撃の前に屈服して、ついに芦田内閣は総辞職に追い込まれてしまった。芦田内閣の総辞職は、政治責任論からいって当然のことで、議論の余地がない[16]」。

片山内閣に次いで崩壊した連立中道政権の芦田内閣については、その功罪を次のようにまとめることができる。すなわち、芦田内閣は、「政権たらい回し」もあって発足早々から不評であった。それに昭電疑獄事件が起こり、政治上まったく評価されていない。だが、中小企業庁設置法、石炭庁設置法、国家行政組織法、建設省設置法、海上保安庁法、水産庁設置法、教育委員会法、日本学術会議法、地方財政法、検察審査法、軽犯罪法、警察官職務執行法、経済調査庁法など、多くの重要法案が芦田内閣の下で成立しており、そのことは正当に評価されねばならない[17]。

こうして、わが国政治史上、最初の中道連立政権は片山・芦田両内閣と、わずか1年4ヶ月の短命のうちに幕を閉じた。中道連立政権について、高橋彦博氏は次のように分析している。「片山内閣と芦田内閣は、第一次吉田内閣と第二次吉田内閣に引き継ぐ仲立ちの連立政権であった。経済安定本部の設置と傾斜生産方式の提起は、第一次吉田内閣によってなされた。社会党政権は、経済安定本部と傾斜生産方式の展開者としての役割を果たした。経済安定計画と傾斜生産方式を自由主義経済に回収する役割を担当したのは第二次吉田内閣であった。第一次吉田内閣と第二次吉田内閣の間にあって、片山内閣は、経済復興計画を原理の水準に押し上げて展開する実験の担当者であった。(一方) 芦田内閣は、経済復興計画を計画原理の高みから市場経済の大地に軟着陸させる作業の担当者であった[18]」。

芦田内閣が総辞職したので、後継政権は野党第一党の民自党（3月15日結成）を中心に進められた。しかし、

ＧＨＱの民政局は、民自党総裁の吉田茂ではなく、同党の幹事長で前衆議院議長の山崎猛を首班に推し、組閣しようとする動きを見せた。それは、民政局が吉田茂内閣では保守性が強すぎると判断したからである。だが、10月14日、山崎幹事長は自発的に首班候補を辞退し、議員の辞職届も提出した。ここに、「山崎首班工作」は幻と消えてしまったのである。

その後、衆参両院において吉田茂が首班に指名され、ここに10月19日、第二次吉田内閣が成立した。それは、長期にわたる保守単独政権の出発点となった。かくして、山崎首班工作事件の失敗もあってＧＨＱの民政局は影響力を失い、参謀第二部が吉田茂と協力して急速に勢力を拡大することになっていく。

第二次吉田内閣は発足したものの、それは少数単独内閣であった。そこで、吉田首相は早期の衆議院の解散・総選挙を考えていた。吉田内閣は、ＧＨＱから国家公務員法と新給与法を衆議院解散の前に成立させるよう要請されていた。吉田首相は、できるだけ早くこれらの案件を処理して、解散にもっていく方針を固めていた。しかし、野党の方はことあるごとに解散・総選挙の引き伸ばしを策していた。その理由は、野党陣営が片山・芦田内閣の下で評判を落とした一方、与党民自党が人気を高めていたからである。野党側は、吉田内閣の欠点を国民の前にできるだけさらけ出し、与野党の立場を接近させてから解散にもっていこうとしたのである。

このような状況のもとで、いわゆる「解散権の所在」をめぐって憲法論議が展開された。ＧＨＱ民政局の認める解散方式は、憲法第69条の内閣不信任案決議案の成立と、それに基づく憲法第7条第3号で解散するという筋書きであった。そこで12月23日、懸案となっていた法案の成立を機に、与野党示し合わせて、野党は内閣不信任決議案を提出し、２２７票対１３０票で可決された。これに対して吉田首相は解散権の行使をもって応じ、「憲法第69条および第7条によって衆議院を解散する」旨の詔書を公布した。こうした経緯もあって、今回の解散は、一般的に「なれあい解散」と称されている[19]。

今回の衆議院解散の経緯について、『朝日新聞』は「社説：衆議院の解散と総選挙の意義」の中で次のように述べた。「吉田民自党党首が少数党をもって内閣を組織して以来、衆議院の解散は規定のコースの如くなされたが、第3臨時国会再開以来実に45日の日時を費して、ここにようやく解散断行にこぎつけたのである。それには解散の前提として、国家公務員法の改正、新給与法、追加予算の成立を必要とする情勢下に野党必死の解散回避工作が織り込まれ、朝野両党間に激烈な闘争が展開されたという事情もあるが、一面解散そのものの方式が、憲法第７条にもとづき時の内閣の一存にて実行されることが許されず、憲法第69条の手続を条件としてはじめて行われることになったという事実にも原因があるであろう。この点は新憲法下における衆議院の解散方式に一新型を打ち出したものとして、今後の議会政治の運用に重大な影響を及ぼすものといえる[20]」。

衆議院の解散を受けて、総選挙は翌年49年の１月23日に行われた。その結果、社会党などの中道３派は惨敗し、民自党が単独過半数を制し、共産党の躍進に終わった。片山・芦田内閣の政治指導の弱体、そして相次ぐスキャンダルもあって、経済情勢が好転しない中で、吉田が率いる民自党に政権が移り、それは長期にわたる保守支配の端緒となった。日本を支配・管理していたＧＨＱは、民主化のために支援してきた中道連立政権から、民主化を犠牲にして保守政権に乗りかえて強い日本を目指すことになった。事実、マッカーサーは、「今回の選挙はアジアの歴史上の一危機において、政治の保守的な考えに対し、明確な、しかも決定的な委任を与えた」と指摘して、保守の勝利を承認したのである[21]。

３．昭和電工疑獄事件と「東京裁判」

①昭和電工疑獄事件

昭和電工疑獄事件とは、昭和電工株式会社に対する復興金融金庫（復金）の融資をめぐって、芦田内閣を崩壊させた政治的大疑獄事件をいう。この事件は、その後の造船疑獄事件とともに、戦後の大企業と政治家・官僚との構造的癒着事件の原型ともいうべき性格をもっていた。

復興金融金庫は、敗戦後の経済再建のために国家資金を石炭、鉄、硫安など緊急増産を要する産業に重点的に配分する政府機関であった。大手化学肥料メーカーの一つであった昭和電工は、融資の有力対象であり、復興金融金庫から巨額の融資を受けていた。その額は、１９４８年６月までに約23億６０００万円に及び、化学工業関係企業への融資の36％を占めていた。昭和電工社長の日野原節三は、多額の融資獲得のためにあらゆる段階で手を打って暗躍し、これに関係する政界・官界・財界へ多額の金品をばらまき、それが、賄賂に使用されたとの疑いをもたれたのである。

48年4月27日、衆議院不当財産調査特別委員会において、民自党の高橋英吉議員は、昭和電工への融資の実態および昭和電工融資にからむ政治資金の調査を提案した。この中で、高橋議員は芦田均総理大臣、栗栖赳夫経済安定本部長官、西尾末広国務大臣、日野原節三昭和電工社長らの固有名詞を挙げて、調査を要求した。5月25日、検察当局は昭和電工本社を家宅捜索し、6月から8月にかけて、日野原社長をはじめ昭和電工関係者を贈賄の疑いで次々と逮捕した。続いて9月10日、前農林事務次官・前大日本肥料公団理事長の重政誠之、13日には、大蔵省主計局長・復金融資委員会委員の福田赳夫が、17日には、元自由党総務・東京産業社長の松岡松平が、18日には、元自由党幹事長・現民自党総務の大野伴睦が、そして21日には、元復金理事・現興銀副総裁の二宮善基らが逮捕されたのである。

さらに捜査の手は、芦田内閣にも及び、9月30日、栗栖長官が任意出頭の形で召喚を受け、そのまま収容された。そして10月6日、前副総理の西尾も逮捕された。昭和電工事件をもみ消すため、対社会党工作費として日野原から現金数百万円の収賄をしたというのが西尾の容疑であった。そのため7日、芦田首相はついに総辞職を決定した。この事件は、その後12月7日に芦田前首相の逮捕にまで発展し、それは政界・財界・官界64人を巻き込んで14年にわたる長期裁判となった。ただ裁判結果の方は、政界関係では芦田、西尾、大野が無罪となり、一方、財界関係では栗栖、日野原が執行猶予付きの有罪に終わった[22]。

昭和電工事件の捜査が進展する中で、『朝日新聞』は、「社説：昭電疑獄は何を語るか」の中で次のように事件の経緯を述べた。「ここ数ヶ月間の日本の政治が、政策を中心に動いていなかったとすれば、それでは何を原動力にしていたのであろうか。その原動力は、政治と暗い金の結びついたいくつかの疑獄事件だった。これは決定的に断言できる。これまでの一つ一つの政局の波頭を拾ってみるがいい。その波頭には必ず何らかの疑獄事件の暗黒面が濃く影を射している。不当財産委員会で取り上げられた芋づるのように後から後から続いて出てくる政党献金問題、西尾問題、石炭国管問題等をめぐって政局は動いて来た。そして国会で最も活動しているのが、不当財産委員会だけだといわれている。いままた、昭和電工問題だ。一体、このように、政・財・官の各界の中枢部に疑獄事件の検察が波及しつつある状態に対して、各界の最高責任者は、自己の実践して行く政策なり行政なりにどうして全国民の信をつないで行く積もりであろうか[23]」。

また、芦田元首相ら、国会議員が逮捕されたことについて、同じく『朝日新聞』は、「社説：議員逮捕と国会の信用」の中で次のように述べた。「芦田前首相ら３名の衆議院議員が国会の会期中に逮捕収容されたことは、ただ前首相たる身分において前代未聞のことであるのみならず、前民主党総裁としての地位にかんがみても、政界に与える影響は重大なものがある。その国際的にも及ぼす反響も、決して芳ばしいものではない。さらに田中前法務政務次官の逮捕要求が行われ、国会議員をめぐる疑獄事件の進展は、停止するところを知らない。終戦後復活したはずのわが民主政治のためにも、はたまた議会政治のためにも、誠に遺憾至極のことである[24]」。

昭電疑獄事件について信夫清三郎氏は次のように述べており、筆者も同感の至りである。「昭電事件は、財界・官僚・政党という支配層の三つの分野をまきこんだ大疑獄事件であり、復金融資という国家独占資本主義の上に咲いた悪の花であった[25]」。

ところで、昭和電工事件が一大疑獄事件に発展したのは、ＧＨＱ内部の人々がからんでいたからであったという説が有力である。とりわけ、参謀第二部が民政局を打倒するために狙ったのが、ＧＨＱ内部の実力者民政局次長のチャールズ・Ｌ・ケイディス (Charles L. Kades) であった。ケイディスは、日本国憲法の起草に当たってこれを推進した重要な人物の一人であり、ＧＨＱ内部では進歩派の代表格であった。彼は、保守的な吉田茂を嫌い、片山および芦田中道内閣を支持してきた。そこに、昭和電工事件が発生したので、この事件とケイディス追い出し劇が重なり、政治的陰謀説が受け入れられたものと思われる[26]。

すでに述べたように、対日占領政策は「改革」から「経済的自立」の方向へ大きく転換していた。改革の中心的存在であったケイディスは暮れに米国本国にとび、ワシントンＤＣにおいて日本の民主的改革の必要性を説いたものの、結局功を奏さなかった。ケイディスはその後再来日することなく、翌年退職した。そしてこの事件以降、参謀第二部が勢力を強めていったのである。米国の対ソ冷戦体制の中に日本が明確に組み込まれていったときに、中道連立政権が相次いで倒れ、その後、吉田茂が率いる右寄りの保守党長期政権がスタートしたことは、あまりにできすぎた偶然であったといわねばならない。[27]

②「東京裁判」

1945年8月15日の日本敗戦以降、連合国はポツダム宣言にもとづき、日本帝国主義の駆逐を開始していた。これには大別して、行政的措置と司法的措置の二つの面があった。前者は、超国家主義者の公職からの追放や財閥解体などであり、後者は、東京裁判をはじめとする各種の戦争犯罪者の裁判である。

第二次世界大戦後の戦争犯罪者の裁判において、日本が関係したものは、シンガポール、マラヤ、グアム、香港、横浜などで広範囲にわたって開始された、いわゆる「BC級戦犯裁判」と、東京の市谷台で開始された東京裁判=「A級戦犯裁判」の二つに分かれる。そしてこれらに共通する要素は、いずれも占領軍による〝軍事裁判〟の形式をとったことである。「BC級戦犯裁判」は、戦時中の捕虜、抑留者に対する残虐行為=ジュネーブ赤十字とハーグ条約違反、非人道的残虐行為=殺人、強姦、その他戦時法規違反などに関係した人々、並びにその指導者の犯罪責任を弾劾したものであり、各国の出先機関が各法廷を構成・運営した。

これに対して「A級戦犯裁判」、つまり東京裁判の方は、連合国総司令官マッカーサーの命令で設立され、米国、ソ連、中国をはじめとする11ヶ国の代表による国際裁判の形式をとって行われた。しかも裁判の対象者は単に軍人だけでなく、旧日本の指導的政治家も加えられており、彼らに対して、①平和に対する罪―侵略戦争の罪とその共同謀議、②殺人の罪―奇襲開戦、③残虐行為などの人道の罪、などを問うものであった。東京裁判は、ドイツのニュルンベルク軍事裁判と並んで歴史上先例のないものであって、特に、平和に対する罪や人道に対する罪の適用は、国際法史上画期的な先例を残したといえる。

満州事変より降伏に至る間の日本の対外行動のほとんどがこの裁判を通じて取り上げられ、いわば満州事変以降の日本の歴史そのものが裁かれたといってよい。それだけにこの裁判では、検察官および弁護側の双方による激しい論争が展開された。例えば、主席検察官のジョセフ・B・キーナン（Joseph B. Keenan）は、被告らは文明に対する宣戦布告をしたものであり、この裁判が全世界を破滅から救うための文明の闘争の一部であるという立場から、被告らの行為を国際法上の犯罪として弾劾した。一方、弁護側は、通常の戦争概念よりも拡大された戦争犯罪の概念（＝平和に対する罪、人道に対する罪）が国際法上確立されていないことや、事後法、国家機関の行為に対する個人責任、共同謀議の概念の未熟性およびその不在性などの問題を指摘し、侵略戦争とそのための共同謀議を否定し、また、残虐行為などについても必ずしも被告側の責任に帰することはできないと主張した[28]。

東京裁判は、１９４６年5月3日から48年4月16日までの約2年にわたって審理が行われ、11月12日に判決文が朗読された。この間に出廷した証人は４１９人を数え、証拠として採用された書証は４３３６通にのぼった。裁判では、11ヶ国が提訴の原告であり、荒木貞夫以下28名の日本人がその被告とされた。なお、被告選定において、最大の問題となったのが天皇の訴追問題であった。オーストラリアの検事アラン・Ｊ・マンスフィールド（Alann J. Mansfield）が天皇訴追を正式に提議したものの、占領政策の円滑な遂行を求める高度な政治的配慮から、天皇の免責を主張するキーナンがこれに反対し、天皇の免責が決定した[29]。

判決は、起訴状であげた訴因55について判定の必要のあるもの、判定の必要のないものに大別され、各々の被告の有罪および無罪を判定した。この結果、満州事変、7・7事変にはじまる日中戦争、ノモンハン事変、張鼓峰事件、太平洋戦争については、いずれも侵略戦争であると判定され、審理中に死亡した者や精神病者を除いた25人の被告全員につき、有罪の判決が言い渡された。判決の内容は、次のとおりであった。〈絞首刑〉：東条英機、広田弘毅、土肥原賢二、板垣征四郎、木村兵太郎、松井石根、武藤章。〈終身禁固〉：木戸幸一、平沼騏一郎、嶋田繁太郎、白鳥敏夫、大島浩、星野直樹、畑俊六、梅津美治郎、南次郎、鈴木貞一、佐藤賢了、橋本欣五郎、岡敬純。〈禁固20年〉：東郷茂徳。〈禁固7年〉：重光葵。そして、12月23日、午後零時1分からA級戦犯7人の絞首刑が執行され、続いて翌24日、ＧＨＱによって自宅もしくは巣鴨拘置所に監禁されていた19名のA級戦犯が釈放された。その中には、岸信介、安倍源基、青木一男、児玉誉士夫、笹川良一らが含まれていた。

次に、判決の主要点を述べておきたい。まず、侵略戦争の共同謀議である。それは起訴状の訴因の第一に挙げられ、判決文の中で最も注目された点である。判決文の中では、広範な共同謀議が存在したことが確認され、松井、重光を除く全被告が有罪を宣言された。また、満州事変の判定については、被告側が一貫して満州事変を自衛権の行使にすぎず、事変当時の日本当局者の弁明を繰り返した。しかし、判決文では、これは軍部により計画された明白な〝侵略戦争〟であると断定した。最後に太平洋戦争についての判定である。被告側が主張する自衛論に対して、太平洋戦争は明らかに侵略戦争そのものであって、欲望を動機とする侵略戦争であると断定した。

なお、以上の正判決の他に、少数意見書を公表した判事がいた。この意見書は公開法廷で朗読されることを求めたものの、法廷はこれを拒絶し、判決記録の中につづり込むという措置がとられた。この中で、ウイリアム・F・ウェッブ（William F. Webb）裁判長の意見書が注目され、それは法律、刑罰および天皇の問題を論じていた。しかし、それは正判決に対して、異論を唱えないという結論になっていたので、不服意見書とは見なされなかった。ただ、①一部高齢者の被告の死刑には反対であり、流罪にするべきであるという意見、②天皇は開戦に当たっての責任者であるが、これが免除された以上、この免除は他の被告の刑の判定についても当然考慮されるべきだという意見が、注目された。

東京裁判の判決が宣告された翌日の『朝日新聞』は、「社説：平和決意の世界的表現」の中でこの裁判の意義について次のように述べた。「東京法廷において決定された意思が、ポツダム宣言を受諾して無条件に降伏した日本にとって、動かしがたい権威ある意思であることは、いうまでもない。したがってわれわれは決定された意思の威厳について論じる資格をもたないし、また論じようとも思わない。しかしこの意思決定が、日本国民と日本の歴史にとって、また世界と世界史にとって、特筆されるべき大きな意義をもつ事実は、決して見逃されてはならないのである。裁判は、戦勝諸国によって構成される法廷が、戦敗国の戦争責任者を裁くという形式において行われたが、法廷のもつ期待と含蓄は、この形式を通じて、しかもこの形式を越えた世界史的な大きさをもつものと思われるからである。まずこの裁判は、被告25名を直接の対象として行なわれたけれども、それは25被告個人の責任を追及すると同時に、間接的には、積極的にあるいは消極的に、かれらのいわゆる〝国策〟を支持しまたはこれに追随した国民一般に強く反省を迫るものである」[30]。

このようにして終わった東京裁判の問題点について、大沼保昭氏は次のように鋭い指摘を行っている。「まず、東京裁判は〝勝者の裁き〟だった。裁判所は連合国最高司令官マッカーサーの下に設立され、判事、検事は米ソ英中ほか11ヶ国の連合国から任命された。日本はもちろん、中立国からも判事、検事は選ばれなかった。裁判の過程では、米国の原爆投下やソ連による日ソ中立条約破きなど連合国の所業は、問題として取り上げることも許されなかった。こうした不公平さは裁く側の道義性を著しく弱めることになった」。しかも「そればかりか、連合国の日本占領は米国を主体として行われたため、東京裁判も米国の占領政策の一環という色彩を帯び、その点から多くの歪みが生じることになった。その最大のものが天皇の戦争責任問題である」。したがって「米国の占領政策という政治目的のため裁判のあり方が露骨に歪められたという意味で、東京裁判はまぎれもない政治裁判であった」[31]。

周知のように、東京裁判に関しては、「肯定論」と「否定論」が大きく対立している。それは裁判がきわめて衝撃的でかつ印象的な事件であり、第二次世界大戦と戦後思想につながる重大な事件であったからに他ならない。肯定論は、東京裁判の正当性を主張し、侵略や戦争裁判を行った日本を懲罰するのに、連合国側が道義的立場から裁判という「文明」的な方法を採用したことの意義を強調する。すなわち、日本の侵略を打ち破り、犠牲者を極小化するには、対日無差別爆撃や原爆投下が不可避であったと正当化するのである。その核心は戦争の方法でなくて、むしろ戦争の性格に帰着する。「文明の裁き」論には、こうした側面が存在する。

他方、否定論の方は、戦争の計画や開始などについて、個人を処罰するのは文明諸国の法律が禁じる遡及法の適用に他ならず、また、連合国の側の行為が不問に付されるのは不公平であるとし、結局、裁判は戦勝国による事後法に基づく戦勝国の政治的報復、つまり、「勝者の裁き」にすぎないとして「文明の裁き」論を批判する。日暮吉延氏がいみじくも述べているように、「勝者の裁き」論は裁判を主として権力関係として捉えるものであって、一方、「文明の裁き」論は理念や正義に多くの期待をかけるものである。したがって、両者は必ずしも対立・矛盾するものではなく裁判の別々の側面を表現したものであるともいえる[32]。

なお、この問題について筆者は、以下のように考える。まず、人間の作った制度にはおよそ完全なものはあり得ないということである。その意味で、東京裁判も不完全性を免れない。重要なことは、当時の日本および世界が置かれた国際的条件の中で、「文明の裁き」論の方にいくばくかの正当性があったことである。いわゆる「勝者の裁き」論は一般の裁判における少数説のようなものであって、確かに合理性は存在するものの、両者を歴史のはかりにかければ、「文明の裁き」論に一長があると考える。政治的営為には、当然目的と背景があり、その影響から逃れることはできない。われわれは戦前・戦中の侵略的戦争を強く反省し、その事実を基本的に受け入れて平和を維持してきたのであり、その選択は間違っていなかったと信じたい。

4. おわりに

1948年、この年東京裁判の審理が終了し判決を待つのみとなったところで、昭和天皇の責任問題や退位問題が再燃し、天皇のアイデンティティは大きな揺らぎを見せた。海外世論に刺激されて、国内でも天皇退位可否論が公然と主張され、また、宮内府には留位嘆願書が殺到し、東京裁判の判決が近づくにつれて問題は深刻さを示した。しかしながら、道義的責任論が台頭する中で、天皇は退位へと心の揺れを見せながらも、占領政策を明確に転換した米国政府やマッカーサー総司令官による強い留位論に守られて、また、復活した吉田保守政権に援護されて危機を乗り切った。そして天皇は、東京裁判判決宣告日の12月12日に、マッカーサーに対して天皇の位に留まり日本国再建と世界平和に尽力することを表明し、関係者の絞首刑執行日である23日には、終日喪に服されたのであった[33]。

48年8月15日に実施された読売新聞社の「天皇制」に関する世論調査によれば、次のような結果が示されていた。「天皇制はあった方がよい」90・3%、「天皇制はなくなった方がよい」4・0%。「在位された方がよい」68・5%、「退位されて皇太子にゆずられた方がよい」18・4%、「退位されて天皇制を廃止した方がよい」4・0%。このように、国民の圧倒的多数は天皇制の存在を認めつつも、天皇退位が22・4%に達していたのが注目された[34]。

確かに天皇制は、日本国憲法で保障されているものであって、戦後天皇は神から人間となられ、象徴的・尊厳的存在として立派に活動されてきたのはまぎれもない事実である。しかし、私自身は個人的には、天皇制それ自体には反対の立場である。その理由は、天皇制が、軍事国家＝日本帝国主義の歴史的遺産であって、今日法治国家たる日本において基本的人権が保障されない人間が存在することは異常である、と考えるからである。

さて、１９４８年を終えるにあたって、『朝日新聞』は「社説：昭和23年を送る」の中でこの年を振り返っているのでそれを紹介して本章を閉じることにしたい。「社会の全階層にわたって浮き沈みがこの3年ほど激しかった期間はなかった。極東委員会と連合国占領軍の対日政策が、世界の歴史からみて大局的に比類のない成功をおさめたことは疑いがない。ただ、講和条約締結の時期がいま以て見当もつきかねる有り様は、世界情勢の然らしめるところとはいえ残念である」。しかし、「この点をのぞいて考えれば、問題はより多くわれわれ日本人の側に残されている。民主主義を外的にではなく心の奥底から体得すること、経済的自立を自覚的に己の問題として取り上げること――この二つが一番大きな問題であろう。なかんずく経済的自立は、これから先の日本人の生活を律する根本の心構えとならねばならぬ」。現在、「このような歴史的夜半にわれわれは立っている。子供たちは何もしらずに寝ている。世界中の子供たちが、われわれの過ちで不幸な目にあわぬようにするのが大人の神聖な義務である。国の内にも外にも多くの困難が予想される。しかし平和だけはあくまで守らなければならない[35]」。

注

（１）『朝日新聞』、１９４８年1月1日。
（２）坂本孝治郎『象徴天皇制へのパフォーマンス』（山川出版社、１９８９年）、2頁。
（３）小島明「戦後日米関係の展開」細谷千春監修、A50日米戦後史編集委員会編『日本とアメリカ：パートナーシップの50年』（ジャパンタイムズ、２００１年）、２６４頁。
（４）「社説：強い民主主義への気概」『朝日新聞』１９４８年1月9日。
（５）五十嵐武士「対日占領政策の転換と冷戦」中村隆英編『占領期日本の経済と政治』（東京大学出版会、１９７９年）、52～53頁、福永文夫『占領下中道政権の形成と崩壊』（岩波書店、１９９７年）、１７２頁。

(6) 中北浩嗣『経済復興と戦後政治』(東京大学出版会、1998年)、212頁、秦郁彦「経済安定九原則」『日本史辞典』(1990年)、302頁。
(7) 「社説：緊迫せる経済再建の要」『朝日新聞』1948年12月19日。
(8) 福永、前掲書、『占領下中道政権の形成と崩壊』、172頁。
(9) 木村正明「GHQ—構造と権力」思想の科学研究会編『共同研究　日本占領軍—その光と影』(現代研究会、1978年)、77頁、富田信男『芦田政権　223日』(行研、1992年)、302頁。
(10) 大森弥「第46代　片山内閣」林茂・辻清明編『日本内閣史　五』(第一法規、1981年)、137頁。
(11) 「社説：総辞職の意味するもの」「『朝日新聞』、1948年2月11日。
(12) 内田健三「片山内閣・芦田内閣」白鳥令編『日本の内閣　II』(新評論1982年)、145頁。
(13) 右同じ、149頁。
(14) 「社説：芦田内閣と社会党」『朝日新聞』、1948年3月10日。
(15) 藤本一美『戦後政治の争点　1945～1970』(専修大学出版局、2000年)、64～65頁。
(16) 「社説：民自党首班内閣をつくれ」『朝日新聞』、1948年10月8日。
(17) 富田、前掲書、『芦田政権　223日』、343頁。
(18) 高橋彦博「片山内閣論」『日本近現代史　4、戦後改革と現代社会の形成』(岩波書店、1994年)、152頁。
(19) 藤本一美『解散の政治学—戦後日本政治史』(第三文明社、1996年)、42頁。
(20) 「社説：衆議院の解散と総選挙の意義」『朝日新聞』、1948年12月24日。
(21) 堀幸雄『戦後政治史：1945年～60年』(南窓社、2001年)、145頁、福永、前掲書、『占領下中道政権の形成と崩壊』、276頁。
(22) 大森、前掲論文、「第46代　片山内閣」、306頁。
(23) 「社説：昭電疑獄は何を語るか」『朝日新聞』、1948年10月1日。
(24) 「社説：議員逮捕と国会の信用」『朝日新聞』、1948年12月9日。
(25) 信夫清三郎『戦後政治史　III』(勁草書房、1967年)、851頁。
(26) 富田、前掲書、『芦田政権　223日』、306頁。
(27) 片山内閣記録刊行会『片山内閣—片山哲と戦後の政治』(時事通信社、1980年)、461頁。
(28) 大畑篤四郎「極東国際軍事裁判」『日本外交史辞典』

（山川出版社、１９９２年）、２３３～２３４頁。

(29) 栗屋憲太郎『東京裁判』（大月書店、１９８９年）、１９７～２０３頁、日暮吉延『東京裁判の国際関係』（木鐸社、２００２年）、１７３～１８０頁。

(30) 「社説：平和決意の世界的表現」『朝日新聞』、１９４８年11月13日。

(31) 大沼保昭『東京裁判から戦後責任の思想へ　第４版』（東信堂、１９９７年）、８～10頁。

(32) 日暮、前掲書、『東京裁判の国際関係』、13～26頁。

(33) 坂本、前掲書、『象徴天皇制へのパフォーマンス』、２０３頁、２３２頁。

(34) 『朝日年鑑　１９４９年版』、３８３頁。

(35) 「社説：昭和23年を送る」『朝日新聞』、１９４８年12月31日。

第3章 「所得倍増計画」と日米首脳会談
―1961年の政治状況

1. はじめに―問題の所在と分析視角

自民党の池田勇人は、1960年7月14日、党総裁選挙の決選投票において石井光次郎を破って勝利し、そして19日に第一次池田内閣を発足させた。政権の座に就いた池田首相は、「低姿勢」をモットーとし、「寛容と忍耐」を訴え、いわゆる「所得倍増計画」を推進した。池田内閣は、戦後の政治体制と基本路線の原型を作った吉田内閣の系譜を引く、いわゆる「保守本流」の久方ぶりの登場であった。保守本流を継承すると自認した池田首相は、国民生活の安定と経済水準の向上こそ、国家の安全を守るための基本的前提であると考え、徹底した経済優先の政策を展開するなど、「政治主義から経済主義」への舵取り役をこなしていった。10月24日、池田首相は衆議院を解散し、11月20日に総選挙に打ってでた。その結果は、自民党が当選者296人（解散時283人）を獲得して大勝利をおさめた。

1961（昭和36）年1月28日、第38通常国会が再開された。池田首相は、国会の再開にあたり記者会見を行い、「寛容と忍耐」の精神を訴え、話し合いによる国会運営を力説した。再開した国会は、政府・自民党の低姿勢もあって、順調で平穏な状態が続いた。しかし、4月1日、参議院で新年度予算が成立した前後から、国鉄運賃法改正案をはじめ各種重要法案の審議をめぐって、与野党の間で波乱含みの気配が強まった。そして最後は、政治的暴力行為防止法案の取り扱いをめぐって、大混乱のうちに国会は閉会したのである。

ところでわが国は、占領時代に米国から、「ガリオア（占領地域行政救済）・エロア（占領地域経済復興）」の援助を受けていた。だが、その債務の返却については、日米両国間で返済額をめぐって大きな隔たりが見られ、懸案事項の一つとして未解決のままであった。そこで池田首相は、訪米に先立ってこの問題を解決するために、小坂善太郎外務大臣とエドワード・O・ライシャワー(Edward O. Reischawer)駐日大使との間で折衝を行わせた。その結果、債務の最終処理として日本が米国に対して15年間、総額４億９０００万ドルを支払うなどの案で合意し、６月10日、「米国の戦後対日経済援助の処理に関する覚書」の署名にこぎつけたのである。

こうして、６月19日、池田首相は米国に出発し、20日および21日の両日、ジョン・Ｆ・ケネディ（John F. Kennedy）大統領との日米首脳会談に臨んだ。首脳会談では、核実験の停止、中国の国連加盟、韓国の新政権、沖縄および日米経済問題など幅広い分野にわたって話し合われ、そして22日には日米共同声明が発表され、沖縄における休日の国旗掲揚が認められると同時に、日米経済貿易合同委員会の設置が決まった。今回の日米首脳会談では、ケネディ大統領が、日本に対して西側自由主義陣営の一員として、アジアにおいて一層重要な役割を果たしていくことを希望する一方で、池田首相は日本の政治を安定させ、日米イコール・パートナーシップの確立・強化によって、米国の期待に応えることになった。

本章では、１９６１年の日本の政治動向を検討する。具体的には、前半では池田内閣の発足と「所得倍増計画」について論じ、後半では「ガリオア・エロア」の処理と日米首脳会談の意義について論じる。その際、政府・与党（保守）と野党（革新）との対立を縦軸に、そして米国と日本の政治・軍事同盟を横軸に据えて分析していきたい。論述のスタイルは、まず最近の研究成果に基づき事実関係を明らかにする。次いで『朝日新聞』の社説などを中心に当時の国民の意見を探り、最後に筆者の立場を明らかにする。

2．池田政権の発足と「所得倍増計画」

①池田政権の発足と課題

池田政権は、自民党を二分する激しい総裁選挙の末、60年７月19日に発足した。岸信介首相は、退陣にあたって、話し合いによる後任総裁の一本化を望み、党３役、重要閣僚、衆参両院議長ら実力者を招いた会談を開いて調整することを提唱した。だが、自民党の総裁選挙には、池田勇人、大野伴睦、石井光次郎および藤山愛一郎が立候補の意向を示し、話し合いに応ずる気配はまったくなかった。

この当時、自民党内は事実上、「官僚派」と「党人派」とに二分されていたといってよい。総裁選挙での勝利を目指して、池田勇人、佐藤栄作、岸信介らの官僚派は、池田支持で結束をかため、優位に立っていた。これに対して、石井光次郎、大野伴睦、河野一郎、三木武夫、松村謙三、石橋湛山らの党人派は、「官僚政治の打破」を掲げ、そして大野と石井が立候補することになった。だが、紆余曲折を経て、最終的に大野が総裁選から降りることになり、その結果、党人派は候補者を石井に一本化した。一方、藤山愛一郎は、新たに藤山派を結成して臨んだのである。(1)

自民党の総裁選挙は、7月14日に行われた。第1回投票では、池田が246票、石井が196票、そして藤山が49票を獲得し、続く決戦投票では、藤山の票が池田にまわり池田が302票、石井が194票を獲得、ここに官僚派が勝利して池田新総裁が実現したのである。今回の自民党総裁選挙において、党人派が敗れた理由は大野伴睦にいわせれば、要するに「弾丸が足りなかった」ためである。実際、池田派が集めて使用した金は7億円とも10億円ともいわれており、「大野が総裁選に立候補して、池田に敗れた時に集めた金は3億円だったが池田が集めた金は10億円だった」という。このように、池田政権―内閣の基本的特質の一つは、派閥と金権の力学から生まれたものであり、この総裁選挙は、自民党に金権体質を定着させる結果となった。(2)

今回の自民党総裁選挙での池田勇人の勝利について、『朝日新聞』は「社説：池田新総裁に望む」の中で次のように注文をつけた。「自民党は14日の党大会で、新総裁に池田勇人氏を選出した。自民党が文字通り総裁選挙を行なったことは、話し合いによる党内調整がすらすらゆかなかった以上、当然のことであったろう。公選は政党にとって党の意思を民主的に決定する基本ルールである。公選をやったからといって、あとにシコリを残すようなことがあってはならぬ。そのためには新しく責任の地位についた池田新総裁自身が、まず自分を空しゅうして党内の融和と結束に当たることが肝要であろう。池田新総裁は、総裁就任の弁として、これまでの総裁公選のごたごたについて、自分にも責任があるとし、大いに反省し、自戒したいと述べている。その態度はよろしい」。そこで「池田新総裁に課せられたもう一つの大きな役割は、岸首相のこれまでの政治のあり方をここで一新する、という決意を固めることであろう」。いずれにせよ、「池田新総裁の率直で明るい点は、それがよい方向に活用されれば、人心の一新、政治の建て直しに役立ちうるものと信ずる」[3]。

こうして成立した池田政権の党・内閣の人事を概観すれば、安保騒動と総裁公選の紛糾が直接反映されたものであったといってよい。すなわち、それは岸首相辞任後に、岸信介、佐藤栄作と川島正次郎が軸となった主流5派構想であって、党3役は池田、佐藤および岸派でもって三分し、また、閣僚人事の方は池田、佐藤、岸、大野、石井の5派に配分する派閥順送りの人事となった。

第一次池田内閣は、岸前内閣が引き起こした60年の安保闘争、国論の分裂、政治的緊張の沈静を目指していった。そこで池田首相は、7月19日の初の記者会見の席において、「寛容と忍耐」の低姿勢・対話の政治路線を打ちだした後に、9月5日に次のような新政策を発表して、国民に訴えたのである。①政治のあり方＝寛容と忍耐の精神を政治運営とくに国会運営の基調とする。②政策運営＝所得倍増政策を向こう10年間の政策運営の指針とする。③外交政策＝国連中心主義と安保体制の堅持、経済外交の推進。そして池田首相は、この三本柱からなる新政策を掲げて、9月8日から全国遊説を開始したのである[4]。

ところで首相になるまで、池田勇人はどちらかといえば、政策・行動の面において強気一点ばりで通してきたといえる。そのため自民党の長老たちは、池田政権では果たして安保後の政局の収拾がうまく出来るかと危惧の念を抱いていた。しかしながら、実際には、すでに述べたように、池田首相は「所得倍増計画」を掲げ、低姿勢を看板に「寛容と忍耐」をモットーにするなど見事なチェンジ・オブ・ペースを見せた。それはもちろん、池田の回りにいた側近たちの努力に負うところが大きかったとはいえ、その後側近たちの演出に乗って、池田内閣は強権的な岸内閣とは異なり、低姿勢の政治を展開していったのである[5]。

池田内閣にとって最初の試練は、総選挙であった。前回の総選挙からすでに2年6ヶ月が経過しており、早晩解散・総選挙は避けられなかった。表向きでは、池田首相は早期の衆議院解散を約束したものの、実際には岸前内閣への国民の反感を和らげ、できるだけ選挙の時期を遅らせる方針をとった。これに対して、野党の方は新安保条約をめぐる国民の反感を絶好の機会であるととらえ、世論が追い風のうちに総選挙での勝利を狙っていた。だが、池田は巧みにも争点を政治問題から経済問題へとそらし、その上で解散・総選挙に打ってでたのである。

第29回総選挙は、11月20日に実施された。その結果、当選者は自民党が296名（解散時283名）、社会党が145名（122名）、民社党が17名（40名）、共産党が3名、諸派・無所属が6名の、計467名であった。自民党と社会党は大きく勝利し、一方、民社党は惨敗した。総選挙後、自民党は無所属からの入党4名を加えて、衆議院で300議席の大台に乗せた。今回の総選挙は、結果的にみれば、安保条約をめぐる強行採決もその後の社会党委員長浅沼稲次郎刺殺事件も自民党にはまったく不利に作用せず、池田首相は政権安定化の基礎を固めることができたといえる[6]。

総選挙での自民党の勝利について、『朝日新聞』は「社説：国民の審判と政党の反省」の中で次のように苦言を呈した。「なるほど自民党はふえたが、選挙の実情は相変わらず金と地盤がものを言う状態で、その旧態依然たる選挙の実情が、自民党に有利に作用していることは否めない。選挙が言葉どおりの公明選挙で行なわれたとすれば、その様相も結果も相当変わってくると見るのは、あながち行過ぎた想定ではあるまい。金や不純な後援会につながる選挙は、大いに反省し、それに代わる行き方を考える時が来ている」[7]。

総選挙での勝利を踏まえて12月8日、第二次池田内閣が発足した。第二次内閣の発足にあたって池田首相の構想は、来るべき通常国会において国会答弁での失敗を避けるため、いわば「守備固め」に徹するというものであった。そのため、第二次池田内閣は、全体として池田派の比重が大きく、党内派閥の面から見ると、第一次内閣では「安保批判派」として排除された三木・松村派からも入閣させ、石井派を別にすれば一応派閥均衡・党内融和の形が整えられた。しかしながら、このような敵も味方もない姿勢は、党内にお手並み拝見という空気を蔓延させた。とくに、岸および佐藤の両派は池田政権成立のいきさつもあって、当然主流派の位置をしめるべきだと強く主張し、池田首相の「八方美人」的な政権運営に不満を表明したことから、それは「低姿勢」を批判する原動力となった。

岸および佐藤両派は、池田首相の政治姿勢を〈ことなかれ主義〉であるとして、61年5月13日民社党を抱き込んで、政治的暴力行為防止法案を共同で国会に提出した。そして、6月3日、自民党と民社党だけで強行採決し、衆議院を通過したものの、最終的に6月8日、参議院では継続審議となった。その背景には、社会党を中心とする革新勢力が激しく抵抗したため、国会の内外で「小安保」の様相を呈し、自民党内の右派の推進攻勢に岸・佐藤両派の反池田勢力が加わる気配に配慮した池田派の一種の引きのばし作戦があった。要するに、池田首相は、岸前首相時代に展開された自民党の二の舞を避けようと戦線収拾を図ったのである(8)。

この問題について、『朝日新聞』はその「社説：国会の正常化」の中で次のように論じた。「国会が幕切れ近くまでは、ともかく平穏に過ごしてきたことは、安保問題をめぐっての前国会の、あの度はずれの騒動に対しての反省があったからであろう。また池田首相のいわゆる低姿勢政治が、話し合いの議会政治の再建に寄与した点も見逃せまい。池田首相の低姿勢は、首相みずから言うように、それこそ正しい政治の姿勢であり、今後も、決して忘れることなく心にとめて持続してゆかねばならぬものである」。だが、「それは民主制議会の基本的な態度であろう。国会の後半から自民党内一部に、この低姿勢を非難攻撃する声が起こっていたのは心得違いというべきである。それが単に、派閥的な党内抗争の一つのあらわれであるというなら、何をかいわんやであるが、もしも、力の政治、数の力のみに頼って、有無を言わさず押し切ることを期待するものであるなら、誤りであるのみならず、すこぶる危険なものであると言わねばならぬ(9)」。

発足した池田政権の緊急の課題の一つに、自民党の改革が挙げられる。党近代化への要請は自民党の内部から生じたが、その背景として、党会計の乱脈があった。冨森叡児氏はこの点について、次のように述べている。

「この当時自民党の1ヶ月の恒常経費が9千万もかかるようになっていた。財界からの自民党への政治資金を扱う公式の窓口、経済再建懇談会を通じては毎月4千万円程度しか入らなかった。差額は総裁、幹事長、主流派の実力者が個人的に集めて埋めてきた。おまけに、安保騒動中会合費、宣伝活動費で多額の金を使ったため、池田が政権を引き継いだとき、自民党の赤字は1億円、未払い金は4千万という大アナがあいていた。数千万の使途不明金もあったという。党経理を合理化して、財政を立て直すことは焦眉の急であった」。そこで、党の総裁である池田首相と前尾繁三郎幹事長は、財界と自民党を結ぶパイプであった経済再建懇談会を廃止して、7月15日、広く国民各層から金を集める資金調達機関として「国民協会」を設立したのである。財界との特殊関係を絶ち、全国民的階層を対象とする政党に脱皮しようとのねらいであった[10]。

設立された国民協会の会長には、岩田宙造をあて、足立正や坂西志保、長谷川才次など財界人・文化人など22名の理事で構成されていた。党近代化の一環として、従来派閥別に集めていた活動資金を国民協会に一本化し、月1億円程度を集めることを目標にしていた。国民協会は、会員を広く都道府県の支部に求め、個人または法人や団体を募り、個人は月々100円から1万円、また、法人と団体会員は月々5000円から10万円徴収すると決めていた。しかし、自民党がもともと派閥の連合体であることもあって、資金の一本化によって、これまでの派閥の活動資金を別途調達するという慣習は打破することが出来なかったのである。

結局、各業界代表団体に会費という形で割り当てるという経済再建懇談会と同じ方式が踏襲された。こうして、国民協会の発足によって、むしろ財界は各派閥に資金を流しにくくなった。一方、総裁を持つ主流派は活動資金が豊かになる反面、有力な資金源を持たない反主流各派は台所が苦しくなったという[11]。

池田内閣の時代になっても、実際には政治資金は集まらなかったといえる。この当時の自民党の資金集めの実態について、経団連の花村仁八郎は次のように述べている。「池田さんは自分で金を工面する方で、クリーンマネーを集めようという気はなかった。だから、池田さんは多少無理して金集めをしていた。……池田さんが集めていたのは大手企業です。大蔵大臣をやり、顔が広かったのでできたんです[12]」。

② 「所得倍増計画」の目標

池田勇人が首相の座に就いたとき、いまだ世間には殺ばつとした安保騒動の名残が消えていなかった。この荒れはててしかもささくれだった人心を、一日も早く建設の方向へむけなければならなかった。それが、池田内閣に課された最初の課題であった。それには、なによりも新政策の発表が必要であった。さらにまた、国民の信を問うための解散と総選挙を行わねばならなかった。そして第三に、そのような政策を実行していくための、池田内閣の政治姿勢がいかなるものかを国民の前に明らかにしなければならなかった[13]。

60年7月19日に発足した池田内閣は、組閣と同時に内閣の基本政策として、いわゆる「所得倍増計画」を打ち出して注目された。所得倍増計画は、政府が経済政策を政治課題として正面から取り上げるという画期的なものであり、9月5日、池田首相は、9項目からなる自民党新政策を発表し、所得倍増計画の全貌を明らかにした。

それは要するに、経済の高度成長の結果として国民の所得が倍増することであって、その場合、経済成長は手段であり所得倍増が目的であるということを明確にうたっていた。この自民党の新政策の中で、池田首相が最も力点を置いたのは、第三項の「経済成長政策の推進と完全雇用の達成」であった。その中で、池田首相はかねてからの持論である「月給二倍論」を発展させ、それを実現するために経済成長の手段を政策的に具体化したのである。[14]

そのさわりの部分を紹介するなら、以下のようである。

「歴史的な発展期にあるわが国の経済力を遺憾なく発展させ、インフレなき高度の成長を持続させて、今後10年間に国民総生産を2倍以上に引き上げる。このようにして働く意思と能力を持つ国民のすべてがその能力を十分に活かして、将来西欧諸国並みの所得と生活水準に到達させ、働く能力の乏しい者にも生活を保障し、完全雇用と福祉国家の実現を期する。そのために次のような経済成長を積極的に推進する。

一、経済成長の目標

昭和35年(1960年)度におけるわが国経済は前年度に引き続き高度の成長をとげ国民総生産はほぼ13兆6千億円、一人当たり国民所得は約12万円に達する見込みである。このような趨勢にかんがみ来年以降3ヵ年において年率9%の成長を持続させ、昭和38年(1963年)度においては国民の所得が30%増の17兆6千億円、一人当たり国民所得が26%増の約15万円に達することを目標とする。このような経済成長力を適切に誘導推進することによって、今後10年間におおむね2倍以上の所得水準に到達させ、完全雇用を実現し、農林漁業とその他の産業間、大企業と中小企業、地域間等における所得の均衡をはかり、生活能力の弱い者にも生活を保障することを目的とする。

二、政府の任務

政府の施策は、国民の能力を発揮させるに足る環境と条件を整備することを主眼とし、経済基盤の強化、産業構造の高度化、技術革新に必要な人的能力の開発育成、社会保障の拡充にその重点を置く」(『朝日新聞』

1960年9月6日)。

池田首相が発表した自民党の新政策について、『朝日新聞』は、「社説:高い成長目標は達成されるか」の中で次のような批判的なコメントを載せた。「構想の根本は、来年度から3ヵ年間、年率9%の成長を持続させ、10年間に国民総生産を2倍以上に引き上げるというにある。これまで所得倍増計画の策定において、一応7・2%成長率を前提として検討が加えられており、明年度の成長見通しも経済企画庁は6%としていたことを考えると、3年間9%というのは、かなり高い成長目標である。その達成は、種々の好条件に恵まれた過去の実績から見ると、必ずしも不可能とはいえないかもしれないが、率直にいって、多くの困難が存在している」。すなわち「第一に9%の成長と国際収支の関係である。総生産が増大すれば、原料等の輸入が増えざるをえないが、これに対応して輸出が確保できなければ、国際収支は悪化して、成長は阻止されるであろう。……第二に9%成長という構想は、伸びる能力のある成長を最大限に伸ばすためには、可能性のある限り出来るだけ高い成長率を目標とすることが政策として正しいという立場に基づいている。……第三に高度経済成長もさることながら、日本経済の現段階において特に要請されるのは、均衡的成長であるように思われる。……このように9%成長はかなり冒険的要素を含んでおり、一歩誤ると、政策が暴走するおそれも感じられる」。確かに、「経済の高度成長を通じて、雇用の拡大、福祉国家の建設を図ろうとする基本方向は、これまでの保守党の政策に比して、一歩前進を意味する。ただそれがあまりに野心的積極的に過ぎると、原則的に自由経済の建て前にたつ保守内閣の下で、果たしてボロを出さないで政策が推進されるかどうか疑問である[15]」。

しかしながら、このような多くの懸念や疑問とは反対に、現実にはその後、池田首相が打ちだした所得倍増計画は一種のブームを巻きおこし、総選挙の争点は経済成長一本にしぼられることになった。安保闘争の時には岸内閣を激しく追いつめた社会党も、今度は苦手の経済成長論議を受けて立たざるをえなくなった。そして、社会党は4年間で国民所得を1・5倍にするという構想を打ちだして対抗したものの、野党を所得倍増計画という自分の土俵に引き込んだこと自体、池田首相の戦術的成功であったといえる。そして政治的に見れば、所得倍増計画は国民の間に広く存在した対立のムードを経済成長一色に塗りかえ、その結果、安保闘争の悪夢を一掃したとの意味においても大成功であった(16)。

ところで、所得倍増という考え方は、中山伊知郎（一橋大学教授）が、59年の1月に『読売新聞』（１９５９年1月３日）紙上に「賃金二倍を提唱」と題する論文を発表したのが最初である。そして2月に、池田がこれを広島の選挙区において10年経てば、皆さんの月給も2倍になるという「月給二倍論」という形で打ち上げたのである。この「月給二倍論」に理論的な裏付けをしたのは、大蔵省の下村治である。当時、下村は池田派の政策団体である「宏池会」のブレーンとなっていたのである。その際、池田の秘書官をしていた宮沢喜一が「月給二倍論」を「所得倍増論」に言い換えるように進言したといわれる(17)。

池田首相の構想によれば、まず貯蓄が増えれば設備投資が伸び、そして生産が増加して所得が増す。そのメカニズムが働けば、10年で月給は2倍になるというものであった。したがって、政府の施策は減税と公共投資を行い、発展に取り残されている人々のための社会保障である。これが所得倍増計画の原型であったといってよい。

しかし、中村隆英氏らが指摘するように、池田首相の一枚看板であると見られる、所得倍増計画は実際には、岸内閣時代の59年から経済企画庁計画局において構想が立てられており、秋には経済審議会に正式に諮問され、そして実際の作業は、安保闘争がクライマックスに達した頃からはじまっていたのである。政権の座に就いた池田首相は、この構想を11月に予定されていた総選挙の「目玉商品」にするために策定を急がせ、９月５日に全文を公表したわけである。その特色は、10年間に実質的に国民総生産を2倍にするという目標を与え、しかもすべての数字も政策もそれに合わせて策定した点にあった。池田首相は巧みにも、戦後続いてきた経済成長が、単に復興に伴う一時的なものではなく、日本経済に内在する成長力の表れであることを見抜き、そこで政府が先頭に立って、国民に高度経済成長を呼びかけたのである。それが、所得倍増計画の基本的な性格であったといえよう(18)。

ともあれ、池田首相が推進した所得倍増計画は、わが国における高度経済成長時代の幕開けを告げることになった。そしてこの計画は、予想以上に早く実現した。実際、経済成長率は、62年度は５・７％と当初の予定に達しなかったものの、61年度は14・４％、63年度は12・

9％という具合に大幅に計画を上まわり、10年計画は早くも68年度には達成されたのである[19]。

この所得倍増計画に後押しされた、高度経済成長の時代の位置づけについて佐和隆光氏は、次のように総括している。すなわち、「1960年代の日本経済は、成長モデルがうまくフイットする時代であった。公共投資の相乗効果がいまよりも高く、金融政策も市場でよく効果を発揮した。広い意味でケインズ主義的な政策が有効に機能した時代に60年安保という政治の季節から経済の季節へベクトルを切り換え、高度成長の幕を開けた池田という人物の功績は大きかった[20]」。

3.「ガリオア・エロア」と日米首脳会談

①「ガリオア・エロア」の返済

わが国は、第二次世界大戦で敗れた1945年9月から52年4月に独立して国際社会に復帰するまでの占領期間中に、米国から多大な援助を受けていた。このような援助は、日本、西ドイツ、イタリアなど米国の占領下にあった地域における飢餓、疾病、社会不安などの防止による民生安定と占領地の経済復興に資することを目的として供与されたものであった。

実際、米国は、占領地域における飢餓、疾病、社会不安を防止するために、47年会計年度から米国陸軍省予算の一予算項目として、「占領地域行政救済」（ガリオア）を設けて日本などに援助を行った。その際、援助物資としては、小麦、小麦粉などの食糧、綿花、肥料、石油などが主であった。そして、49年会計年度からは、このガリオア資金の一部が占領地の経済復興のために使用されるようになり、この目的のために供与された物資を他の一般ガリオア物資と区別して、「占領地域経済復興」（エロア）物資と呼んだ。それは、工業用原材料、機械などが中心であった。これらの各物資の輸入、払い下げ、売却によって終戦後のわが国は飢餓から脱し、早急に復興することが出来たのはいうまでもない[21]。

とりわけ、敗戦直後の日本の場合には、食糧生産が戦前の半分以下に落ち込み、また工業生産も大幅に低下していた。そのため国民生活は困窮を極め、食糧難および必要物資の欠乏にあえいでいたのである。ガリオア・エロア援助は、このような異常な困難と苦境から国民を救うものとなり、また、その後のわが国の経済回復と発展の原動力ともなったといってよい。この援助の性格については、当時国会でも問題とされ、一部には贈与であるのでこれらの援助は返却する必要はないとの議論があったものの、米国側が援助に際し、贈与であるとの意思表示を行ったことはなく、他日返済されるものであることがしだいに明らかにされていった。[22]

日本に対するガリオア・エロアの援助は、51年ごろまで続き、総額はおよそ20億ドルと見られていた。先に述べたように、当初それは「援助」という性格が強かった。しかし、その後、米国側は対日講和条約交渉中に「債務」として確認するよう日本政府に要請してきたのである。[23]

この対日援助をどう決済するかについては、52年10月のマーフィ駐日大使の岡崎外務大臣あての書簡を皮切りに、その後、53年10月の池田・ロバートソン会談、54年8月の岡崎・アリソン会談、55年8月の重光・ダレス会談に見られるように、わが国は米国側と公式・非公式の会談において決済に関する交渉を続けてきたものの、結局解決を見ることが出来なかった。したがって、ガリオア・エロアの返却問題は、常に日米間の重要な懸案事項の一つとなっていたのである。[24]

この問題が解決を見なかった最大の理由は、第一に、援助の総額が資料の不備もあって、日米間で一致した総額を計算できなかったこと、そして第二に、米国側は西ドイツと同じ方式を主張したのに対し、日本側は西ドイツより有利な条件、とりわけ返済金を低開発国の援助に回すよう要求したこと、などにあった。ガリオア・エロア問題解決のため、米国側はことあるたびに、機会をとらえて日本側に返還の要求をしていたのである。

60年7月に発足した池田内閣は、ガリオア・エロア問題を解決したい意向を米国側に示唆していた。その後、61年に入って池田首相の米国訪問が本決まりとなったため、この問題を早急に解決することが必要となり、5月10日には小坂外相からライシャワー大使に交渉開始を申し入れたのである。交渉において、小坂外相は日本政府案を提示し、それによれば、援助総額を18億ドルと算定し、返却額を4億3０００万ドルで年利2分5厘、それを据え置き期間なしとし、20年間に均等払いするというものであった。これに対して、米国側も対案を提示し、最終的にはそれは返却額4億9０００万ドル、返却期間15年で年利2分5厘となった。そして、この案を日本側も了承して妥結にこぎつけたのである。妥結した条件の骨子をまとめた覚書は、6月10日、小坂外相とライシャワー大使との間で署名された。そして翌年の1月、返済取り決めの正式な日米協定が調印され、交換文書では、返却金の一部を教育文化交流に、また、その大部分は低開発地域援助に振り向けられる旨がうたわれたのである[25]。

今回の妥結について、『朝日新聞』は「社説：対米債務処理に国民の納得を」の中で次のように論じた。「ガリオア・エロアの対米債務返済交渉は、米側が最終段階でさらに譲歩を重ねたことで、交渉開始以来1ヶ月という短期間のうちに円満妥結した。……このような形での円満な妥結を見たのは、むろん日本側が、早期の解決に熱意を示し、積極的に交渉再開の口火を切ったからであるが、同時に米側が、過去の交渉のいきがかりをあっさりと棄てて、日本側の事情に友好的な考慮を払ってくれたためだと思う」。しかし、「国民の多くはこれらの資金による援助を、文字通り援助であるとして深く感謝し、しかも、国内的には代金を支払って受け取っている。このうち、返済に伴う二重払いの懸念の方はなくなった形であるが、これらの援助が、あとで返済を求められる性質のものであったという点では、率直にいって、ほとんどまだ納得しうる説明が与えられていない。……こうして肝心の債務性についてはあいまいなままに終わった」。そこで「どれだけの援助が与えられたのか、そのうちどの部分が債務で、どういう基準で返済額が決められたのか、政府はいまこそすべてを国民の前に明らかにする義務がある[26]」。

この問題について室伏哲郎氏は、次のように批判している。「昭和37年（1962年）1月、いやしくも二国間の債務返却協定でありながら、交換公文で債務総額を棚上げにしたという前代未聞のガリオア・エロア対日援助処理協定調印時に、池田内閣が衆院予算委員会に提出した計算資料によると、米側の主張する援助総額は19億5400万ドルで日本側調査による数字は17億9500万ドル。その差1億6000万ドルのみが食い違いとされているが、じつは引き継ぎを受けていない不完全資料による日本側調査は推定部分が多いというのだから、政治的配慮が加わった数字の疑いが濃い[27]」。

②日米首脳会談の成果

池田首相は、61年1月に発足したケネディ政権の首脳たちと意見を交換しようと考え、日取りについて外務省に交渉させていた。これが、6月20日から22日までと決まり、そして3月6日に日米共同発表の形で公表された。池田首相は、これまで何度も訪米しており、それは各々大きな政治的節目を持っていた。第一の節目は、51年9月、サンフランシスコで開催された「対日講和会議」に日本全権団の一員として出席し、平和条約の調印に参加した時であった。第二の節目は、53年10月、いわゆる「池田・ロバートソン会談」の時であり、MSA（相互安全保障条約）援助の中に経済援助を組み入れたときであった。そして今回は、日本の首相として首脳会談を行い、日米パートナーシップ形成のためであった。

61年1月15日、ケネディは米国の第35代大統領に就任した。ケネディは内政面では、黒人への差別撤廃のための公民権法制定の努力を示唆したものの、実際には連邦議会で民主党保守派や共和党の抵抗のため、その進展ははかばかしくなかった。一方、外交面でもケネディは、就任早々に前アイゼンハワー政権から引き継いだキューバ侵攻作戦で失敗し、また、6月のウィーンでのフルシチョフ・ソ連首相との首脳会談では恫喝され、そして8月にはベルリンの壁が構築されるなど、政権の前途は多難を思わせた[28]。

このように、池田首相が米国訪問を決定した頃、米国とケネディ大統領は極めて困難な立場に置かれていたといってよく、ちょうどこのような時に、米国を理解し、アジアのパートナーとして信頼できる政治的安定性と経済力を備えた日本の首相の訪問は、ケネディ大統領にとっても、また米国にとっても歓迎すべきことであったのはいうまでもない。したがって、6月の時点での池田首相の訪米は、日米関係を固める上で、絶好のタイミングであった。つまり、ちょうどケネディ大統領が手詰まりの状況の時に、池田首相が懐に飛び込んできたわけである。米国にとって、目ざましい経済成長をもって成長してきた日本を真に信頼できるアジアの自由主義の一翼としてとどめておくことがもちろん必要であったし、一方、池田首相にしても、反米運動に転化しかねなかった安保騒動を見事に鎮静化し、日本の経済発展と政治の安定性を米国とケネディ大統領に示しておくことが不可欠であった[29]。

ケネディ政権はまた、米ソ関係についても単に軍拡競争の側面ばかりでなく、経済成長の競争という側面も極めて重視していた。そのため、池田首相の促進する日本の経済成長政策は、米国の経済成長と相まって、自由主義陣営の共産圏に対する経済優位の証として期待され、かつ奨励されることになった。池田首相の方も、こうした米国側の軍事戦略・経済政策の変化を敏感に感じ取って、自らの所得倍増計画に反映させたといわれる。池田首相がケネディ政権の発足をまって直ちに訪米を決定したのも、所得倍増計画が単に日本一国の経済成長を意味するのでなく、米国にとってもまたいかに大きな意味を持っているかを説明する必要があったのであり、それがまた、池田首相が今回訪米する最大の目的の一つでもあった。[30]

61年6月19日、池田首相は、日航特別機「鎌倉号」で首脳会談のため、米国訪問の途についた。同行者は満枝夫人の他に、小坂外相、宮沢喜一参議院議員らの10名に過ぎなかった。それは、「大勢の随員を引き連れて訪米するのは、弱小国の証拠である」という朝海駐米大使の忠告に従ったからだといわれる。[31]

翌20日、池田首相は直ちに、ケネディ大統領との第1回目の会談に入った。ホワイトハウスの大統領執務室で行われた日米首脳会談では、両国高官が出席して、ウィーンでの米ソ首脳会談、核実験停止問題、中国問題および韓国問題などについて意見を交換した。続いて21日の第2回目の首脳会談は、ポトマック川上のヨットでの会談となった。大統領専用のヨット「ハニー・フィッツ号」上での首脳二人（通訳として宮沢喜一参議院議員が入った）だけの差しの会談であった。この会談では、日本の内政問題、韓国および中国問題が中心議題となった。なお、予定されていた3回目の会談は、ケネディ大統領がウイルス性流感にかかり流れてしまった。そして、22日、日米共同声明の発表にこぎつけたのである。

共同声明に盛られた具体的成果は、次の二点であった。第一点は、日米貿易経済合同委員会、文化教育委員会、科学協力委員会の設置である。とくに日米貿易経済合同委員会の設置は、米国の日本に対する中心点が防衛から経済重点に移ったという意味で、池田首相にとって経済中心の政策が国際的にも認められたものとして、一段と自信をつけることになった。

第二点は、沖縄に対して日本が潜在主権を有することを共同声明に明記し、二つの措置が認められたことである。一つは、沖縄の公共建築物に、祝日の日の丸掲揚が認められたことであり、二つは、米国が沖縄の福祉の増大に一層の努力を払うとともに、日本側の協力を歓迎すると述べたことである。

22日の午後、池田首相は連邦議会を訪問し、下院本会議場において次のような演説を行って喝采を浴びた。「私はこの機会に、アメリカの経済援助に深甚の感謝の意を表したい。しかし、今回の訪問は、このような援助の要請に参ったものではない。むしろわが国も今は世界の平和と安定の問題の鍵を握る低開発諸国の経済生活と民生安定を助けるための、自由世界の共同の事業において、たとえ僅かでも多くの貢献を果たし得るようになったことを申し上げることを喜ぶものである(32)」。

池田首相の今回の訪米は、正に晴れがましいものであった。ホワイト・ハウスでの昼食会には、アイゼンハワー前大統領夫妻も列席し、先に訪日を要請されながら結局、安保騒動で延期されたアイゼンハワーに挨拶することができたのである。ちなみに、ケネディ大統領は池田首相について、次のような印象を持ったといわれる。「いやにはっきりとものをいう男だ。強力な政治家である」。ともあれ、今回の日米首脳会談は、日本がアジアの一員であるというより、明確に「西側陣営の一員」となったことを物語る会談であったといえよう。

ケネディ大統領と日米首脳会談をこなして帰国した池田首相は、「日本はアジアのイギリスになった」と言い切った。確かに、今回の池田首相とケネディ大統領との日米首脳会談は、これといった具体的な成果は乏しかったものの、アジアにおける日本の役割を明確に示すと同時に、今後の日本政治の方向性を定める重要な意義を有するものであった。

『朝日新聞』は、「社説：池田首相訪米の成果」の中で今回の首脳会談について、次のようなコメントを寄せた。「池田首相の訪米による日米首脳会談は終わった。会談終了後の共同声明は、外交的慣行通り、抽象的なことばと、協議の対象を述べたにすぎず、いわゆる〝おみやげ〟的な結論は、その声明の中からは何一つ発見できない。が、これまで日本の首相の訪米に、いつもつきものであった〝おみやげ〟には、首肯できないものが多かったことを考えると、池田首相が〝おみやげ〟なしに帰国することは、むしろ喜ばしいことといってよかろう」。その上で「池田首相は、共同声明の重点は何か、と質問されて、ケネディ大統領と大胆率直に話し合ったことだと答え、ケネディ大統領と親友になったことを強調している。そしてまた会談があくまでも日米対等の立場で行なわれたことをくりかえして述べている。米国が特に、この点に心づかいをしたことも事実である。こういうことが特別強調されること自体は、従来日米会談がそうでなかったことを反映するようで、あまり感心した話ではないが、ともかくケネディ新政府が、日本の重要な役割について、特に大きな関心を寄せている証拠と、受け取ってよかろう[33]」。

今回、6月20日と21日に行われた池田・ケネディ首脳会談に先立って、日本側はガリオア・エロア資金の返済問題を妥結させて米国への〝おみやげ〟を用意した。このような〝おみやげ〟もあって、池田首相は米国において大歓迎を受けたのはいうまでもない。その一例が、大統領専用ヨットでの差しの会談であった。これを指して、日本は東洋のイギリスになったと喜ぶ向きもあったが、しかしそのような見解は、いささか的はずれのように思われる。何故なら、米国の外交政策の中で日本の比重が高まったことは確かであるとはいえ、〝おみやげ〟を用意し、しかもワシントン詣でを行ったということは、日米両国が必ずしも対等な関係であったとはいえず、それは依然として「支配・服従的」な関係であったといわねばならないからである[34]。

この当時、池田・ケネディ首脳会談をセットし、それに立ち会った宮沢喜一は、日米イコール・パートナーシップについて、「今度の訪米について米国が気を遣ってくれたことは確かである。これで日本が対等な立場になった、という批評はくだらないことである。本来二つの国が対等でない筈がない。もしそう思っていたとしたら、そう思わない方に劣等感があったことになる」と述べている[35]。

確かに、今回の首脳会談で確認された日米イコール・パートナーシップは、その実態を見れば、決して対等な二国関係とはいえない側面がある。というのも、軍拡競争華やかなりし米ソ冷戦の時代において、米国は西側諸国を代表する世界の指導的国家であり、しかも日本はその米国の政治・経済・軍事力から多くの恩恵を受けている国であって、両国の関係は明らかに、「非対称的関係」にあったからである。この点について、樋渡由美氏は次のように結論づけている。「日米首脳会談は両国間に意思疎通の機会としては、日本にとってより大きな意味を持っていたといえよう。ケネディ政権にとって日本の政治、経済的な動向が無視しえない意味を持つとしても、それはケネディ政権の世界政策及び国内の経済が直ちに池田路線の成否を決めるほどの威力を持っていたことと比較すれば、はるかに小さな意味しか持っていなかったのである[36]」。

４．おわりに

池田首相は、訪米によって長期政権担当への自信を深め、７月の自民党役員の改選期をきっかけに内閣改造に踏み切り、７月18日、改造内閣を発足させた。今回の内閣改造では、佐藤栄作、河野一郎、藤山愛一郎、三木武夫の４実力者が入閣し、戦後初めての〝重量内閣〟が登場した。この内閣の出現により、池田首相は挙党体制と保守責任の確立に成功した。そして、この改造内閣は保守最後の内閣とか保守決定版内閣などといわれ、池田政権の安定化への土台を形成することとなったのである。

今回の内閣改造について、『朝日新聞』は、「社説：改造新内閣は果たして強力か」の中で次のようなコメントを寄せた。「内閣改造のねらいは、功績ある閣僚を残し、不適任な閣僚を更迭することから始めねばならぬ。功罪の如何にかかわらず、派閥内の順番のためとか、あるいは〝大物内閣〟の名目のもとに、ただ党内の均衡を事とする人事では、目的はともかく、結果はそれに副わないことになってしまう。新内閣の顔ぶれを見ると、やはり派閥からの順序まち、発言の強い派閥の進出が見られる。また適材適所という点からも十分でない点が多い。この点は、これからの内閣の運営に当たって最も心すべきことであろう。いわゆる実力者たちも、自己を捨てて、保守政治の再建に努力する心構えこそが、ことに肝心であろう[37]」。

本論を閉じるにあたって、最後に、池田首相のキャッチフレーズである「寛容と忍耐」並びに「低姿勢」について、簡単に説明しておこう。まず、寛容と忍耐は、池田内閣の政治姿勢であり、一つの柱であった。それは、反対党に対して襟度をもって臨むということであり、これを政策面から見れば、岸の政治主義から所得倍増政策という経済主義へ切りかえたことになる。要するに、寛容と忍耐とは、岸内閣の安保強行という高姿勢に対するアンチテーゼとして生まれたものであるといえる。

しかしながら、この寛容と忍耐の姿勢は他面では、自民党内部から池田内閣は何もしないという非難を受けることになったこともまた事実である。例えば、池田首相は野党と対決するイデオロギー色の強い法案の国会提出を渋り、また、対決法案の強行採決をできる限り避けたからである。だが、逆にそうした姿勢が、結局、国会運営の正常化につながった点は否定できない[38]。

一方、低姿勢については、伊藤昌哉氏が次のように述懐している。「池田の低姿勢は、一面から言えば、池田の本当に意図したものではあったが、他の面から言えば、池田の奔放性へのたづなでもあった。それは巷に言われたような、うわべだけの、袖の下から鎧がのぞくという擬態ではないが、同時に、低姿勢が池田本来の姿だということでもなかった。池田は、その政治姿勢を低姿勢におくことによって、それ以後、政治家として、人間として成長をとげていったのである[39]」。

池田首相が政権を担当するにあたって、基本的に留意したことは二点あった。第一点は、安保騒動による岸自民党の不評を背負い込まないで、それを打ち消すことであった。そして、第二点は、池田政権の魅力と政策をいかに国民に広く印象づけるかであった。前者のために、池田首相は「寛容と忍耐」をモットーにし、「低姿勢」を唱え、岸亜流といわれないように心がけた。一方、後者は、高度経済成長を約束する新政策を掲げ、国民の関心を「安保」から「経済繁栄」にそらそうとした点に示されていた。池田首相が発表した新しい自民党の新経済政策の骨子は、1961年度から、向こう3年間に経済成長を9％とし、10年間に国民所得を2倍にすることを目標としたものであり、それが多くの国民を魅惑したいわゆる「所得倍増計画」に他ならない。

注

（1）長崎和夫「自由民主党」北村公彦編『現代日本政党史録　第6巻』（第一法規、2004年）、19頁。

（2）伊藤太一「第58代　第一次池田内閣」林茂・辻清明編『日本内閣史録　6』（第一法規、1982年）、10～12頁、堀江湛「池田勇人内閣」白鳥令編『日本の内閣3』、23頁、中村隆英「池田勇人」渡邊昭夫編『戦後日本の宰相たち』（中央公論社）、159頁。

（3）「社説：池田新総裁に望む」『朝日新聞』、1960年7月15日。

（4）吉村克己『池田政権・1575日』（行研、1985年）、19～23頁。

（5）富森叡児『戦後保守政党史』（日本評論社、1978年）、113頁。

（6）藤本一美『解散の政治学―戦後日本政治史』（第三文明社、1996年）、97～99頁。

（7）「社説：国民の審判と政党の反省」『朝日新聞』、1960年11月22日。

（8）藤本一美『戦後政治の争点　1945～1970』

（専修大学出版局、２０００年）、２３１～２３２頁。
(9) 「社説：国会の正常化」『朝日新聞』、１９６１年６月9日。
(10) 富森、前掲書、『戦後保守政党史』、１２４～１２７頁。
(11) 右同じ、１２７頁。
(12) 花村仁八郎「財界政治部長の回想録①―経団連の政治献金斡旋はこう築かれた」『エコノミスト』、１９９４年5月24日号、92頁。
(13) 伊藤昌哉『池田勇人とその時代』（朝日新聞社、１９８５年）、１０４頁。
(14) 『朝日新聞』、１９６０年9月6日。
(15) 「社説：高い成長目標は達成されるか」『朝日新聞』、１９６０年9月6日。
(16) 中村、前掲論文、「池田勇人」、１６１頁。
(17) 岸宣仁「池田勇人と所得倍増計画」『プレジデント』、２００１年1月15日号、97～99頁。
(18) 中村、前掲論文、「池田勇人」、１６０頁。
(19) 堀江、前掲論文、「池田勇人内閣」、35～36頁。
(20) 岸、前掲論文、「池田勇人と所得倍増計画」、１００頁。
(21) 平岩尚「臨時通商業務局とガリオア・エロア」『通産ジャーナル』、１９７９年7月号、１４６頁。
(22) 松尾沢丈敬「ガリオア援助」『新版　日本外交史辞典』、（山川出版、１９９２年）、１９４～１９５頁。
(23) 室伏哲郎「裏資金の誕生―ガリオア・エロア」『朝日ジャーナル』、１９７７年4月1日号、22頁。
(24) 平岩、前掲論文、「臨時通商業務局とガリオア・エロア」、１４９～１５０頁。
(25) 藤本、前掲書、『戦後政治の争点』、２３４頁。
(26) 「社説：対米債務処理に国民の納得を」『朝日新聞』、１９６１年6月10日。
(27) 室伏、前掲論文、「裏資金の誕生」、25頁。
(28) 藤本一美・浅野一弘『日米首脳会談と政治過程』（龍渓書社、１９９４年）、１１５頁。
(29) 吉村、前掲書、『池田政権・１５７５日』、１２８～１３０頁。
(30) 樋渡由美『戦後政治と日米関係』（東京大学出版会、１９９０年）、２１１頁。
(31) 林房雄『随筆・池田勇人―敗戦と復興の現代史』（サンケイ新聞社、１９６８年）、２２５頁。
(32) 藤本・浅野、前掲書、『日米首脳会談と政治過程』、１２３頁。
(33) 「社説：池田首相訪米の成果」『朝日新聞』、１９６１年6月24日。
(34) 浅野一弘『日米首脳会談と現代政治』（同文館、

2000年)、66〜67頁。
(35) 宮沢喜一『戦後政治の証言』(読売新聞社、1991年)、192頁。
(36) 樋渡、前掲書、『戦後政治と日米関係』、214頁。
(37) 「社説:改造新内閣は果たして強力か」『朝日新聞』、1961年7月19日。
(38) 吉村、前掲書、『池田政権・1575日』、27、32〜33頁。
(39) 伊藤、前掲書、『池田勇人とその時代』、116〜117頁。

第４章　「黒い霧」事件と自民党総裁選
―１９６６年の政治状況

１．はじめに―問題の所在と分析視角

　１９６６（昭和41）年の世界情勢は、前年の65年と同様に、アジアに明けてアジアに暮れたといえる。すなわち、ベトナム戦争と中国の文化革命に大きく影響を受けたのである。そして、米国が一段と軍事介入を強めているベトナム戦争が手詰まりという状況の中で、中ソ関係はさらに悪化し破局的状況に陥った。だが、ベトナムでは米ソ中の複雑な対立図式が見られたにもかかわらず、不思議なことに米ソ関係の方は軍縮・宇宙開発の面において、「現状凍結」への努力が続けられていたのである。

　一方、わが国の政治・経済の動向に目を移すと、まず、経済の面では前年の深刻な経済不況からようやく回復したものの、都市と農村、大企業と中小企業との間などでいわゆる、「社会的ひずみ」が一層拡大した。そして、政治の面では、〝黒い霧〟という言葉に象徴されるように、政治家に対する不信感の増大がこの年の日本政治の最大の特色となった。

　64年11月、池田政権の後を襲って政権の座についた佐藤栄作首相は、前政権の高度成長政策に対する批判から出発したといえる。しかしながら、佐藤政権が促進した、いわゆる「人間尊重」、「歩行者優先の政治」および「社会開発」などのスローガンは、言葉の上だけにとどまってビジョンとしては発展せず、政策としてはきわめて貧弱なものであった。確かに、佐藤政権は、日韓条約、ＩＬＯ87号条約といった懸案事項の解決に強引ともいえる国会戦術を用いてこれを成立させ、そして反池田的な政策をおし進めたものの、結局、佐藤首相の下では、「社会的ひずみ」の是正を自らの任務として課しながら、政権を担当した２年間を見る限り、ひずみの方はむしろ大きくなった感がしないでもない。

　66年７月31日、佐藤首相は衆議院の解散・総選挙に備えて、内閣の改造に踏み切った。しかしながら、皮肉なことに内閣改造直後から多くの不祥事＝〝黒い霧〟が続

出した。すなわち、田中彰治事件、共和製糖事件、現職大臣の職権乱用などが次々と明るみにされ、そして政界・財界・高級官僚の持ちつ持たれつの関係が国民の大きな注目を集めた。さらに、政治家に対する献金問題が〝黒い霧〟事件とも関連して、あらためて議論を呼んだのである。

このような政治のゆがみは、単に中央政界のみにとどまらなかった。地方議会や自治体を舞台とした汚職・腐敗事件が、東京都、福井県、茨城県、高松市議会をはじめとして、全国的に広範囲にかつ多数生じたのである。このため、政治に対する国民の不信感は一挙に高まり、それは世論調査の結果にも明確に現れた。実際、朝日新聞社が実施した調査によれば、佐藤内閣の支持率は、内閣成立直後の64年11月の47%から、66年11月には一挙に25%まで落ち込んだのである。[1]

問題なのは、政治状況が大きく変化したにもかかわらず、3年以上にわたって国会では一度も解散・総選挙が行われず、佐藤首相は民意を問うことをしなかったことである。そのため、野党はあらゆる機会をとらえて早期解散を佐藤政権に強く迫った。こうした批判の声を踏まえて、佐藤首相はついに、12月27日、第54通常国会の召集日に衆議院の解散に打ってでた。かくして、政局は総選挙一色となったのである。今回の解散は、野党による政治腐敗の追及によるものと一般に受け止められ、そのためこの解散は「黒い霧解散」と呼ばれている。

本章は、1966年の日本政治の状況について、佐藤政権の動向を中心に考察するものである。具体的には、前半では、いわゆる〝黒い霧〟事件の実態を述べ、次いで後半では、自民党総裁選での佐藤首相勝利の背景と問題点をさぐる。そして最後に、佐藤政権の支持動向と政権の行方を検討してみたい。その際、基本的な視角として、一方では、ベトナム戦争のドロ沼化を踏まえて、日米の支配・服従関係を縦軸にし、他方で、野党と与党＝自民党内部の権力関係を横軸に据えて分析を進める。論述は、まず最近の研究成果に基づき、当時の事実を明らかにする。次いで、新聞の社説などを紹介しながら筆者の立場を明示していきたいと考える。

2. 佐藤政権と「黒い霧」事件

①田中彰治事件

わが国の政界は、1966年の後半から、いわゆる

〝黒い霧〟事件で大きく揺さぶられることになる。東京地検特捜部は、自民党・新潟４区選出の田中彰治代議士を恐喝、詐欺容疑事件などで内偵していた。そして８月５日、同代議士とその長男彰ら７人について、右で述べた容疑などで逮捕状を請求し彰ら６人を逮捕した。田中代議士は順天堂病院に入院していたため、法務省の医師を派遣し、診断の結果取調べにたえうると判断して逮捕状が執行された。また、検事、検察事務官約１００名を動員して田中事務所や田中牧場など30ヶ所を捜索し、多数の証拠書類を押収した。今回のように、現職の国会議員が恐喝容疑で逮捕されたのは、戦後はじめてのことであり、そのため政界は大きな衝撃を受けた(2)。

田中代議士の直接の容疑は、同代議士が衆議院決算委員会委員および同委員長の地位を利用して、千代田区霞ヶ関にある旧虎の門公園跡の国有地の払い下げをめぐって国際興業株式会社の小佐野賢治会長から約１億円を脅しとったほかに、埼玉県深谷市の工業団地の一角を日本住宅公団から買いとり、他に不正転売して約２億円を恐喝・詐欺した疑いであった。

田中代議士のやり方は極めて悪どいものであって、決算委員会委員および同委員長の地位を利用して問題に火をつけて委員会で追及し、それが金になるともみ消すなど、いわゆる〝マッチ・ポンプ〟により国会の中で白昼堂々と恐喝を働いていたのである。

田中代議士については、この他に財界人らに対しても恐喝・詐欺を働いた疑いが濃く、偽証、脱税など多くの不正が明らかにされ、このため野党側から議員除名の要求がだされた。しかし、国会法では国会議員の懲罰に関して厳しい制限を設けていたため、除名には至らなかった。なお、田中代議士は衆議院議長あてに議員辞職願を提出し、９月13日にそれが許可された。田中代議士は８月26日、八つの罪名で起訴され、その後74年12月、懲役４年の実刑判決を受けた。

田中代議士の辞表提出について、『朝日新聞』は「社説：田中代議士の辞表提出」の中で、次のように自民党と選挙民を批判した。「恐喝、詐欺容疑で起訴され、取調べ中の田中代議士が議員の辞職願を提出した。衆院議長がこれを許可すれば辞職は成立する。さきに田中代議士は、自民党の除名処分に先立って離党した。こんど、自民、社会、民社三党間で除名処分が取り上げられることになったその当日に、〝代議士として世間をさわがせたことについて責任を深く感じる〟として同代議士から辞職願が出された。当然のことであるが、いいようのないあと味の悪さを感じる」。

しかし、「それよりも田中代議士のような人物を生み、その犯罪をつちかってきた土壌にこそ、われわれは追及の目を向けたいと思う。当選第一主義の安易な方針に立って田中代議士を公認し、決算委員会に長く居すわらせてきた自民党の責任がまず追及されねばなるまい。これは同代議士の辞職だけですまされる問題ではない。次に国会運営の面では、同一の議員が長期にわたって特定の常任委員をつとめ、いわゆる〝ボス委員〟になる弊害をなくすための措置が講じられるべきであろう」。そして、「最後に、田中代議士を連続当選させてきた選挙区も責任を免れることはできない。手厚く身分を保証された国会議員の地位を左右しうるものは根本的には有権者だけである。田中代議士の犯罪は、選挙地盤を維持するための資金づくりにかかわりがあったといわれる。田中代議士を必要としたのは選挙区の有権者だったからである」[3]。

なお、この事件では、田中代議士の恐喝・詐欺容疑もさることながら、国会議員の特権乱用が国会法によって「保護」されるという皮肉な結果になり、国民感情としては割り切れないものが残された。

②国有林の払い下げ問題

政府は、63年ごろから国有林の払い下げを積極的に行う方針をとっていた。それに伴い、国有林の払い下げをめぐる不正が大きな社会問題となり、国会でも野党によってたびたび取り上げられて追及された。

66年5月31日、参議院決算委員会において社会党の大森創造議員が「新しい別荘分譲地として不動産業者が大々的に宣伝している栃木県・那須高原の林野は、業者の工作で国有財産が不当に安く民有地と交換されたものではないか」と政府を追及した。大森議員は6月8日の同委員会でも取り上げ、「この問題には政治家の力が介在している」として、政府側に証人喚問を要求した。

また、9月1日には、参議院決算委員会において再び国有地の払い下げ問題が取り上げられ、公明党の二宮文造議員と社会党の大森議員は、①虎の門公園の払い下げ、②大阪・光明ケ池の公団用地転売、③旧陸軍経理学校跡の用地問題を取り上げ、とくに高槻市の国有林と広島県下の民有林との交換問題を追及して政界人の氏名を次々と挙げた。そのため、農林省幹部が答弁につまる場面もあった。

問題となった高槻市の国有林35haは、63年広島県下の民有林280haと交換され、その時の国有林は3496万余円と評価された。国有林を手にしたのは、東京の農林開発興業会社であった。しかし、それから1年4ヶ月後に同社の役員がそのまま役員に就任している、東京の共栄糖化工業、共和糖化工業、日本糖化、東洋果糖（菅貞人社長）が農林中金から融資を受けるにあたって、この土地を抵当に計23億7500万円の抵当権を設定し、さらに66年2月、株式会社東食が同じく菅が社長をしている共和製糖を債権者にしてこの土地に15億6250万円の抵当権を設けたのである。つまり、3500万円足らずで交換された国有林は、1年数ヶ月後には40億円に近い値段として評価されたわけである[4]。

大森議員は、「農林開発興業の高橋社長が重政元農相の秘書で、重政元農相の義兄も役員に加わっている」と政界との〝黒い霧〟をにおわせた。これに対して、松野頼三農林大臣は、9月5日および6日に招集された地方営林局の管理課長会議において、「国有林の処分を一時停止するよう」指示し、国会での野党追及に備えた。だが、その後も参議院決算委員会では国有地の払い下げに絡む問題が取り上げられ委員会は紛糾した。ただし、委員会での論議の方は、国有林に根抵当権を設定した共和グループに対する融資問題の方に重点が移っていった[5]。

③共和製糖事件
高槻市の国有林払い下げ問題の追及で浮上した共和グループについて、野党側は融資問題を中心に政府を追及した。66年9月27日、参議院決算委員会において社会党の大森創造議員は、次のように迫った。「農林漁業金融公庫は宮崎県日向市の共和製糖（菅貞人社長）、東洋果糖宮崎営業所の諸施設へ融資を行っているが、融資の対象となった専用埠頭は2億8100万円で某土建業者が請け負っていることになっているのに、実際には別の業者が1億5000万円で建設しており、倉庫と工場の建設は工費5億7700万円ということで融資を受けているのに、実際には3億4500万円しか使用していない。また、この施設全体について、同公庫のほか、農林中央金庫、開発銀行などから合計約26億円の融資を受けているのに、実際の工事費はおよそ13億円から15億円程度しかかかっておらず、融資を受けるための必要書類の印鑑は偽造されたものである」。

これに対して、大沢農林漁業金融公庫総裁は、「公庫は政府の金融機関であるが、個々の会社や個人との取引については、公開すべきでない」と回答を拒否したため審議は中断した。しかし、翌28日の同委員会での大森議員の追及に対して、政府側は、共和グループには農林中金から32億円、農林漁業金融公庫から12億円、そして開発銀行から8億円の合計52億円が融資され、そのうち、共和製糖、東洋果糖細島工場への融資は合計22億円である、と答弁し、その金額が明らかにされた[6]。

その後、約1ヶ月にわたって国会で追及された共和製糖問題では、結局、共和グループ13社に対してつぎ込まれた融資は合計すると約72億円にのぼり、そして民間銀行や別会社の名義で借りて融通した、いわゆる〝クッション融資〟を除いて農林中金など3行からの融資額は52億円にのぼることが明らかにされた。また、農林中金はつなぎ融資のつもりで細島工場へ出した10億円が、会社に返済能力がないことから返還期限を毎年繰りのべる結果となっていることなども判明した。これに勢いづいた野党側は、7〜10億円も過剰融資分が国内農産物とは無関係の砂糖工場の赤字補填や政治献金に使用されたとして政府を追及した[7]。

11月17日、政府は、参議院決算委員会に共和製糖グループに対する過剰融資問題についての報告書を提出した。報告書は農林省と大蔵省が共同調査したもので、それは37頁に及び、序論、融資の経緯、今回の調査結果、結びの4章からなっていた。その中で、各金融機関が十分な見通しを持たずに融資したこと、会社も融資を流用していたことが明らかにされ、ことに農林中金の資金貸付けの落度を認めていた。また、後述するように、この日、塩見俊二自治大臣から献金を受領した11名の議員名も発表されたのである。

共和製糖問題は、この後菅社長や楠見農林中金理事長の退陣を生み、さらに11月19日、社会党が菅社長を東京地検に告発するに至った。それを受けて12月8日、東京地検は共和グループの強制捜索を行い、真相究明は検察当局にゆだねられることになった。

この問題について、『朝日新聞』は「社説：農業金融機関の姿勢を正せ」の中で、次のように政府の態度を批判した。「われわれは、検察当局が厳正公平な態度で真相の究明に当たってくれるものと確信する。だから、これが政治汚職につながるかどうか、軽々しい手前勝手な判断は避けたい。しかし、お座なりともいえる政府報告や、これを受けた楠見氏の辞任で、問題の所在がはっきりしたとは考えない。〝黒い霧〟は晴れるどころか、さらに濃さをましているというのが国民一般の実感である。この点を関係者は十分に認識すべきである」。それ故、「われわれは農林中金の責任追及だけで、この問題が解明できるとは思えない。農林漁業金融公庫や開発銀行にも責任はあるはずである。それ以上に、これら機関に融資のあっせんないし指示した政府の責任は重い、と考えざるをえない(8)」。

④政治献金問題

国会において、国有林の払い下げ問題や共和製糖への過剰融資問題が追及される過程において、政治家への献金問題が大きくクローズアップされてきた。そうした中で、10月19日、衆議院の大蔵委員会で、社会党の武藤山治らが次のように政府を追及した。「１９６５年の所得として佐藤首相が、自民党へ２０００万円を寄付している。この資金はどこから出たのか、また税法や政治資金規正法に違反する事実はないか」。そして、調査結果の報告を求めた。これに対して政府側は、11月８日、同委員会で「佐藤首相は名前を使われただけで、首相自身の所得から支出したものではない」と答弁した。さらに10日の参議院予算委員会でも、佐藤首相は同様の答弁をした。

一方、〝黒い霧〟を調査していた自民党の綱紀粛正委員会は、11月６日の総会で「共和製糖グループからの政治献金は、同グループの政治献金団体である新友会を通じ、63年２月６日から65年８月12日までの間に７人の国会議員が延べ13回にわたって受け取っており、合計１１３０万円にのぼっている。しかし、これらは黒い霧であっても、政治資金規正法に基づいて授受された合法的資金である」との結論をだした(9)。

しかし、野党側はこの結論に強く反発し、翌17日に開催された参議院決算委員会は、大もめにもめた。この日、既述のように、同委員会では共和製糖グループに対する不当融資問題について政府の調査報告書が提出され、この報告書に対する質疑の中で、同グループ系の政治団体である「新友会」から、多数の政治家が政治献金を受けていることが問題となったのである。

社会党の大森議員は質問の中で、重政誠之代議士の後援会「政誠会」が62年から65年にかけて、２１９７万円の献金を受けていると指摘し、また、公明党の黒柳明議員は、64年から65年にかけての2年間に自民党、社会党をはじめ、国会議員の後援会が「新友会」から、次のような献金を受け取った事実を明らかにした。

自民党本部＝200万円、社会党本部＝150万円、対山社（赤城宗徳・自民党）＝200万円、越山会（田中角栄・自民党）＝150万円、正誠会（倉成正・自民党）＝30万円、松浦定義（社会党）＝20万円、有馬輝武（社会党）＝20万円、時交会（中村時雄・民社党）＝50万円。

さらに、翌18日には、参議院の決算委員会において、塩見俊二自治相は社会党の渡辺勘吉議員の要求に応えて、62年から65年までの間に「新友会」から個人で政治献金を受け取った政治家の氏名を、次のように発表した。この中には、野党である社会党および民社党の議員も含まれていた。

山本幸一（衆・社会党）＝150万円、足鹿覚（衆・社会党）＝30万円、有馬輝武（衆・社会党）＝30万円、石田宥全（衆・社会党）＝30万円、谷口慶吉（参・自民党）＝50万円、白井勇（参・自民党）＝10万円、稲富稜人（衆・民社党）＝20万円、山村新治郎（故人・自民党）＝50万円、寺島隆太郎（故人・自民党）＝30万円、八木徹雄（衆・自民党）＝30万円、松浦定義（衆・自民党）＝20万円[10]。

共和製糖グループ事件を追及していた参議院決算委員会で、5人の社会党議員が同グループから政治献金を受けていたことが明らかになり、『朝日新聞』はその「社説：社会党の刷新を望む」において、次のように批判した。「成田社会党書記長は〝いずれも政治資金規正法に基づく正規の政治献金であり何らやましいことはない。しかし、個人の問題としてだけでなく、社会党全体の姿勢の問題はある〟と語った。保守党をつつむ〝黒い霧〟を追及し続けてきた社会党自身が、必ずしも清潔ではないという印象を与えたことは、同党にとって大きな痛手といわねばならない。それが正規の政治献金であるかどうかということよりも、ある業者への過剰融資や国有林払い下げのあり方について政府を攻撃している社会党が、その業者から献金をもらっていることが問題なのである。国民が、野党第一党としての社会党に期待するのは、何よりも批判政党としてのスッキリした清潔さである[11]」。

⑤荒船運輸相問題

66年9月のはじめ、10月1日からの国鉄（現JR）ダイヤの改正によって、埼玉県の深谷駅に新しく急行列車が止まることが表面化した。深谷駅のある深谷市は、荒船清十郎運輸相（埼玉3区）の選挙地盤であり、同運輸相のゴリ押しで急行の停車が実現するようになった。この問題は早速野党によって、9月10日の参議院法務委員会と12日の運輸委員会において取り上げられた。

荒船運輸相は、「深谷駅には1956年3月に上り急行がとまり、同年4月には快速もとまった。それが1961年以後は全然とまらなくなったので、大臣になる前に陳情していた」と述べた。さらに委員会で答弁に立った石田国鉄総裁が「大臣から前に出された陳情は数件あったが、全部認めたわけでない。深谷駅の急行停車も、理屈では断るべきだったが、情において認めた」と答えた。運輸相の陳情によって、深谷駅に急行が停車することが明らかにされたのである。田中彰治事件以降、政界の腐敗問題に国民の強い関心が集まり、疑惑はすべて〝黒い霧〟と見られるようになっていた。そのため、この急行停車事件は大きな政治問題となった。[12]

佐藤首相は荒船運輸相を呼び厳重に注意する一方で、政府与党首脳会議でも「政府・自民党は綱紀粛正について、深刻に反省する必要がある。党も事態の重要性を認識して政治姿勢を正すように全党員に、徹底させるべきである」と、訓示した。

しかしながら、荒船運輸相には、この他にも、大阪拘置所移転問題、後援会加入勧誘問題など、世間に誤解を与えかねない問題があり、国会において野党側の激しい追及を受けた。さらに、10月11日には、荒船運輸相はまた新しい問題を突きつけられた。それは、荒船運輸相が民間業者二人をソウルで開かれた日韓経済閣僚懇談会に随行させたり、また、上野駅構内の食堂の移転拡張をさせるなどの職権乱用が明るみにでたのである。

このため荒船運輸相はついに、辞任に追い込まれた。荒船運輸相は一身上の都合で閣僚をやめたいと辞表を提出し、佐藤首相がこれを受理した形をとっていた。しかし実際には、佐藤首相が運輸相を更迭したのである。戦後の内閣で閣僚の単独辞任は決してめずらしくないものの、今回の場合のように、いくつかの不祥事が国会で追及され、それが原因となって閣僚辞任に追い込まれた事例はほとんどなかったといえる。

『朝日新聞』は、「社説：運輸相更迭と政治の病根」において、次のようにこの問題を批判した。「荒船運輸相は、11日夜ついに辞任した。深谷駅の急行停車事件以来、つぎつぎに明るみに出た〝荒船問題〟は、閣僚の政治姿勢として、国民にマユをひそめさせ、政治不信への病根のひとつとなっていた。運輸相の辞任は世論が罷免権を発動したともいえよう。多くの難問をかかえている運輸行政の責任者が、こうした政策以前の問題で辞任することは、内閣にとって、きわめて恥ずかしいことだが、いまの政界をおおっている暗い空気のなかで、政府が〝エリを正す〟にしては、むしろ遅きに失した感じである」。確かに、「佐藤内閣は、改造して2ヶ月余、装いを新たにして、国民に抱負を述べた。だが、すでに改造のときから、とかくうわさされていた議員を、いわば派閥内の順送り人事で、閣僚に登用した弊害が、まずここに現れたといえる[13]」。

⑥上林山・松野・有田問題

66年10月17日の衆議院決算委員会において、野党側は上林山栄吉防衛庁長官の〝お国入り〟問題を取り上げた。9月2日、上林山防衛庁長官は、幕僚幹部や音楽隊を同行してYS-11機で選挙区である鹿児島に帰郷したのである。これまで防衛庁長官の〝お国入り〟に統幕議長をはじめ陸海空の三幕僚長が随行した例はなかったこと、また、音楽隊をつれて鹿児島市内をパレードしたことなども指摘され、「公私混同もはなはだしい」と野党に追及された。さらにお国入りの際、恐喝事件で保釈中の人物を議員秘書の肩書で同行した事実も明るみにでた。

このため、10月20日、衆議院予算委員会に佐藤首相が出席し、政界の綱紀粛正について発言を求めることになった。野党側は「上林山防衛庁長官のお国入り問題は、国民に対する裏切り行為だ。長官を罷免する決意はあるのか」、そして、「一連の事件で総辞職もしくは解散する決意はあるのか」と佐藤首相に迫った。

10月22日、米国から帰国した上林山防衛庁長官は27日と28日、衆参両院の内閣委員会に出席を求められ、野党側の一斉集中攻撃を浴び、同長官は「結果的に〝公〟と〝私〟が一緒になってしまったようなことは配慮が足りなかったと反省している」と弁明した[14]。

一方、松野頼三農林大臣に対する政治姿勢も追及された。10月17日の衆議院決算委員会において、社会党の勝沢芳雄代議士は松野農相の外遊問題を中心にその日程、随行者の資格および旅費などについてただした。これに対して、松野農相は「小細工はしていない。日程の原文は出発する前につくった。食い違いのいきさつを私は知らない」、「英語に堪能な課長級が海外出張などのため同行できなかった。それで前例もあるし、民間人を随行させた。旅費は全額返納したはずだ」と答弁したものの、今ひとつすっきりしなかった。

続いて、11月10日、参議院の予算委員会において社会党の鈴木強代議士は、有田喜一文相の秘書官が選挙違反で執行猶予中なのに任命されたとして、文相の政治姿勢を追及した。これに対して、有田文相は「(昭和)35年の総選挙の際、問題を起こしたがその改心の情は明らかなので、情状にかんがみ秘書に使っている」と逃げたものの、愛知揆一官房長官は「大臣秘書官は特別職公務員のため、法律上の問題はないが、国会で問題になった以上、秘書官をやめてもらうのが筋であると思う」と述べた。このように、野党側は政界をおおう一連の〝黒い霧〟について、国会においてあらゆる機会をとらえて、佐藤首相をはじめ閣僚の政治責任をただしたのである。(15)

⑦バナナ問題など

ノリ、コンニャクと並んで〝バノコン〟といわれ、利権物資の三羽ガラスと称された台湾バナナの輸入が国会で大きな問題となった。バナナの輸入割り当ては、政治家の利権と深く結びつき国民の疑惑の的となっていた。この問題は、10月17日の衆議院決算委員会において取り上げられた。

社会党の勝沢代議士は「うわさが高いバナナについても、利権というわさが高い一方で、消費者の手にはいる値段は高すぎる。担当大臣としてどう考えているのか」と切りだした。そして「名前はいわないが、20万カゴも輸入してもうけた政治家を知っている。通産大臣は、これらについて、厳正な行政指導をしてほしい」とただした。これに対して、三木武夫通産相は「輸入割り当て制度はとかく問題が起こるので、根本的には自由化が望ましいが、無秩序になったので、再び割り当て制度にならざるを得なかった。安いバナナを国内に入れるため今後も監督は厳重にしていきたい」と答弁した。(16)

バナナ輸入問題の追及を主題に開かれた10月26日の参議院決算委員会では、公明党の黒柳議員が政界関係者とバナナとの結びつきをただす発言中に、山崎斉委員長が突然質問をさえぎって散会を宣告したため紛糾した。そして、翌27日には、参議院予算委員会で黒柳議員は、元衆議院議長の船田中代議士など4名の国会議員の名前をあげ、バナナ業界との関係をただした。その後、この問題について、政府側は何とか野党側の追及をかわしたものの、通産省は12月に入って、バナナ輸入業者の実態をつかむため、輸入割り当て実績をもつ８６３８業者の実態調査をはじめ、輸入のさいの秩序をはかることになった[17]。

11月30日、第53臨時国会が召集された。しかし、召集直前になって、野党側は山口喜一郎衆議院議長がインチキ手形を乱発して逮捕された東京大証券社長・水野繁彦の結婚式（4月29日）に媒酌人として出席した事件を重視し、「黒い霧をまとった議長が司会するのでは話にならない」として、山口議長の釈明を求め、納得できない場合は本会議の召集には応じられないと態度を硬化させた。結局、山口議長は12月2日辞表を提出した。こうした一連の事件について、佐藤首相は「戦後の日本はどこか狂っている」と述べ、各種各方面の病根をなおすため、まず政党、政治家の綱紀を厳正にすべきだと、国会で答弁せざるを得なかった。

ところで、中央政界において〝黒い霧〟事件が厳しく批判された66年には、地方自治体においても各地で不祥事が続出した。例えば、議長選挙の時のタライまわし、歳暮、中元の名目での業者から議員に対する金品の贈与、視察という名目の議員の大名旅行、請負業者の指名をめぐる執行部・議員と業者との腐敗的関係、不明朗な議長交際費、議会運営費など、従来から問題にされていながら、いわば地方政治の慣習として大目に見られていたものが、世論の厳しい批判を浴びるようになったのである。

佐藤首相が〝黒い霧〟事件に関連して、国会で追及されて述べた「積年の病癖」は、地方自治体にも蔓延していたといえる。その発端は、まず66年の春から夏にかけての東京都議会に対する批判である。都議会は議長選挙汚職で大量の逮捕議員をだし、そのため都民によるリコール運動が生じた。そして、65年の6月には、「地方公共団体の議会の解散に関する特例法」を適用して議会を解散し、この時に議会運営の実態が全国的に報道されるなど、全国各地で市民の間に地方議会を刷新する気運が生まれたのである[18]。

ちなみに、66年に起こった地方自治体で生じた主な不祥事件は、次のとおりである。①茨城県議会の議長汚職事件、②大阪府泉北三市の合併汚職、③塚田新潟県知事の現ナマ中元事件、④福井県議会の副議長選汚職、⑤福岡県宇美町用水池汚職、⑥香川県坂出市海岸埋め立てをめぐる県会議員の収賄事件、⑦収入役競馬事件、⑧災害復旧費で宴会、⑨ボーナスお手盛り。このような地方政治の不祥事について、『朝日新聞』は「社説：地方政治の腐敗を憂う」の中で、次のように批判した。

「地方議員を主役とする腐敗事件が、このところ相次いで起こっている。もっとも、地方議会をめぐる醜聞はなにも最近にはじまったわけではなく、宴会政治、大名旅行、議長タライまわしなど、例年のように、全国どこかで起こっていた問題である。だが、最近の地方政治の乱れは、議会、議員だけでなく、政党支部の派閥抗争による影響、町村長や自治体職員の汚職など、事件の内容や関係者が広範多岐にわたっているのが特徴で、腐敗の根が地方全体に深く広がった感が深い。戦後、民主主義の根幹として発足した地方自治の制度と精神は、いまや、その内部からくずれ去る恐れさえなしとしない」。

それでは、地方政治はなぜこのようになったのか。その場合、「われわれは、その第一の原因をカネに対する感覚のマヒとみる。……次に指摘したいことは、野党勢力の無力さである」。そして、「地方政治の乱れも、もとをただせば住民の責任といえる。悪徳議員を選んだり、狭い地域的利害にとらわれたり、議員に寄付を強要したりしていては、地方政治はいつまでたってもよくならない。みずから払った税金の行方を常に注視し、議員や職員の行動に監視を怠ってはならない。地方自治とは、地域住民がみんなで協力して行う政治であり、行政なのである[19]。

いずれにせよ、中央政界や地方政界を問わず、政界を広くおおった〝黒い霧〟は、佐藤首相の所信表明や反省などで消え去るほどなまやさしいものではなく、佐藤首相は自民党に巣くう病根について、「公党の道義にそむき国民の不信と疑惑を招いたことは、国民に対して申し訳ない」と述べ、政権担当者としての責任を痛感していると反省した。だが、このように政治不信への危機感が高まっている時に、佐藤首相が政界刷新の決意を表明するのはむしろ当然のことといえた。

上林山防衛庁長官の公私を混同したお国入り事件、松野農相の外遊問題など、これらは単に政治姿勢の問題だけではなく、社会人としての常識が欠けていたといわざるをえない。閣僚たちは公私の別について良識がマヒしていたのである。したがって、佐藤首相は任命権者として、責任の所在を明らかにし、明確な指導力を確立する必要があったのに、単に小手先の政治手法でもって政治的危機を処理しようという姿勢は大きな批判を浴びた。

3．自民党総裁選・内閣改造・「黒い霧」解散

①自民党総裁選挙

〝黒い霧〟事件の発生以来佐藤首相は、国会での答弁、各地での演説および記者会見の席などにおいて、国民の間に生じた政治不信の除去に全力を傾ける姿勢を強調した。しかし実際には、佐藤首相は野党や党内非・反主流派の批判に対して高姿勢で対応し、その一方で、じっと待つという佐藤政治の特色である〝待ちの政治姿勢〟をとり続けた。この佐藤首相の対応に対して、これといった攻撃の決め手に欠く野党の〝黒い霧〟追及の動きも、しだいに沈静化しはじめた。その結果、佐藤政権の政治的立場を揺るがすのは、自民党内部、とりわけの非・反主流派の動向いかんにかかっているとの見解が生じ、そこで、政局の焦点は、12月に予定されている自民党総裁選挙の方に移っていったのである。[20]

11月17日、かねて出馬が予想されていた前経済企画庁長官の藤山愛一郎が正式に立候補を声明した。これに対して、佐藤首相も11月5日、札幌で開催された「1日内閣」で「私は今後も引き続いて政権を担当する決意である」と述べて、総裁選挙への事実上の出馬表明を行い、そして、11月22日の記者会見の席で正式に出馬表明をした。藤山前経済企画庁長官は立候補宣言の中で、最近の一連の政治危機を訴え「自民党は不祥事で結党以来の危機に立っている。真の粛党は、佐藤首相自らが責任を明らかにすることだ」と述べて、佐藤首相の退陣を迫った。一方、佐藤首相は、「政治の不信を回復し、政治を浄化し、党の体質改善をすることが、私の責務である」と主張するなど、結局、両者の論点は政治姿勢のあり方に集中し、政策問題にはふれぬままに終始したといえる。

この点について、『朝日新聞』は「社説：自民党総裁選に臨む」の中で、次のように問題点を指摘した。「自民党総裁を選出する臨時党大会はあすに迫った。この総裁選挙は事実上、内閣総理大臣の選出を意味する。さる8月、佐藤改造内閣発足直後の田中彰治事件に端を発した政界の〝黒い霧〟問題で、国民の不信感はこの上なく

深まり、それは政治危機ともいうべき現象を呈している。このような情勢の中で行われる総裁選挙に、いま国民の最大の関心が集まっているのは当然である」。

その上で、「総裁選挙に立候補した佐藤首相も、これに挑戦して立った藤山愛一郎氏も、ともに粛党を旗印にしている。したがってこの選挙では、自民党の綱紀粛正と政界浄化を今後、だれの手に託するかの選択が行われることになるわけである。首相は、これまで2回にわたる所信表明の中で、引き続き政権を担当して綱紀を粛正するとの決意をのべたが、どのようにそれを実行してゆくかの具体的な方策については、ふれるところが乏しかった。一方、藤山氏は、粛党の第一歩は首相が責任をとって辞任することだと強調したが、そのあとに続く措置については、抽象的な表現にとどまった。争点となった粛党をめぐる論争が平行線に終わり、保守党のビジョンや明確な粛党策を欠いたことは、両者の対決に迫力を失わせたといえよう」。ともあれ、「これまでと違っているのは、票固めにカネが動いた形跡が見られぬことである。世論の手前、カネを使ったら不利という作戦上の自粛であったにせよ、それはひとつの進歩というべきであろう」[21]。

12月1日に行われる予定の自民党の総裁選挙では、佐藤首相の再選は確実視されていた。したがって、非・反主流派系の票、すなわち佐藤批判票が果たしてどの程度になるのかに関心が集まった。党内の状況は、岸・福田派、石井派、三木派、川島派が佐藤支持にまわり、一方、藤山への支持は、藤山派、旧河野派中曽根系、松村系が中心であった。そして、中間派の旧池田派、船田派、村上派には佐藤および藤山の両派から働きかけがあった。中間派は、11月11日の自民党の総務会が「自由かつ民主的に投票をする」と決めたことを受けて、「自主投票」に落ち着いた。

今回の総裁選挙では、藤山派は最初から、選挙において佐藤首相に勝利することを度外視しており、その目標を前回の総裁選の72票を上回る票の獲得に置き、白票を合わせて150票以上の佐藤批判票がでることに期待をかけていた。

第18回自民党臨時大会は、12月1日の午前10時すぎから日比谷公会堂で開かれ、佐藤首相の任期満了に伴う次期総裁選挙が行われた。選挙の結果は、佐藤栄作が289票、藤山愛一郎が89票で佐藤首相が藤山前経済企画庁長官を引き離して総裁の座を確保した。しかしながら、今回の投票では、藤山が大方の予想を上回る得票を集めたほかに、佐藤体制と一線を画そうとする旧池田派から、同派のリーダーである前尾繁三郎に対して47票が投じられた。また、そのほかの自民党議員に流れた散票が25票にも達し、無効票などを加えると、佐藤批判票は事前の予想をくつがえして169票に達し、党内の3分の1以上が佐藤体制批判の意思を表示したことになった[22]。

このように、佐藤首相の得票が3分の2を割ったことは、政界の〃黒い霧〃問題や一連の閣僚の公私混同によって党内が動揺し、佐藤批判勢力＝非・反主流派の動きが活発となる可能性を示したものといえる。ちなみに、佐藤首相はこの日の日記に、「300（票）以下になって一寸淋しい気がした。何等運動しないのだからやむを得ない」と記していた[23]。

今回の自民党総裁選挙の結果について、『朝日新聞』は「社説：予想を超えた佐藤批判票」の中で、次のように苦言を呈した。「1日の自民党臨時大会では予想をはるかに上回る佐藤首相への批判票が投じられた。総裁に再選され引き続き政権を担当する佐藤首相は、党内外に高まってきた不信の念に身の引きしまる思いであろう。

3分の1を越えた佐藤批判票は、首相の手による粛党に不承認の意思を表明し、佐藤政権の行く手に赤信号をかかげたものとも見られよう」。

今回、「自民党をめぐる一連の不祥事件は、田中幹事長が党情報告で率直に認めたように〃20年間の権力のイスになれて、諸事すべて易に流れた〃結果であり、佐藤批判票は、こうした保守党の危機感が反映したものとみて間違いないだろう」。

それ故、「佐藤新総裁がなすべきことは、過去のような人事による党内操縦ではなく、この粛党、反省大会をきっかけに、保守党の懸案である近代化を一歩進めることである[24]」。

②第三次佐藤改造内閣

佐藤首相は自民党総裁選で過半数の賛成票を得て勝利したものの、対立候補の藤山が89票を集め、無効投票を含めると佐藤批判票は169票もでるという予想外の結果に終わった。田中角栄幹事長をはじめ佐藤派幹部たちは、佐藤支持票が315票は固いだろうと読んでいただけに、大量の佐藤批判票に大きな衝撃を受けた。そこで、この総裁選挙の結果は、佐藤首相が勝ったということとよりも、党内情勢の面で佐藤政権の前途に要注意信号が灯されたという点に関心がむけられだしたのである[25]。

佐藤首相は自民党総裁に再選されると、政局乗り切りのため「清潔、清新、発らつとした人事体制を確立する」として、12月３日、党役員の改選と今年に入って二度目の内閣改造を断行し、顔ぶれを一新した。党三役の改選では佐藤首相は、まず黒い霧事件の責任をとった形で田中幹事長を代え、後任に福田赳夫蔵相を、そして総務会長には椎名悦三郎、政調会長に西村直己を起用した。田中幹事長を更迭した理由について、元秘書官の楠田實氏は、次のように述べている。「〝黒い霧〟事件に対する執行部の責任を明確にするために、田中幹事長を更迭し、その後任に福田蔵相を起用した。だが、佐藤首相が田中氏を幹事長のポストからはずしたのは、田中氏の党内支持勢力をこれ以上のばさせると、佐藤支持勢力内のバランスがくずれるという警戒心もあったからである[26]」。

なお、『朝日新聞』は、すでに7月末の内閣改造の段階で、田中幹事長の金権的体質について、社説で注文をつけていて興味深い。いわく、「田中幹事長は有力な首相側近の一人である。佐藤派のいわゆる〝代貸し〟的存在である。総選挙も近く予想される事情から、その留任は早くから予定されていた。われわれもその点は理解できる。ただあえてこの際、言っておきたいのは、同氏が財力ある政治家と見られているだけに、政治と金の因縁を断ち切る努力を、人一倍、身につけてもらいたいということである[27]」。

さて、今回の内閣改造では、自民党総裁選挙において相当数の佐藤批判票がでたため、佐藤首相はかなり露骨なかたちで「佐藤主流派体制」の確立を打ちだし、これまでの挙党体制をくずした新陣容となった。すなわち、首相を除く18人の閣僚のうち、主流派が14人（佐藤派4、三木派3、岸・福田派2、川島、石井両派各1、中間派1、この他参院佐藤派2）を占め、旧池田派、船田派など非・反主流派から選ばれた閣僚もほとんど全員佐藤首相に近い人たちであった。それは、黒い霧事件への一連の批判に対応するとともに、総裁選挙での相当数の批判票対策として、佐藤主流派がより実権を握ることにしたためである。

そこで『朝日新聞』は、今回の内閣改造について、「社説：衆院の解散こそ内閣の任務」の中で、次のような注文をつけた。「佐藤改造内閣が３日発足した。こんどの自民党の役員新人事と佐藤改造内閣について、われわれは、この際、その評価や内外の要望をさしひかえたいと思う。というのは、いまの政治不信のウズのなかで、佐藤首相がなすべきことは、早期に衆議院を解散して、信を民意に問う以外に、日本の議会民主政治の正しい発展は期待し得ないと信じるからである」。

問題なのは、「佐藤首相は、池田前内閣から政権を引き継いで以来、まだ一度も衆議院を解散して国民に信を問うていない。内閣を改造して4ヶ月しかたたないのに、また政府、党の人事を一新し、大幅な入れかえをするのも異例の事態だが、これに〝清潔〟とか〝適材適所〟と自らレッテルをはってみても、もはや国民の共感を得られるとは思われない。国民は、むしろいまの政治全体に対して真に民意が反映していない現状にヤキモキしているのである」。

だから、「こんどの改造内閣は、いわば選挙管理内閣の性格をもつべきであろう。佐藤首相も最近〝世論が強く解散を要求すれば、それにこたえざるを得ない〟と語っている。われわれは、もうその時期にきていると信ずるし、人事の入れかえや美辞麗句の作文で一日延ばしに当面の政策をとりつくろってゆくことは、すでに限界に達したと断ぜざるを得ない」(28)。

改造内閣からは前尾繁三郎、石井光次郎が去り、そして福田赳夫も幹事長に転出したので、閣内に残った実力者は三木武夫のみとなった。全般的な顔ぶれは、吉田・岸色の強い「中堅実務者」的な閣僚が目立った。佐藤首相は、直面する厳しい政治状況を乗り切るには、党内の批判勢力を閣内から排除し、非・反主流派に対して完全に対決姿勢を明確にしなければならないと考えたのであろう。

③「黒い霧」解散

12月人事の直前の11月30日、すでに第53臨時国会が召集されていた。この国会は召集日当日から、〝黒い霧〟事件で勢いづいていた野党と政府・自民党の全面対決の場となった。すでに前節でも述べたように、国会では冒頭から、山口衆院議長が空手形事件で逮捕された者の結婚式に媒酌人として出席していたことが問題化し、野党の激しい追及を受けて12月3日に同議長は辞任した。そこで、後任には綾部健太郎が新しい議長として選出されたのである。

解散・総選挙の絶好のタイミングとみていた野党は、

この議長選挙をボイコットし、社会党、民社党、公明党および共産党の4党は「解散に追い込む」ことを申し合わせた。このため、国会は5日に自民党だけで衆参両院で本会議を開催して補正予算案審議に入ったものの、以後も野党は解散の時期を明示せよとして審議に応ぜず、自民党単独で補正予算を成立させることになった。[29]

12月15日、佐藤首相は、衆参両院の本会議において野党議員欠席という異例な状態の中で、所信表明演説を行わざるを得なかった。このなかで佐藤首相は、〝黒い霧〟事件に関連して政治の責任を痛感し、国民の政治不信の回復に努めると述べるなど「金のかからない選挙」に取り組む決意を表明した。この演説に対しては、自民党のみが質疑を行い、野党が要求している衆議院の解散問題に触れたものの、佐藤首相は「解散は厳粛なものである」と慎重な答弁に終始した。結局、この国会は21日間の全会期を終始自民党の単独審議で終わるという前例のない国会となった。そしてこの間、佐藤首相は解散について一片の言質を与えることもなく拒否し通した。こうした佐藤首相の態度について、政治評論家の多田実氏は、「佐藤の官僚政治家らしい自己の専管的事項については徹底的に一歩の侵害もゆるさないというかたくなな姿勢をみせつけた一瞬一瞬であった」と指摘している。[30]

そこで、国会の異常事態を打開するため、綾部衆議院議長の斡旋工作がはじまった。しかし、最終的には、解散時期の明示を求める野党の要求を自民党が拒否したため、これも物別れに終わった。自民党のこの強硬な姿勢は、佐藤首相の「解散をいつ行うかを決めるのは首相の権限であり、野党にとやかくいわれる筋合いはない」という考えによるものであったと思われる。[31]

実際、佐藤首相は11月16日の経団連の第20回評議員会での挨拶の中で、衆議院の解散問題について次のように述べていた。「解散は国会の審議状態と世論を勘案して決める。社会党の議員総辞職によって解散したら、それは憲政史上に悪例を残すことになり賛成できない」と。この辺の事情について、楠田實氏は、「佐藤首相はそれと同時に、政府・自民党の側からみて、いま野党の主張に応じて解散時期を明らかにすれば、野党ペースに乗せられるだけで上策ではないと判断したのである」と述べている。しかも、自民党の大勢は単独審議も好ましくないが、解散―総選挙を控えた時期では、強硬な態度にでるのもやむをえないと考えたからである。[32]

しかしながら、新聞をはじめとした国民世論のほうは、この異常国会について佐藤首相および与野党双方に問題があると批判し、もはや混迷した政局を救う方法は、衆議院の解散・総選挙以外にはないとの空気が支配的となった。そのため、佐藤首相自身も、前例のない異常事態で閉幕した臨時国会の状況を目にして、もはや政局の打開のためには解散の一手しかないという考えに傾いていった。そこで佐藤首相は、臨時国会が閉幕した翌日の12月21日、自民党本部で開いた同党両院議員総会のなかで、「いまや解散を真剣に考える段階にきた」と、衆議院の解散の時期が切迫してきたことを、公式にはじめて言及したのである(33)。

この後、佐藤首相は通常国会の冒頭に解散を行うために、異常事態にある国会の正常化のために動き出し、野党に対して党首会談を申し入れた。そして、12月24日に開かれた与野党4党首会談において、佐藤首相は〝27日の衆議院解散〟を事実上認める態度を示した。これを受けて野党各党も、27日召集の第54通常国会にはそろって出席することを確約し、ここに12月27日午後2時すぎ、衆議院は解散されたのである。この解散により、来る67年1月29日に第31回総選挙が実施されることになった。今回の解散は63年10月23日の解散以来3年2ヶ月あまり、戦後10回目、新憲法施行後8回目である。

今回の衆議院の解散について、『朝日新聞』はその「社説：議会政治を正しい軌道へ」の中で、その意義を次のように述べた。「衆議院は27日解散され、新春とともに本格的な選挙運動が開始される。今度の解散も憲法第7条による〝首相の解散権〟によってなされた。だが、戦後9回のこれまでの解散が、いわば〝上からの解散〟だとすれば、今度は明らかに〝下から〟の国民の意思が強く反映した解散である。国民は、政界をおおう黒い霧、異常な国会、2年余の間国民の審判をまだ受けていない佐藤内閣の現状に、国民不在の政治を感じとって、政治を主権者たる有権者の手に早く返すことを要求したのである」。

したがって、「われわれは、今回の総選挙の過程を通じて、日本が議会制民主主義を健全な軌道に乗せ得る意思と能力のあることをまず示さねばならない。これが総選挙の意義の第一である。……今度の総選挙の第二の意義は、今後の国際、国内政治がこれまで以上に流動的になっていこうとしているとき、今後の政治の動向をダイナミックにとらえ得る政治家を選ぶことである」。その上で、「黒い霧解散とされている今度の総選挙では、野党はこちら側に〝天の時〟〝地の利〟があると主張しているが、多極化してゆく国際情勢のなかで、社会党はじめ野党各党がどう日本のカジをとってゆこうとしているのか有権者はじっと検討してみるべきである」[34]。

④佐藤内閣に関する世論調査の結果

政界では、〝黒い霧〟が大きな問題となる一方で、自民党総裁選が行われ、その後は内閣改造、さらに衆議院の解散・総選挙が予想された重要な時期に、国民はいったい佐藤政権をどのように見ていたのか、また、いずれの政党を支持していたのであろうか？　最後に世論調査の結果に基づいて、この点についてふれてみたい。11月21日および22日に朝日新聞社が実施した世論調査は、次のような結果であった。

すなわち、①佐藤内閣を支持するか＝支持する25％、支持しない38％、その他12％、答えない25％、②支持する理由＝佐藤首相を信頼３％、現内閣を信頼２％、政策を期待１％、自民支持３％、他の政党では不安２％、現状維持でよい１％、だれでも同じ４％、③支持しない理由＝佐藤首相を信頼しない６％、政治の腐敗12％、実行力がない２％、生活不安５％、政策がよくない３％、自民党を支持しない３％、その他７％、④佐藤内閣総辞職に賛成か反対か＝賛成44％、反対20％、その他15％、答えない23％、⑤どの政党が一番好きか＝自民49％、社会30％、民社４％、共産１％、公明３％、答えない13％[35]。

見られるように、佐藤内閣の支持率は、前回調査（４月）の30％をさらに下回り、25％まで下降した。また、支持しないものは前回の26％から38％に増え、この結果支持すると支持しないが逆転した。また、内閣を支持しない理由としては、「政治の腐敗」をあげたものが12％もおり、その理由として支持しないものが３分の１を占めた。一方、政党支持は前回と変わりなく、佐藤内閣の不人気とは無関係に社会党は伸び悩み、自民党支持の安定性がみられた。他方、この際、佐藤内閣の総辞職を望むものが44％、しかも衆議院の解散を要望するものは46％に達していたのが注目された。

『朝日新聞』は、「社説：世論調査が示す危険信号」の中で、佐藤内閣の危機的状況を次のように分析した。「内閣支持率が30％の線を割った場合、その内閣は〝末期的段階〟にはいったということができる。支持率が30％以下になると、支持と不支持のバランスがくずれて逆転してしまうからである。佐藤内閣の支持率は、発足以来、一路下降線をたどり、まる2年目に危険状態に突入したわけである」。

「この状況を、別の角度から説明しているのは、総辞職・解散問題に対する世論の反応である。〝総辞職に賛成〟は44%で、反対の20%を倍以上も引き離しており、他方、〝解散に賛成〟は46%で、反対21%を、同様に倍以上も上回っている。総辞職と解散の両方に賛成する人々は全体の約3割を占めているが、いずれにせよ国民の半数近くが急面の転換を望んでいるのである。……半数近い人々が総辞職を要求している事実を首相はなんとみるだろうか」。

そして、〝黒い霧〟問題で世論がこれほどわき立っているにもかかわらず、各政党の支持率にほとんど変化が現れていないのはなぜだろうかと問い、「佐藤内閣に対する信頼度は大きく低下しても、自民党に対する支持率が落ちていないのは、これと対抗する社会党への信頼が高まっていないことを意味する。佐藤内閣は支持しないが、だからといって社会党には政権は渡せないといった消極的支持のあらわれとする見方もできるかもしれない」と結んでいた(36)。

このように、佐藤内閣は、〝黒い霧〟問題に象徴される政治不祥事の中で、野党の批判をうけつつ、国民の深まる政治不信に追いまくられた形で政治を運営していかねばならなかったのである。そのため、佐藤首相の政治指導力についても、国民世論は極めて厳しい判断を下していたといえる。

佐藤内閣が成立してから、67年1月の総選挙までの2年余の政治は、佐藤首相にとってまことに厳しいものであった。例えば、日韓問題、ベトナム戦争に対する政府の従属的な対米協力姿勢は国会で野党の強い批判を浴びたし、また、それとの関係において、安保、沖縄、原潜寄港などの問題が国会の外では激しい論議の的となっていた。そして、自民党総裁選挙に示された非・反主流派のつき上げである。佐藤首相は、〝黒い霧〟国会を異常事態のなかで何とか乗り切ったものの、しかし、最後は野党と世論に追いまくられた形で衆議院の解散を断行せざるを得なかった。

4. おわりに―佐藤政権の行方

佐藤内閣が発足した時に、国民の大方の見方ないし予想は、この政権が長期でも安定でもないというものであった。事実、佐藤首相自身も、自分の内閣は2年ももつだろうか、よくて3年続けばよいと考えていたといわれる[37]。その大きな背景ないし理由としては、第一に、単純明快さを避けて、留保的態度を好む佐藤首相の資質が、政策目的などであいまいであるという印象を生んだことである。第二に、池田内閣を継承した時に、〝オリンピック景気〟の反動で経済不況に見舞われ、その対応に苦労していたこと。そして第三に、池田内閣が低姿勢をモットーに対決法案の国会提出を断念し、経済成長を優先したため、佐藤内閣に積み残された政治的案件の処理が委ねられたことである。そして、予想もしなかった佐藤内閣を大きく揺さぶった、いわゆる一連の〝黒い霧〟事件の発生である。

本章の後半においても紹介したように、66年の自民党総裁選挙での再選から、内閣改造・解散を経て翌年はじめの総選挙にかけての時期が、佐藤首相にとって「最も苦しい試練の時期であった」と思われる。しかし一方で、決してあせるな、やがて時が解決してくれるという佐藤首相の人生観—〝待ちの政治〟はこの時期には、政治家として意外な資質であったことが証明されることになった。それは、7年8ヶ月も政権を支えた佐藤流の政治指導力の源でもあったし、そのカギを握ったのは状況が好転するまでじっと見守るという佐藤首相の政治姿勢そのものであったのかもしれない[38]。

佐藤首相は、渡邊昭夫氏が指摘しているように、他にもう一つ特異な資質ともいえるものを身につけていた。それは、佐藤首相が政策的にぶれない一徹さというか頑固さを持っており、これが政局が危機に瀕した時にそこから脱出するのに幸いしたことである。この点について、渡邊氏は「佐藤首相が急変に際して動じなかったことを評価する。人間の予見力と行動力が限られている以上、それも政治家にとって重要な資質なのである」と述べていて興味深い[39]。

佐藤首相が延ばしに延ばしていた衆議院の総選挙は、翌67年1月29日に行われた。その結果は、自民党が不利だという予想を覆し、意外にも２７７名の当選者をだして安定勢力を確保した。選挙前には、２７０台を割れば佐藤内閣は危機に陥るであろうといわれていただけに、その危機線を突破したことにより、政権の基礎は安定したかたちとなった。結局、〝黒い霧〟事件も霧が晴れれば、見通しがよくなるのであり、それほど大きな影響はなかったということなのか。

注

(1)『朝日新聞』、1966年12月1日。
(2)『朝日新聞』、1966年8月5日(夕)。
(3)「社説:田中代議士の辞表提出」『朝日新聞』、1966年9月11日。
(4)『朝日新聞』、1966年9月2日。
(5)『朝日年鑑 1967年版』、252頁。
(6)『朝日新聞』、1966年9月28日(夕)。
(7)『朝日年鑑 1967年版』、253頁。
(8)「社説:農業金融機関の姿勢を正せ」『朝日新聞』、1966年11月25日。
(9)『朝日年鑑 1967年版』、253頁。
(10)『朝日新聞』、1966年11月18日」(夕)。
(11)「社説:社会党の刷新を望む」『朝日新聞』1966年11月20日。
(12)楠田實『佐藤政権・2797日(上)』(行研、1983年)、139頁。
(13)「社説:運輸相更迭と政治の病根」『朝日新聞』、1966年10月12日。
(14)『朝日新聞』、1966年10月27日(夕)。
(15)『朝日新聞』、1966年11月10日(夕)。
(16)『朝日新聞』、1966年10月18日(夕)。
(17)『朝日年鑑 1967年版』、255頁。
(18)右同じ、573頁。
(19)「社説:地方政治の腐敗を憂う」『朝日新聞』、1966年11月8日。
(20)楠田、前掲書、『佐藤政権・2797日(上)』、150頁。
(21)「社説:自民党総裁選に望む」『朝日新聞』、1966年11月30日。
(22)『朝日新聞』、1966年12月1日(夕)。
(23)伊藤隆監修『佐藤榮作日記 第2巻』(朝日新聞社、1998年)、517頁。
(24)「社説:予想を超えた佐藤批判票」『朝日新聞』、1966年12月2日。
(25)楠田、前掲書、『佐藤政権・2797日(上)』、158頁。
(26)右同じ。159頁。
(27)『朝日新聞』、1966年8月1日。
(28)「社説:衆院の解散こそ内閣の任務」『朝日新聞』、1966年12月4日。
(29)多田実「Ⅳ 保守安定支配の確立」内田・金原・古屋編『日本議会史録 五』(第一法規、1990年)、220頁。
(30)右同じ。
(31)藤本一美『解散の政治学—戦後日本政治史』(第三文

明社、1996年)、129頁。

(32) 楠田、前掲書、『佐藤政権・2797日(上)』、167頁。

(33) 伊藤、前掲書、『佐藤榮作日記 第2巻』、522～523頁。

(34) 「社説:議会政治を正しい軌道へ」『朝日新聞』、1966年12月28日。

(35) 『朝日年鑑 1967年版』、671頁。

(36) 『朝日新聞』、1966年12月1日。

(37) 細川隆元『隆元のわが宰相論』(山手書房、1878年)、330頁。

(38) 渡邊昭夫「第61代 第1次佐藤内閣」林・辻編『日本内閣史録 6』(第一法規、1981年)、135頁。

(39) 渡邊昭夫「佐藤榮作」渡邊昭夫編『戦後日本の宰相たち』(中央公論社、1995年)、206頁。

第5章　ロッキード事件・「三木おろし」・総選挙
―1976年の政治状況

1．はじめに―問題の所在と分析視角

1976年の世界で最も重要な事件は、中国において1月8日に周恩来首相、続いて9月9日に毛沢東主席といった政治の最高責任者が死去したことであり、また、11月1日に行われた米国の大統領選挙において、現職の大統領であるジェラルド・フォードを破って、ジョージア州前知事のジミー・カーターが当選したことであった。これらの事実は、中国の場合には、革命以来の指導者を失って、「第二世代」に入ったことを示し、そして米国の場合には、ベトナム戦争およびウォーターゲート事件の後遺症を振り切り、建国200年後の「第三世紀」に入ったことを物語っていた。

一方、1976年の1年間を通じて、日本の政治と保守体制をその根底から揺るがしたのは、何といっても「ロッキード事件」であった。それは、ロッキード社の航空機海外売り込みに関連して発生した贈収賄事件であり、この事件の経緯は、以下の三つのクライマックスから構成されていた。すなわち、一つは、7月27日に前首相の田中角栄が外国企業から5億円の賄賂を受け取った容疑により逮捕―起訴されたこと。二つは、年末の12月5日の衆議院総選挙において自民党が249議席に終わり、過半数を割る大敗北を喫したこと。そして三つは、この選挙後に保守危機の打開の旗手として登場した三木武夫内閣が退陣して、12月24日、新しく福田赳夫内閣が発足したことである。(1)

2月4日、米国連邦議会の上院外交委員会の多国籍企業小委員会（チャーチ委員会）は、ロッキード社が自社の航空機であるトライスターL-1011やPXL（次期対潜哨戒機）を売り込むため、30億円以上の巨額の工作資金を使って日本の政府高官に働きかけていた事実を暴露した。小委員会での証言から明らかになったのは、右翼の児玉誉士夫をロッキード社の秘密代理人に仕立てて日本政府への工作を進めさせていたこと、また、ロッキード社の代理店である丸紅の助言を通じて政府高官に

工作資金が渡されていたこと、さらに、田中角栄と親密な小佐野賢治国際興業社主もこれらの工作に関係していたことであった。ロッキード事件はその後、「小佐野ルート」、「丸紅ルート」および「全日空ルート」という三つのルートによって工作資金が政府高官に流れていたことが判明し、これに関与した政財界人18人が逮捕され、それは空前の規模と内容を持った「戦後最大の疑獄事件」へと発展した[2]。

ロッキード事件が発覚した後、三木首相は事件の徹底的真相究明を打ち出し、国会での決議を受けて、2月24日、ロッキード問題に関する親書を米国のフォード大統領に送った。しかし、このような措置に対して自民党内部から、三木首相への反発が高まり、三木内閣の生みの親である椎名悦三郎自民党副総裁との間で決定的な対立が生じた。椎名は、三木首相の早期退陣によって政局の転換をはかるために、田中（角栄）・福田（赳夫）・大平（正芳）派に協力を要請し、ここに「第一次三木おろし」が表面化したのである。

こうした政治状況の中で、6月25日、河野洋平ら自民党所属の衆参議員6人が、自民党はその役割を終えたとして離党声明を発表し、「新自由クラブ」の結成を表明した。その後、三木おろしの嵐は田中前首相の保釈後の8月17日以降「挙党体制確立協議会」の結成、また9月10日の臨時国会の召集、衆議院の解散をめぐる「ロングラン閣議」、さらに10月20日の福田副総理への後継総裁一本化へとつながっていき、結局、三木首相は衆議院の解散権を封じられ、自民党は分裂したままで総選挙を迎えたのである。

ロッキード事件が、12月5日に行われた第43回衆議院総選挙を直撃したのはいうまでもない。自民党は結成以来の敗北を喫し、当選者は249名にとどまり、保守系無所属の当選者12名を入党させてようやく過半数の261議席を確保したのである。なお、結成間もない新自由クラブは、6議席から17議席に躍進した。総選挙において敗北した三木首相は、12月24日の閣議で総辞職し、後継の首班には福田赳夫が選出され、ここに福田内閣が新たに発足した。三木武夫の首相在任期間は、747日に終わったのである。

1976年の日本政治は、明るみにされたロッキード事件のなかで、三木首相がいかにして自民党の単独的統治の腐敗―金権的体質を変えようと努力したかが示され、ある意味においてこの年が、戦後保守政治の転換点の一つであったと考えられる。そこで本章では以上の認識に沿って、最初に、戦後最大の疑獄事件に発展したロッキード事件の発覚・展開・終焉について述べる。次いで、同事件の究明に意欲を見せた三木首相に対する反三木派による一連の「三木おろし」の実態を述べる。そして最後に、第34回総選挙での自民党惨敗の背景と結果を検討し、その上で、三木内閣の評価を試みてみたい。分析手法としては、一方でロッキード事件の展開を縦軸にすえ、他方で自民党内の三木首相対反三木派の対立を横軸にすえて見ていき、三木首相の「革新保守」＝「体制内革新」路線の中身を明らかにする。[3]

2．三木内閣とロッキード事件

①ロッキード事件の発覚

1974年12月9日、三木政権が発足した時に、中曽根康弘自民党幹事長は「三木内閣の誕生は歴史の流れであり、自民党は革新保守というべき路線を選んだ」と述べた（傍点引用者）[4]。椎名裁定という一種の「超法規」的な指名で誕生した三木政権は、「クリーンな政権」であったとはいえ、明らかに歴代の自民党政権とは異質の〈傍流政権〉であった。

政治家としての三木武夫は、二つの顔を持っていたといわれる。一方は、保守の最左派―保守路線への抵抗者としての側面であり、他方は、保守本流に何とか認知され、帰属したいと妥協を重ねる側面である。いわゆる「バルカン政治家」と称され少数派閥を率いてきた三木は、自民党の大勢に抵抗して理想の旗を掲げ、自らの立場を鮮明にする。その旗の下に、小さくとも一勢力を結集して戦い、それを基盤にして主流派との妥協をはかる。そこで、権力中枢部に一歩近づくものの、保守本流の警戒心を解きほぐすことはできず、権力中枢部から排除される。すると、三木は再び身構えて抵抗に姿勢を変えるのである。「抵抗」―「妥協」―「排除」―「抵抗」の繰り返しが政治家三木の軌跡であった。すなわち、〈抵抗〉と〈妥協〉の使い分けが田中政治の「金権」に代わる三木の政治的武器であったといえる[5]。

三木内閣が発足した当初、三木首相は政治資金規制法、公職選挙法および独占禁止法の三法案の改正、並びに日中平和友好、核防止および日韓大陸棚の三条約の成立を掲げた。そして、世論重視の政治、社会的不公正の打破、国民政党への脱皮が三木内閣の政治公約であった。総じていえば、１９７５年中は、三木首相はカメレオンのように改革者と保守派への埋没との間で変身を繰り返した。確かに、三木内閣は、骨抜きの形となったとはいえ、曲がりなりにも政治資金規正法と公職選挙法の改正を実現した。

しかし、「革新保守」路線の真骨頂であった独占禁止法の改正は、三木の粘りで衆議院を通過したものの、結局、参議院では廃案に追い込まれた。その理由としては、財界や党内保守派が独禁法の改正を自らの立場に対する重大な挑戦と受け取ったからに他ならない。その後、靖国神社参拝、日韓関係およびスト権スト問題への対応などにおいて、三木内閣の「革新保守」路線は影を潜めて後退し、三木首相は、保守政治家として保身の色を濃くしていった。このため、政権発足時には、45％だった三木内閣の高い世論支持率は翌年には28％へと急落したのである。(6)

こうした状況のなかで、三木政権は１９７６年を迎えた。三木首相にとって、2月5日に発覚したロッキード事件は政局の八方塞がりを打破し、しかも政権の起死回生と主導権回復の絶好の機会となったといってよい。(7)

１９７６年1月23日、再会された第77通常国会の冒頭において、三木首相は施政方針演説を行った。この演説において、三木首相は「内外ともに歴史的な大転換期にある」との状況認識に立ち、不況からの脱出と安定成長路線への転換、政治不信の解消、そして長期的展望に立った政策努力および外交・防衛路線の確立について述べた。

当初、順調なすべりだしであった国会審議は、2月5日、突如混乱状態に陥った。2月4日、米国連邦議会の上院外交委員会多国籍企業小委員会の公聴会で、ロッキード航空機会社の会計検査にあたったウイリアム・フレンドリーは、ロッキード社が自社の航空機売り込みに際して、違法な政治献金をしていた事実を暴露したのである。すなわち、「日本での航空機売り込みのために1千万ドル（約30億円）以上が支払われた。そのうち、約７００万ドル（約21億円）は、ロッキード社の秘密代理人であった右翼の児玉誉士夫に手渡された」と証言したのである。(8)当時、ロッキード社は、１９７２年に全日空へ大型ジェット機L―１０１１トライスターを売り込むことに成功し、引き続き防衛庁へ対潜哨戒機P３Cを採用させるため鋭意努力中であった。

2月6日、多国籍企業小委員会はロッキード社の副会長A・C・コーチャンの出頭を求めた。コーチャンは「児玉に支払った21億円のうち、いくらかの金が国際興業社の小佐野賢治に渡ったと思う。わが社の日本での代理店・丸紅の伊藤宏専務に渡った金は日本政府関係者(複数)に支払われたもので、そうした支払いの必要性を私に示唆したのは丸紅社長の檜山広か、専務の大久保利春だった」と証言し、トライスターの売り込みにからむ一大疑獄事件の存在を明らかにした[9]。

『朝日新聞』は「社説：米企業献金の疑惑を究明せよ」の中で、ロッキード事件の解明を求めて、次のように三木首相を激励した。「さらに、日本側に贈った金の使途について〝この金の一部が、日本政府当局者と日本の航空会社(複数)に対して使われたと聞いている〟との米側の証言さえ行われている。……わが国の政界、財界を見れば、国内にあっては田中金脈問題、対外関係では賠償、借款供与、さらに今回のロッキード社との関連でいえば、三次防主力戦闘機の採用の際の同社とグラマン社との激しい売り込み合戦などに関連して、必ず〝きたない金〟のやりとりが根強くささやかれ、そしてウヤムヤのうちに立ち消えになってきた。米上院の手で暴露されたロッキード社の献金問題をどこまで究明できるかは、三木首相の説く〈クリーン政治〉の試金石といえよう[10]」。

②ロッキード事件の展開

2月6日、衆議院の予算委員会において、ロッキード事件が早速野党により取り上げられ、三木首相は「日本の政治の名誉にかけても、この問題を明らかにする。法規に触れる点が出れば厳重に処置しなければならない」と決意を述べた。国会は2月9日、児玉、小佐野らの証人喚問を決定した。そこで、衆議院予算委員会は、2月16日、小佐野、全日空社長の若狭得治および同副社長の渡邉尚次を証人として喚問し、次いで翌17日には、丸紅会長の檜山広、同社専務の大久保利春、同伊藤宏らを証人として喚問して、事件との関わりを追及した。なお、児玉は病気を理由に自宅に閉じこもり、出頭を拒否した。国会での証人喚問に応じた小佐野たちは、与野党委員の尋問に対して、一様にロッキード社の工作資金への関与を全面的に否定して、米国の上院外交委員会多国籍企業小委員会で明らかにされた事実と真っ向から対立する証言を行った。

2月19日、政府は「ロッキード問題閣僚協議会」を設置し、三木首相は記者会見を行って改めて真相究明への決意を表明した。その中で、三木首相は政府高官を含めた全資料の公表が原則であり、高官の逮捕に際し指揮権を発動しない旨の方針を示した。次いで三木首相は、衆参両院本会議での米国側へのロッキード事件の資料を要求する決議を受けて、２月24日、ロッキード問題に対する「親書」をフォード大統領に送ったのである。

３月11日、フォード大統領から返事がとどいた。だが、その回答は米側にも法制上の事情があって、公開を前提とする形での資料提供はなされなかった。しかしながら、三木親書を受けた米国側の提案によって、３月24日に日米政府間で「司法共助協定」が調印され、これに基づいて日本の検察に資料が提供されることになった。また、コーチャンらの米国側の事件関係者に嘱託尋問を行う道も開かれ、その後のロッキード事件の公判では、この嘱託尋問調書が有力な証拠となった。こうして、ロッキード事件は、三木首相の動向を中心として展開されていったのである。(11)

一方、捜査当局は、国会での証人喚問が不発に終わったのを受けて、２月24日、強制捜査に踏み切った。東京地検特捜部、警視庁および東京国税局は、東京世田谷の児玉邸、丸紅本社など27ヶ所を３８０人の捜査員・係員を動員して一斉捜索し、所得税違反・外国為替および外国貿易管理法（以下外為法と略す）違反容疑で膨大な資料を押収した。この結果、最初に立件されたのは、ロッキード社の秘密代理人として多額の金を受け取っていた児玉の脱税容疑だった。３月13日、東京国税局は８億５千万円の脱税容疑で児玉を告発し、東京地検は児玉を直ちに起訴した。

検察首脳は、米国側資料とそれを裏付けるため進めていた国内捜査の結果だけで強制捜査に入るのを決断した。６月22日、丸紅前専務の大久保利春を国会での偽証罪容疑で、また、全日空の専務沢雄次ら３人を外為法違反容疑で逮捕した。７月２日、丸紅前専務の伊藤宏が領収書に絡む偽証罪で、さらに、児玉の秘書の太刀川恒夫が強要容疑でそれぞれ逮捕された、８日、全日空社長の若狭得治が外為法違反・偽証罪で、13日には、丸紅前会長の檜山広が外為法違反容疑で逮捕され、ロッキード事件は、全日空と丸紅のトップまで波及したのである。(12)

以上の経緯をたどったロッキード事件はついに、政界の頂上にまで及んだ。７月27日朝、同事件を捜査中の東京地検特捜部は、田中角栄前首相に対し、外為法違反の疑いで出頭を求め、取り調べのあと逮捕状を執行したのである。田中前首相の容疑は、1973年8月9日ごろから1974年2月28日ごろの間、計4回にわたり、丸紅会長の檜山広らを通じてロッキード社から「ピーナツ」「ピーシズ」の各領収書に見合う計5億円の現金を受け取った疑いであった。また、捜査本部は、元内閣総理大臣秘書官の榎本敏夫に対しても、田中前首相との共謀容疑（外為法違反）で逮捕状をとり、入院中の都内の病院から出頭を求め逮捕した[13]。

検察当局は、田中前首相が受け取った5億円の趣旨がロッキード社の航空機L-1011を全日空が導入するに際して首相として便宜をはかる代償として支払われたものとみて取り調べ、8月16日、田中前首相を受託収賄罪で起訴した。「内閣総理大臣」＝首相が在職中の行為につき逮捕・起訴されたのは、戦後初めてのことであった。なお、当日には、丸紅の檜山、大久保および伊藤が贈賄罪などで起訴され、翌17日、田中前首相は2億円の保釈金を積んで釈放された。そして、8月20日には、元運輸政務次官の佐藤孝行衆議院議員、また21日には、元運輸大臣の橋本登美三郎衆議院議員が受託収賄罪でそれぞれ逮捕されたのである。

『朝日新聞』は「社説：〈田中逮捕〉と権力の腐敗」のなかで、次のように田中前首相の逮捕と三木首相の今後の政治姿勢に対して注文をつけた。「ロッキード事件の捜査は、田中角栄前首相の逮捕で政治権力の中枢に及び、国民は大きな衝撃を受けた。米上院公聴会のコーチャン証言で明らかにされた国際的スキャンダルのかげで、当時、政策決定の最高権限をもっていた田中首相が核心的役割を演じていたのではないか、という疑惑が決定的になったわけである。事件全体の広がり、深さに対していまさらのようにおどろきを感じる」。その上で「ロッキード事件は、政治家と官僚、企業が一体となってそれぞれの利益追求にあたる日本的な風土のなか、構造汚職といわれてきた。田中前首相の逮捕で、官僚出身の若狭社長らの全日空首脳と丸紅幹部、そして自民党の三者をカネで結ぶ腐敗の構図が浮かび上がった、ともいえよう。〈田中逮捕〉は、ロッキード事件の真相に迫る最重要な関門であるばかりでなく、民主政治の基礎をおびやかす権力の腐敗にメスを入れる、そのための決め手とされねばならない」。確かに、「田中逮捕で三木退陣工作は推進力を弱めた。首相は、みずからの手による衆議院解散・総選挙への展望がひらけてきたと考えているかも知れない。しかし政局運営のカギは党内の力関係ではなく、ロッキード究明の決着のつけ方と、党内結束を維持してゆけるかどうかにある。三木首相にとって、田中前首相の逮捕は単なる〝政敵〟の失脚であったり、事件の大団円などではありえない。誓約を実行に移す舞台の開幕でなければならぬ[14]」。

③ロッキード事件の終焉

三木改造内閣が発足した翌日の9月16日、第78臨時国会が召集された。三木首相にとって、自民党内の政局の処理、重要法案の取り扱いおよび「灰色高官」の公表問題など、ロッキード事件の最終処理が重い課題として残っていた。

とりわけ「全日空ルート」で金を受け取りながら、刑事訴追をまぬがれた政治家の道徳的・政治的責任を問うべきだとする世論の声は強かった。このため、国会では野党がこれらの灰色高官の氏名の公表をするどく政府に迫った。三木首相はすでに4月3日の段階で、記者会見の席において刑事訴追法（以下刑訴法と略す）47条の但し書きに言及したときから、これを援用して灰色高官を公表しようとしていた[15]。

刑訴法47条但し書きは、米国側の秘密資料に記載されている灰色高官の氏名公表問題でクローズアップされていた。刑訴法第47条では、「訴追に関する書類は、公判の開廷前には、これを公にしてはならない。但し、公益上の必要その他事由があって相当と認められる場合は、この限りでない」としている。前段は原則であり、後段は例外規定である。この規定の趣旨は、「裁判に外圧がかかって、公平な審理が妨げられるのを避けると同時に、人権擁護をはかる」というものであって、捜査当局が「捜査の秘行」を実行するのも、実はこの規定による。

三木首相が刑訴法47条の但し書きをにおわせて、灰色高官の公表の意向を表明したとき、法務・検察当局はこれに強く反対したという。その理由として、但し書きの意味は、事件の結末について報道機関を通じて国民に知らせることが、「必要かつ相当」と判断したような場合などとされている上に、公表の判断権は司法・準司法当局にあったからである。それ故、政府が但し書きについて語ることは、いわば「法に対する政治の介入だ」と、法務・検察当局は受け止めたのである[16]。

10月15日、衆議院ロッキード問題特別委員会において、稲葉修法相は捜査中の中間報告を行い、「灰色高官」の人数は田中角栄、橋本登美三郎、佐藤孝行のほかに14人いると発表した。しかし、野党側はこれに納得せず、あくまでも氏名の公表を要求した。三木首相は、収賄容疑は濃厚だが、時効、職務権限との関連で立証困難などと訴訟技術上の理由から立件されなかった政治家について氏名の公表に踏み切る決断をした。

11月2日、ロッキード問題特別委員会の田中伊左次委員長は、「灰色高官の基準は、この委員会で与野党の一致をみるに至りませんでした。そこで、委員長である私の提案を申し上げます。すなわち、これまでの審議の経過にもかんがみて、時効で不起訴になった者と、職務権限はないがトライスター売り込みに関して金銭を受け取った者五名（丸紅ルート）をとりあえず、政治的、道徳的責任があるものと致したいと存じます」と述べた。この方法だと法務・検察当局も政府が自ら発表するのでなく、国会の要請に従って応ずるというかたちなので、許容できる。こうして、11月4日、ロッキード特別委員会は秘密会を開き、この席で稲葉法相は五名の灰色高官名を明らかにした。それは、田中角栄前首相、二階堂進元官房長官、佐々木秀世元運輸相、福永一臣自民党航空対策特別委員長および加藤六月元運輸政務次官であった。[17]

越えて11月4日、衆議院予算委員会は小佐野を偽証罪で告発し、また12月8日に東京地検は、小佐野の自宅など五ヶ所を家宅捜査した。結局、ロッキード事件では17人が起訴され、丸紅、全日空、児玉の三グループに分かれて翌1977年から裁判が始まった。

7年後の1983年10月12日、わが国裁判史上初めて「首相の犯罪」が裁かれるロッキード裁判丸紅ルートの判決公判が東京地裁で開かれ、岡田光了裁判長は受諾収賄罪、外為法違反に問われた元首相田中角栄被告に対し、懲役4年、追徴金5億円（求刑、懲役5年、追徴金5億円）の厳しい実刑を、また榎本、檜山、伊藤、大久保ら四被告に対しても有罪を宣告した。岡田裁判長は「総理大臣の職務執行の公正さに対する国民の信頼を甚だしく失墜し、社会に及ぼした病理的影響の大きさははかり知れない。わが国航空行政を直接、間接に利権化し、最高の非難をまさに直接にこうむらなければならない。しかし、この事件が丸紅側からの申し出で発生、田中は国政で数々の業績を挙げた事実は否定できない」と田中元首相の情状を述べた。[18]

なお、判決理由の骨子は、次の通りであった。①檜山、伊藤、大久保はコーチャンと4人共謀のうえ、まず檜山が、総理大臣である田中に対し、全日空のトライスター選定購入について同社に行政指導をするように運輸大臣を指揮、または自ら直接同社に働きかけるなどの協力を請託。それに対する報酬として現金5億円を供与することを約束。次いで伊藤が昭和48年８月10日から49年３月１日まで４回にわたり、田中の秘書榎本に5億円を渡し、田中の職務に関しわいろを供与した。４回の現金授受の日に関する榎本のアリバイ主張は、いずれも認めない、②田中は、右の請託を受け、約束をしたうえ、伊藤から現金を、榎本を使って受領、自己の職務に関し、わいろを収受した、③内閣総理大臣が前記のように運輸大臣を指揮する行為は、その職務権限に属する行為で、直接に全日空に働きかける行為は、この職務と密接に関係する準職務行為である、④田中、榎本、檜山、伊藤、大久保は外為法に違反、檜山、伊藤、大久保は、衆院予算委員会で偽証した、⑤量刑に当たっては、総理大臣である田中に関する受託収賄、贈収賄の行為責任を中心に各被告固有の量刑要因を斟酌して、それぞれの刑を定めた[19]。

ロッキード関係の裁判では、田中の懲役４年、追徴金5億円をはじめとして、病臥中の児玉を除いて、15名全員が一審で有罪判決を受けた。『朝日新聞』は「社説：田中引退なしに刷新はない」の中で、田中元首相と田中派について、以下のように苦言を呈した。「もちろんロッキード事件に象徴される、つもりつもった政治の病弊は、田中引退が実現したからといって一掃されるわけではない。田中引退は政治浄化のゴールではなく、出発点にすぎない。しかし、出発点を踏み出さないかぎり、ゴールにはとどかない」。その際、「元首相は、不利な裁判の影響をはねのけ、わが身を守っていくには、与党内で勢力を保持するほかない、と考え、実行してきた。いま総勢１１９人という〝田中軍団〟の専横はこうして生まれた。〝三木おろし〟のあとの歴代自民党は、いずれも彼の支援で成立した」。そして、「いま田中派は、政府、党、衆参両院の枢要なポストに自派のメンバーを送り込み、政治浄化のセの字の発言も許すまじ、の封殺シフトをしいている。まさに、数こそ力なり、だ。政治の異常さ、とはこのことである[20]」。

3.「三木おろし」

①第一次三木おろし

ロッキード事件は、すでに進行していた自民党の危機的状況に一層拍車をかけることになった。それはまず、党内部対立の激化となって噴出した。三木首相は、徹底追及を求める世論を背景に事件の究明に積極的姿勢をとった。そして、この事件をテコにして、党内の田中派を中心とする三木退陣工作＝「三木おろし」を抑えるとともに、真相究明によって自民党の再生と危機突破をはかろうとしたのである。だが、それに対して自民党内の反三木派攻勢も劇化の一途を辿り、ほぼ7ヶ月にわたる内部抗争に発展した。(21)

ところで、ロッキード事件が佳境に入った時期、『朝日新聞社』が１９７６年10月4日および5日の両日に実施した全国世論調査によれば、三木内閣を「支持する」と答えたのは35％であり、同内閣発足後の45％(１９７４年12月調査)には及ばないものの、１９７６年3月調査の26％を9ポイント上回り、ロッキード事件への三木首相の対応が評価されていたことがわかる。内閣を「支持する」と答えた人の約半数は、その理由として「首相を信頼する」を挙げ、三木首相個人を評価した。「首相を信頼する」の17％は、三木内閣の支持率が最も高かった発足直後の15％をも上回っていた点が注目をされ、国民は三木内閣に対して、内閣への信頼と実行力という点において高い肯定的反応を示したのである。(22)

三木政権が、自民党との円滑な関係を阻害する要因を宿して発足し、しかもその路線が革新保守ないし体制内革新を目ざすものであった点については、本論の冒頭で述べたところである。三木首相が取り上げた主要な政治課題は、政治資金規制法、公職選挙法および独占禁止法の改正であれ、いずれも現状の基本的ルールの大きな変革に係わるものであった。それだけに、自民党が抱える亀裂を拡大することになった。これらの問題をめぐって、三木首相の意見はしばしば、椎名ら自民党首脳の意見と対立し、三木首相の「最大野党」は自民党だといわれるほどであった。そして、この最大野党との対立の過程において、政争が浮上してくることは避けられなかった。先の第77国会で三木首相が成立に精力を傾けた独禁法改正をめぐる一連の過程において、自民党執行部までが慎重ななかで、一人三木首相の積極的姿勢だけが突出した。それは、党内向けよりも国民向けのポ―ズを大事にした三木政治の本領が発揮されたともいえる。しかしその反面、党内各派からは「三木の独走」を批判する声が生じ、政権の生みの親である椎名副総裁らが、反三木の姿勢を強める大きなきっかけとなった点は否めない[23]。

1974年12月1日、椎名副総裁は「神に祈る気持ちで」三木政権を誕生させたものの、その後、独占禁止法改正問題、またスト権スト問題などの取り扱いをめぐって、「三木政治」と次第に亀裂を深めた。そして、1976年2月5日、ロッキード事件が発覚し、三木首相がこれに政治生命をかけて徹底究明との方針を打ち出すにおよんで、ついに決定的に対立するに至ったのである。

三木首相はロッキード事件の処理での国会証人喚問問題、米大統領への親書問題などで独断専行し、椎名副総裁、田中角栄前首相および大平正芳大蔵大臣らは、「首相はロッキード事件を派閥抗争に利用しようとしている」との疑心暗鬼をつのらせた。一方、国会審議のほうは停滞し、景気回復の柱となる財政特例法案の成立は不可能の見通しが強まり、財界の三木離れが決定的になるとともに、保守本流の福田、田中および大平三派の間で本流体制確立の気運が強まってきた[24]。

椎名による三木おろし工作は、5月の連休明けに始まり、7日に田中角栄、9日に大平正芳、そして10日に福田赳夫と極秘裏に会談を続け、「おそくとも国会終了までに三木退陣の」の合意をとりつけた。つまり、三木、福田、中曽根の三木支持体制から福田が離反すれば、党内の大勢は三木退陣で固まり、三木首相は孤立すると考えられた。従来の派閥力学からすれば椎名の思惑はその時点で実ったはずであった。しかしながら、国民世論のほうは「椎名工作」をロッキード事件隠しと批判し、三木首相の徹底糾明の立場を支持した。そのため、この「第一次三木おろし」は挫折した。三木首相の「世論による政治」はこの段階では一応の勝利を収めたのである[25]。

このような椎名工作を『朝日新聞』は「社説：三木退陣論の虚構」の中で、次のように批判した。「首相自身は、究明を求める国民の声と、究明の動きに足かせをはかせようとする自民党内実力者の牽制とにはさまれて、言明と実行とは必ずしも一致してない。だが、政治家は指導的地位が高まれば高まるほど、国民への約束にかたく拘束される。また首相自身、党内の大勢を見て現政権による政治実績の限界をひそかにロッキード事件の究明におきつつあった」。従って「その意味で〝三木退陣論〟は、国民にとって真相究明のわずかな手がかりさえも摘み取る動きといわざるを得ない。椎名氏自身、かねてから三木首相の意欲的な言動を批判しつづけてきた。また、この政治工作のカナメの位置にいる勢力のなかに事件関係者がいる疑いが広く持たれている。退陣論のねらいが事件の隠滅にある、と受け取る国民は決して少なくあるまい[26]」。

②第二次三木おろし

椎名工作を乗り切り、政局運営に自信を深めた三木首相は、7月18日、知事選挙の応援で訪れた前橋市での記者会見の席で、「国民の心に従って政治不信を解消したい」と自らの手による総選挙に意欲を示した。しかし、反三木勢力は27日、田中前首相が逮捕されたことで「ロッキード隠し」の批判があたらなくなったと判断し、「第二次三木おろし」が開始されることになる。第二次三木おろしは、田中前首相の逮捕をきっかけに噴き上げ、9月なかばに一応決着がつくまで、1ヶ月半に及ぶ壮絶な政争劇となった。のちに大平首相時代になって、総選挙の敗北の後に「40日抗争」が生じるが、第二次三木おろしもそれに優るとも劣らぬ「権力闘争」であった[27]。

三木おろしの第二段階は、7月27日の田中前首相の逮捕とともに開始され、田中派の面々は前首相の逮捕を許した三木首相に対して強い怨念を燃やし、これに「ポスト三木」を狙う大平・福田両派が同調、8月19日、挙党体制確立協議会（挙党協）を発足させた。そして、自民党議員の3分の2を超える多数を背景に、議員総会で三木首相の退陣を迫ったのである。三木首相が世論による政治を推進した以上、挙党協への対応策は解散・総選挙に打って出る以外になかった。実際、三木首相は田中前首相が逮捕された後、8月16日に開かれた自民党顧問会議の席上において、「ロッキード事件の政治的解決は総選挙にある」と解散・総選挙の可能性を示唆し、ロッキード事件の疑惑解明自体が三木政権の政権延命の支えにもなったのである[28]。

こうした状況のなかで、解散・総選挙に打って出ようとする三木首相と、それを阻止しようとする挙党協との政治的駆け引きが最高潮に達したのが、9月10日のいわゆる「ロングラン閣議」であった。臨時国会の召集を解散・総選挙のステップにしようとする三木首相と、これに反対する挙党協メンバーの閣僚たち（20名の閣僚の中で15名）が激しく対立し、当日の閣議は何と5時間にも及んだ末、結論は翌日に持ち越された。ここに自民党は、保守合同以来最大の危機を迎えたのである。この時、三木首相の心中は複雑に揺れたといわれる。「非常事態はなんとか避けたい。しかしどうしても臨時国会召集の閣議書に反対閣僚が署名しないというのであれば、閣僚罷免もやむを得ない。そして衆議院解散だ」。三木首相の心中は次第に造反閣僚の罷免、衆議院解散にかたまりつつあった。だが、三木首相はそれを断行しなかった。後にあの夜のロングラン閣議をふり返り、「あの時は結局できなかったのだよ。十数人の閣僚を事実上更迭してまでして、臨時国会召集を決めることはできなかった。やればファッショといわれていたよ」と三木はもらしている[29]。

翌9月11日、政局は一変した。この日の朝、中曽根幹事長・大平蔵相会談が開かれ、中曽根幹事長は「両院議員総会を開き、首相が臨時国会で解散しない趣旨の所信を表明する」との走り書きの新提案を示した。三木首相が正面衝突を回避したからには、大平蔵相ら挙党協の側もこの辺が潮時との判断をし、これに同意した。中曽根幹事長は、福田副総理にも会い、福田もこの線で収集することで同調した。次いで、三木・中曽根・保利・船田会談が開かれ、事態は急展開して収拾に向かい、自民党の分裂は土壇場で回避されたのである[30]。

9月14日、三木首相と反三木派の党内抗争の急展開を受けて、三木首相は両院議員総会の場で、①臨時国会では挙党的な協力で審議が進む限り、解散などはありえない、②総選挙準備を整えるため10月中に臨時党大会を開く、③ロッキード事件を党再生の契機とし、党体質の一新を図る――との所信を明らかにした。見られるように、三木首相は衆議院の解散を断行できなかったのである。結局、挙党協との一時的妥協により解散は行わず、9月15日に内閣改造を実施し、12月の任期満期終了に伴う総選挙を迎えることになった。しかし三木首相サイドは、早期解散の道は封じられたものの、自分の手で総選挙を実施できる道が開けたのであった。

三木首相はこの辺の事情について、後に次のように述べている。「私は国会召集を円満に決めたのだから、首相としては成功したことになる。しかし、実際には解散――総選挙の絶好のチャンスをほとんど失してしまったのだから、党総裁としては挙党協に負けたことになる」[31]。

この点について、田中善一郎氏は、「この党内闘争で、三木首相は、事実上、解散権を封じられたものの、その進退については、フリーハンドを保持することができた。まずは、三木首相の勝利ということができよう」と評価している。ともあれ、三木首相と反三木派の瀬戸際の対立はこの段階では、ひとまず収拾されたとはいえ、両者の間には依然として対立が継続していたことには変わりなかった[32]。

③第三次三木おろし

三木首相は9月15日、内閣を改造し、臨時国会に臨む新体制をとった。しかし、党役員、閣僚人事をめぐって党内抗争の火種はくすぶり、椎名副総裁の辞任拒否、三役人事の混乱が生じた。三役人事については当初、三木首相は福田派ながら三木寄りで政治力のある松野頼三を幹事長に、中曽根派の桜内良雄を総務会長に、そして大平派の内田常雄を政調会長にとの構想を打ち出した。しかし、福田副総理、大平蔵相をはじめ反三木陣営がこれに強く反発し、結局、内田幹事長、松野総務会長、桜内政調会長という異例の入れ替えとなった。人事をめぐる党内対立はそれほどに激烈で、三木主流派の力はそれほど党内では弱いという証左でもあった。改造人事では、党三役刷新の前半段階で、反主流派に押され気味となった。続く改造内閣では、挙党協に加わった閣僚のなかで、留任したのは福田副総理と大平蔵相だけで、逆に挙党協に加わらなかった閣僚は全員留任した。ことに、三木おろしの中核となった田中派からの起用は、衆議院で3名から1名へと減らされ、これほど信賞必罰のはっきりした人事はなく、党内抗争を通じて三木寄りの立場をとった人たちへの論功行賞的な色彩がにじんだものとなった[33]。

10月に入ると挙党協の側に「第三次三木おろし」ともいえる、新しい動きが出てきた。それは福田、大平両者間を調整して、「ポスト・三木」を福田擁立で一本化する動きである。挙党協は10月21日に総会を開き、「福田後継」を正式に了承した。三木首相はこの段階で、「もうここまでくれば解散はない。任期満了による総選挙だ。総選挙を前にして、党総裁をかえるわけがない分の手による総選挙は確実だ。あとのことは全て総選挙が決めるのだ」と考え、反主流派＝挙党協の動きを気にしなくなっていた[34]。

だが、内田新幹事長らの党首脳は「10月中の臨時党大会」を処理しなければならなかった。10月29日、国会内の自民党総裁室において、党三役と挙党協代表の保利、船田との六者会談があり、そこに挙党協側の幹部も加わり、現実には10月中の臨時党大会は無理であるとの認識に立ち、「臨時党大会は、総選挙後、特別国会の前に開くこととし、それまではすべてを凍結する」方向で一件落着した。つまり、総選挙は三木首相の下で行うが、選挙後引き続き三木首相が政権を担当するかどうかは、総選挙後の党大会で決めたいとする意味であった。端的にいえば挙党協側は、総選挙後に三木首相に退陣をもとめる腹であった[35]。この結果、動き始めた第三次三木おろしはすべて総選挙後まで持ち越されることになったのである[36]。

9月16日に召集されていた第77臨時国会は、11月4日閉幕した。翌日、福田副総理は「挙党協で新総裁に推されながら、閣内に留まるのは適当でない」との理由で、副総裁・経済企画長官を辞任し、挙党協代表として総選挙に臨む姿勢を明らかにした。

福田副総理辞任の背景を『朝日新聞』は、次のように述べた。「総選挙目前に福田氏が閣僚辞任に踏み切ったことは、自民党内の党改革をめぐる路線の違いが固定化したことを内外に明らかにしたものとはいえ、自民党は事実上の〝二頭立て〟選挙によって三木、反三木どちらの立場が妥当であるかを問われることになった」。結局、「福田氏が閣僚辞任に踏み切ったのは、第一にロッキード事件を契機とする党改革を進める中で、三木首相とこれ以上行動をともにしかねるという政治路線上の判断、第二に党内から〝三分の二〟の挙党体制確立協議会から〝後継総裁〟に推され、これを総選挙後に実現させるには何らかの具体的な行動によってけじめをつけることが強く求められていたことである」。したがって、「国民にしてみれば〝なぜ辞任したか、なぜ三木首相と協力して総選挙が闘いないのか〟といった疑問がつきまとうことも否定できない。その意味で福田氏は今後、どうすれば〝保守再生〟が可能なのか具体的に訴える必要があるだろう[37]」。

4．衆議院総選挙

①分裂選挙

1976年12月9日でもって、衆議院議員としての4

年の任期は切れることになっていた。そこで政府は、11月6日の持ち回り閣議において、第34回衆議院総選挙の投票日を12月5日とすることを決定し、15日付けの官報でこれを公示した。任期満了選挙は、これまで明治時代に3回と東条英機内閣が1942年に戦争体制を推進するために任期を1年延長した上で行って以来であって、戦後ではもちろん最初の事例であった。

自民党は、一時的な妥協が図られたとはいえ、5月の椎名工作以来の三木首相対反三木派の抗争を収拾できないままに「分裂選挙」に突入することになった。すなわち、三木武夫総裁と挙党協が推す福田赳夫との二頭立て選挙である。選挙戦では、三木が東京で第一声をあげたのに対し、福田は大阪で「ロッキードにこと寄せて、国民の期待する大事な（景気回復）仕事にロッキード隠れをすることは許されない」と、反三木意識をむきだしの第一声をあげた。12日、党本部は日比谷野外音楽堂で演説会を企画したものの、福田前副総理はついに姿を見せなかった。党内が二手に分かれての選挙体制では盛り上がりを欠いていたのはいうまでもない(38)。

選挙戦の終盤に入り、自民党の苦戦が伝えられた。選挙対策本部の奥野誠亮総務局長の「ロッキードよりも分裂選挙の悪影響が怖い」といった声に代表されるように、自民党首脳はもし大敗すれば、三木や福田どころの話でなくなり、政権という元も子もなくなってしまうとの危惧を募らせた。そこで、投票を2日後に控えた12月3日、東京新宿駅東口前で三木首相と福田前副総理は共に自民党の宣伝カーの上に乗って、党のイメージアップのために握手を交わすといった演出を試みた。だが、三木首相は聴衆に向かい、「党内抗争をしていることに、国民のきついお叱りがある」と述べ、それは聴衆と同時にかたわらの福田前副総理にもの申しているようなものであった(39)。

今回の総選挙は1975年の国会での、いわゆる「田中金脈問題」に対する反省から、金のかからない選挙を目ざした公職選挙法と政治資金規正法の抜本的改正が行われてから最初の全国的選挙であった。また、今回の総選挙より11の選挙区で20名の定数増大で総定数が511名となった。さらに、選挙区への寄付禁止や看板類の規制、政党機関紙の号外以外の配布禁止などの規制が強化された。その一方で、選挙公営が大幅に拡充され、実質的な事前運動も含めて選挙運動が様変わりを迫られた。とりわけ、政治資金規正法の改正は、折りからの不況と財界の三木離れも手伝って、自民党の資金調達を予想外に厳しくし、結局、今回の総選挙資金は総額30億円弱で、前回の半分以下となった。後述するように、ロッキード事件や自民党の分裂状態と相まって、制度上の改革も総選挙に大きな影響を与えたといえる[40]。

総選挙の最大の争点は、ロッキード事件と田中金脈を頂点とする金権政治への批判が高まるなかで、戦後30年続いた保守党支配の政治構造を問い直すことにあった。つまり、ロッキード事件を生んだ自民党の体質、またそれがもたらした政治全体を有権者がどのように判断するかにあった。

②自民党の敗北

今回の総選挙は、１９６６年以来の３回続けての「師走選挙」であった。しかし、ロッキード事件と分裂選挙で保革伯仲が予想されたことや新自由クラブの飛躍などへの関心が有権者を引きつけ、投票率はむしろ前回よりも１・69ポイントも高い73・45％を記録した。

開票の結果はすでに述べたように、自民党が２４９議席、社会党が１２３議席、公明党が55議席、民社党が29議席、共産党が17議席、新自由クラブが17議席、そして無所属が21議席であった。

自民党は前回の総選挙の２７１人を何と22人も下回ったのである。自民党の場合、もともと弱体な大都市型選挙区では横ばいだったが、それ以外の選挙区でも軒並みに議席を減らした。自民党はロッキード批判をはね返すために道路や橋の建設、地域開発など「地域利益」の強調に力点を置いた。しかし、地方都市や農村漁村でも全般的に退潮し、利益誘導型の自民党政治がもはや通用しなくなりつつあることを示した[41]。

今回の総選挙では、ロッキード事件に関与した、いわゆる「黒・灰色高官」６人の立候補が注目された。その結果は、佐藤孝行元運輸政務次官を除いて、５人が全員当選した。田中角栄前首相、二階堂進元官房長官、加藤六月元運輸政務次官の３人はトップ当選であった。自民党の劇的な凋落ぶりとはあまりにも対称的なロッキード高官の健闘ぶりは、自民党全体が低落傾向のなかで、地方の中都市や農村部では、こまめな地盤培養活動が依然として有効であったことを示していたといわねばならない[42]。

今回の総選挙の結果を『朝日新聞』は、「社説：政治の流れは変わる」の中で、次のように総括した。「日本の政治全体が、何か地滑りでも起こしたような衆議院選挙の結果だった。めいめい変化への一票を投じた有権者自身が、自身の手で描き上げた政界図の変わりように目をみはったのではなかろうか。自民党は過半数を割る敗北を喫した。とりあえず窮余の策として、保守系無所属の当選者を入党させて多数勢力を築き直したが、自民党単独統治時代はこの選挙を境にはっきりと崩れはじめた」。そして、「選挙後、三木首相は敗因を三つあげた。国民が政治の両極端を避けて新しい方向を選ぼうとしたこと、政治の腐敗を許さないというきびしい審判、自民党内の抗争に対する批判、の三点である。おおよそはそういうことだろう。だが、一見別々のように見えるこれらの敗因が、実は一本の縦糸で結ばれている、という受けとめ方が必要だと思う。自民党の単独統治が長く続く間に国民の要望を吸収する機能や、新しい政策を構想する力が衰え、他方では政権の腐敗がすすんだ結果が、この敗北になったのである」。今回、「ロッキード事件は、腐敗体質のいっさいを国民の前に暴露した。また、事件究明とからみあいながら演じられた〝三木おろし〟の内部抗争は、もう自民党には自己改革の能力はない、という印象を国民に強く印象づけた。田中前首相が新潟三区で、地元住民の信任ぶりをより強く誇示しようとすればするほど、自民党に対する有権者の不信感が全国的に増幅されていった[43]」。

③三木退陣と福田政権の発足

自民党が惨敗したため、三木首相はその責任をとって退陣を決意し、12月17日、自民党三役に対して、「私の所信」と題する自民党への提言を示すことによって、公式に退陣を表明した。三木首相の所信は、①進歩的国民政党としての原点に立ち、「長老政治」の体質を改善する、②ロッキード事件を徹底究明し、金権体質と派閥抗争を一掃する、③全党員参加による総裁公選制度に改革する、の三本柱からなり、三木首相は「反三木」陣営＝挙党協のリーダーとして、「二頭立て選挙」を挑んだ福田前副総理に強い批判をにじませた。そして、12月23日の自民党両院議員総会で正式に総裁を辞任し、三木内閣は24日総辞職したのである。

こうして三木内閣は、2年間の政権担当中、自民党の体質改善、金のかからない政治の実現をめざし、とくにロッキード事件の究明に意欲を見せたものの、党内の抵抗によって、思うにまかせず、不本意な退陣となった。

三木首相が度重なる三木おろしにも屈せず、７４７日も政権を維持できたのは、「(内閣総理大臣という）最高の権力を握っていたこと、(ロッキード事件の）高官名の公表、解散論などで反三木陣営に脅しをかけたこと、また、最悪の場合は党を割って野党と連携する危険性をほのめかしたこと」などがいわれた。しかし、野党との連携については、反三木派の誤解であって、その意思はまったくなかったといえる。(44)

12月23日の衆参両院議員総会で、自民党は三木総裁の辞任を認めたあと、党大会に代わる議員総会に切りかえ、直ちに満場一致で新総裁に福田赳夫を選出した。福田新総裁は政治運営の指針として、「協調と連帯」を打ち出し、１９７７年を「経済の年」と位置づけて内政面では景気の回復、外交面では世界的不況によってもたらされた日本と他国との貿易摩擦の解消に当面、全力をあげる考えを示した。また、新しい党体制を発足させるために、両院議員総会のあと直ちに、大平正芳幹事長、江崎真澄総務会長、河本敏夫政調会長の党三役と保利茂衆議院議長候補を決め、人事構想がすべり出した。

翌24日、首班指名投票において、福田は衆議院の投票総数５０８票のうち、２５６票、そして参議院では２４６票のうち１２５票とそれぞれ過半数を１票上回るというきわどい得票によって、首相に指名されたのである。福田内閣はロッキード事件隠しのイメージもあって、発足当初より不人気の重荷を背負ってスタートすることになった。発足した福田内閣の顔ぶれは、全体として派閥均衡・保守本流内閣となっており、主として反三木派である挙党協を最大の支えとした構成となっていた。また、田中派からは西村英一会長が行政管理長官として入閣するなど、「角影」人事とやゆされた。

『朝日新聞』は「社説：福田新総裁と自民党の再生」の中で、次のような注文を福田首相につきつけた。「〝その福田政治〟がどのようなものであるかは、時間をかけてじっくり見定めてゆきたい。同時に、指導者の交代が新しさを予感させるという意味での拍手もこの際控えて、福田氏の持論とする〝出直し改革〟の結果を見つめていきたい。それというのも、三木時代から福田時代への移行が、目下のところでは、必ずしも政治の前進、改革を約束するものとは思えないからである。約十ヶ月にわたる政権争奪の跡を振り返って、福田時代の開幕はかえって政治の引き戻しにつながる、と考えるものもすくなくはなかろう」。だが、「いまわれわれが承知している福田氏の政治理念、政策、そして個性とは、かっての佐藤内閣の内政・外交を推進した当時のものであり、それを乗り越す新しい政見も方向性も、三木内閣のもとでさえ明らかにされなかった。肝心の点を突きとめないまま、〝海図なき航海〟に乗り出そうとする自民党の大胆さにおどろくのである」[45]。

5．おわりに―三木政権の評価

三木内閣は田中内閣の後を受けて、1974年12月9日に発足し、1976年9月15日に一度内閣改造を行い、続いて12月5日の衆議院総選挙で敗北し、その責任をとって12月24日に退陣した。最後に、三木武夫と三木政権の評価を試みておわりにしたい。

新川敏光氏がするどく指摘するように、自民党内にあって傍流といわれた三木武夫が党総裁＝首相に指名された背景には、何よりも田中角栄に代表される「金権政治」への世論の厳しい批判があり、三木はこれに最も遠い「クリーンな政治家」というイメージをもって政権についた。しかしながら、クリーンのイメージはまた、権力政治の渦中にあっては「ひ弱さ」とも結びついた。三木内閣はクリーンなイメージで自民党の危機を救ったものの、積極的実績に乏しい「繕い内閣」であったといわれた。三木武夫が戦後政治の保守政治家の中で異彩を放つのは、彼の思想以上にその政治手法によるところが少なくない。三木のいういわゆる世論による政治は、彼の党内基盤の脆弱性に規定されたものであった。そしてそれがまた、三木をして党内傍流の地位に甘んじさせた理由でもあった[46]。

一方、同じく山川雄巳氏は、三木内閣と三木首相について、次のように述べている。三木内閣は、「対話と協調」をスローガンとして発足したが、それよりもこの内閣は「クリーン」という形容詞によって、我々に記憶されている。三木首相は、自民党内では左寄りに位置する自分の派閥を中心として、一種の中道連合政権を試みようとした。しかし、この試みは失敗に終わった。それは、進歩的保守政治家であった三木武夫の年来の政治理念がそれへと駆り立てた結末であったとともに、三木派の自民党内での位置と非力、そして1974年7月の参議院選挙後の国会、特に参議院での状況によって条件づけられた政治過程であった。ともあれ、三木内閣は、政権維持にかけた首相の驚くべき執念と粘り腰にもかかわらず、ついに政治理念を追求の中途にして倒れたのであった。その意味で、三木内閣は、昭和50年代以降の新しい日本政治のあり方を初めて示した「転換点の内閣」であった(47)。

なお、塩口喜乙氏によれば、三木政権が直面したのは、戦後30年間の年月の中で徐々に党を内部からおかし、肥大している政治の腐敗摘出であったと述べており、そして、高度成長の終焉、低成長への転換に対応するための経済政策と、１９７３年秋の石油ショックで噴出した企業の買い占め、便乗値上げなどの悪徳商法に対する厳しい世論を沈静するための社会的規制の強化であった、という。政財界の癒着が深化している保守党、財界にとっては、これらの政策が実施に移されたとき強い苦痛を受けたのは当然であり、その意味で三木武夫は「改革者」というよりも、多分に「否定者」と受け取られてもやむを得ない面があった。三木が一歩進むと、自民党、財界の反発、三木離れは一段と進行する。そのときの三木の心情としては、戦っている相手は自分を支える自民党であり、自己の協力者は、野党であったといえう。そこに三木の「革新保守」(48)＝「体制内革新」者としての特質がかいま見られる。

いずれにせよ、三木武夫は、政権与党であった自民党内にあって、常に少数派閥をひきつれて果敢に自民党政治の改革に努めた。三木は、一方で政治資金の規正および選挙制度の改革に一定の成果を挙げたのは事実である。しかしながら他方で、三木は戦後政治の枠組みの改革について失敗に帰したといえる。その点に、三木首相の「革新保守」＝「体制内革新」路線の限界が存在した。戦後政治における三木内閣の特色は、何よりも田中角栄に代表されるいわゆる「金権政治」的保守政治に対して、クリーンを旗印に中道連立政権を目ざして「世論による政治」を展開した点にある。それはまた、「議会の子」三木武夫の政治信念でもあった、といえる。

注

(１)『朝日年鑑　１９７７年版』、２６３頁。
(２)藤本一美『解散の政治学─戦後日本政治史』(第三文明社)、１６１〜１６２頁。
(３)富森叡児『戦後保守党史』(日本評論社、１９７７年)、１９８〜１９９頁。
(４)『朝日新聞』、１９７４年12月10日。
(５)富森、前掲書、『戦後保守政党史』、２０１頁。

(6) 塩口喜乙「三木政権と保守体制」白鳥令編『保守体制下』(東洋経済新報社　1977年)、47頁。
(7) 新川利光「三木武夫」渡邊昭夫編『戦後日本の宰相たち』(中央公論社、1995年)、208頁。
(8) 『朝日新聞』、1972年2月5日(夕)。
(9) 『朝日年鑑　1977年版』、266頁。
(10) 「社説：米企業献金の疑惑を究明せよ」『朝日新聞』、1976年2月6日。
(11) 中村慶一郎『三木政権・747日』(行研、1981年)、187～188頁、山川雄巳「三木内閣」白鳥令編『日本の内閣　Ⅲ』(新評論、1981年)、155頁。
(12) 藤本一美『戦後政治の決算』(専修大学出版局、2003年)、90～91頁。
(13) 『朝日新聞』、1976年7月27日(夕)。
(14) 「社説：田中逮捕と権力の腐敗」『朝日新聞』、1976年7月2日。
(15) 大江可之『元総理大臣三木武夫―議員50年史』(1987年)、409～410頁。
(16) 『朝日年鑑、1977年版』、278頁。
(17) 中村、前掲書、『三木政権・747日』、295頁。
(18) 『朝日新聞』、1983年10月12日(夕)。
(19) 右同じ。
(20) 「社説：田中引退なしに刷新はない」『朝日新聞』、1983年10月12日。
(21) 『朝日年鑑　1977年版』、263頁。
(22) 右同じ、309頁。
(23) 井芹浩文「田中政治と三木政治」内田・金原・古屋編『日本議会史録　五』(第一法規、1990年)、46頁。
(24) 『朝日年鑑、1977年版』、296頁。
(25) 塩口、前掲論文、「三木政権と保守体制」、55～56頁、新川、前掲論文「三木武夫」、256頁。
(26) 「社説：三木退陣論の虚構」『朝日新聞』、1976年5月15日。
(27) 中村、前掲書、『三木政権・747日』、227頁。
(28) 井芹、前掲論文、「田中政治と三木政治」、59頁。
(29) 荻野明巳「三木首相の一番長く暑い日」一七会編『われ傍流にあらず』(人間の科学社、1991年)、279頁、大江、前掲書、『元内閣総理大臣、三木武夫』、403頁。
(30) 『朝日年鑑　1977年版』、297頁。
(31) 大江、前掲書、『元内閣総理大臣　三木武夫』、404～405頁。
(32) 田中善一朗「第66代　三木内閣」林茂・辻清明編『日本内閣史録　6』(第一法規、1981年)、396～397頁。

(33)『朝日新聞』、１９７６年９月16日（夕）。
(34)中村、前掲書、『三木政権・７４７日』、２９８頁。
(35)大江、前掲書、『元内閣総理大臣、三木武夫』、４１５頁。
(36)中村、前掲書、『三木政権・７４７日』２９８頁。
(37)『朝日新聞』、１９７６年11月５日（夕）。
(38)中村、前掲書、『三木政権・７４７日』３００頁。
(39)大江、前掲書、『元内閣総理大臣、三木武夫』、４１６～４１７頁。
(40)藤本、前掲書、『解散の政治学』、１６５頁。
(41)『朝日年鑑　１９７７年版』、３２０頁。
(42)右同じ、３２１頁。
(43)「社説：政治の流れは変わる」『朝日新聞』、１９７６年12月７日。
(44)国会通信社編『三木武夫の熱い２００日』（国会通通信社、１９７９年）、１４８～１４９頁。
(45)「社説：福田新総裁と自民党の再生」『朝日新聞』、１９７６年12月24日。
(46)新川、前掲論文「三木武夫」、２４、２５８頁。
(47)山川、前掲論文「三木内閣」１３１～１３４頁。
(48)塩口、前掲論文「三木政権と保守体制」、42～43頁。

第6章　細川、羽田および村山「連立政権」の特色と政治課題
―1994年の政治状況

1. はじめに―問題の所在と分析視角

1993年8月、反自民8派による細川政権の誕生により、支配政党の自民党が下野し、日本の政界は再編成の第一幕に突入した。翌年の1994年の政界も、大激動に見舞われ、内閣の発足と退陣が相次いだ。2月3日、細川護熙首相は国民福祉税構想を提案した。しかし、翌日には連立内部の反対でそれを撤回した。さらに3月1日には、内閣改造の断行の意向を表明、これも連立内部の反対に出会い翌日に至り断念した。細川首相の構想は次々とつぶされ、連立政権の土台が緩み、内閣の支持率も一気に低下した。そして、これに追い打ちをかけたのが、首相自身の資産運用上の疑惑判明である。4月8日、細川首相はついに、疑惑に対する責任をとって退陣の意向を表明した。政権担当期間は、93年8月から94年4月に至るわずか8ヶ月間であった。

細川政権の特色を挙げれば、それは第1に、時代の閉塞状況を打破する〝政治改革〟を使命とする政権であったこと、第2に、その改革が緒についたばかりで過度期の政権にすぎなかったこと、そして第3に、政権は8党会派の〝寄り合い所帯〟で、複雑な内部矛盾を抱える〝連立政権〟であったこと、である。[1]

後続の首相候補として新生党の羽田孜党首が浮上し、羽田首相による第2期連立政権が発足する運びとなった。新内閣誕生に先だって新生党など5党会派は新党結成をにらんで、衆議院で新しい統一会派＝「改新」を結成した。だが、改新の結成は社会党をカヤの外において進められた。そのため、社会党はこれを背信行為であるとして反発、4月26日、村山富市社会党委員長は連立からの離脱を表明した。28日に発足した羽田内閣は、少数与党内閣として不安定な船出を強いられることになった。6月23日、羽田内閣は内閣総辞職をする意向を表明した。それは、連立与党と社会党との政策協議が決裂し、内閣不信任決議案が可決される見通しとなったからに他ならない。羽田内閣は、決議案の可決を待たずに総

辞職に踏み切ることになった。わずか二ヶ月で退陣することとなった羽田政権は、１９９４年度予算を成立させただけで、戦後二番目の短命内閣に終わった。

羽田政権の特色を挙げるなら、それは第1に、新生党と公明党を主導とした少数与党内閣であり、権力基盤が極めて脆弱であったこと、第2に、羽田首相の政治指導が弱体で、小沢一郎新生党代表幹事が取り仕切る「二重権力構造」であったこと、そして第3に、羽田首相には政権を率先して、政治の方向を定める〝壮大なビジョン〟を欠いていたこと、である。(2)

後継首班を指名する過程で、自民党、社会党および新党さきがけの三党による連立の話が進み、6月29日、３党が支持した村山富市社会党委員長は、連立与党の擁立した海部俊樹元首相を破って、第81代の内閣総理大臣に選出された。社会党からの首相は、１９４７年の片山哲以来の快挙であり、47年ぶりに二人目となった。いわゆる「１９５５年体制」の下で、内政・外交のあらゆる面で対決してきた自民党と社会党が連立を組み、自民党が政権の座に復帰したことにより、政界は再編成の第二幕に突入した。村山政権は、戦後政治が積み残した多くの政策実現に取り組み、一定の成果を挙げたといえる。

村山内閣の特色を挙げるなら、それは第1に、自民党による「お膳だて」政権であり、議席数では二倍を擁する自民党の意向が大きかったこと、第2に、自民党と連立を組むことで、これまでのイデオロギー上の対立に終止符を打ったこと、そして第3に、村山政権は、政治運営の手法が「国対政治」の延長線上にあり、多くの場合相手の主張を丸呑みして政策の妥協点を見いだしたこと、である。(3)

その後、12月1日、共産党を除く野党10党会派は、衆参両院議員２１４人を擁する「新進党」を結成し、自民党に次ぐ巨大政党が出現した。初代党首には、海部俊樹、そして幹事長には小沢一郎が就任した。以上見てきたように、この年の日本の政治は内閣が相次いで成立し、そして退陣するなど、政局は大きな激動の中で展開されていった。

本章の課題は、１９９４年の日本の政治状況を取り上げることである。論述は最初に、細川政権の特色と退陣に至る経過を述べる。次いで、羽田政権の発足と退陣の背景を検討する。そして最後に、村山政権の成立過程と政権の特色を提示する。分析手法は、まず政権発足の背景と政治的争点の事実関係を紹介し、これに関する『朝日新聞』などの社説を取り上げて批判的に論評する。その際、「連立政権の枠組み」を縦軸に、そして各々の内閣の「政策」を横軸に据えて、細川、羽田および村山と続く連立政権の政治課題を示したい。

2. 細川政権―特色と政治課題

1993年7月18日に実施された第40回衆議院議員総選挙において、自民党は223議席に終わり、衆議院で過半数の議席の獲得に失敗した。その結果、自民党は1955年の党結成以来初めて、与党の座から降りることになった。野党連合政権の樹立に合意した社会党、新生党、公明党、民社党、社会民主連合、民主改革連合の6党派は、自民党との連携を模索していた日本新党および新党さきがけを取り込むため、日本新党の代表細川護熙を首相候補とすることで合意し、日本新党と新党さきがけもこれを受諾した。ここに「非自民・非共産」の連立政権が発足することになった。

細川首相は近衛文麿首相の外孫にあたり、祖父と孫が共に首相となったのは、内閣制度創設以来はじめての出来事であった。細川護熙は1938年1月14日、戦国武将細川忠興の子・熊本藩主細川忠利から数えて15代目の細川護貞と、近衛文麿の娘である妻・温子の長男として東京に生まれた。栄光学園中学、学習院高等科を経て上智大学法学部を卒業し、朝日新聞社に入社、鹿児島支局を経て社会部記者となった。

その後、1968年に朝日新聞社を退職して熊本一区から衆議院議員総選挙に出馬したものの落選。1971年、今度は参議院議員選挙に全国区から出て当選、田中派に所属した。次の選挙では、熊本選挙区から参議院議員選挙に出馬して当選し、参議院議員を二期12年務めた。次いで、1983年、熊本知事選挙に出て当選し、これも二期8年務めた。

1992年の春に、細川は雑誌『文藝春秋』紙上で「自由社会連合」の結党宣言を発表、公募で党名を「日本新党」とし、新党ブームのさきがけとなった。同年、細川は、参議院選挙区に比例区から立候補し、自分を含めて4議席を獲得した。そして、1993年の衆議院議員総選挙では、細川が率いる日本新党は35議席を獲得し、大躍進をとげたのである。

細川は、非自民連立政権の首班となることを受諾し、1993年8月5日、政治改革を最大の使命とする細川連立政権が誕生、かくして１９５５年から38年間続いた、自民党によるいわゆる「55年体制」は崩壊したのである。首相となった細川は、記者会見では立ったまま会見したり、プロンプターを導入したりして、その〝パフォーマンス〟はマスコミの大きな注目を集めた。その後、12月14日、懸案であったコメ市場の部分開放を決定したこともあり、細川内閣の支持率は63％という異例の高さを記録した。(4)

越えて１９９４年１月、「政治改革」の実現を最重要課題として掲げてきた細川首相は、衆議院に小選挙区比例代表並立制の導入を柱とする政治改革関連法案の成立を目指した。すでに前年の12月末に、衆議院で可決されていた同法案の攻防は、参議院を舞台として、小選挙区と比例代表の定数配分や政治資金の扱いをめぐり、連立与党と野党の自民党とがするどく対立していた。連立与党内部でも、社会党の中には新しい制度に対して反対が存在し、また自民党内部でも、推進派と慎重派が反目するなど、与野党ともに足並みがそろっていなかった。

こうした政治状況の中で、１月21日、参議院本会議での採決に際して、連立与党の社会党から反対票が出て、政治改革関連法案は否決された。法案に対して衆参両院の賛否が異なっていたので、両院協議会が設けられ、細川首相は自民党との妥協の道を探った。結局、両院協議会では折り合いがつかず、１月28日、細川首相と河野洋平自民党総裁による「トップ会談」に打開の道は託された。ここで両者が歩み寄りを見せて譲歩しあい、その結果、政府案では全面禁止となっていた政治家個人への企業・団体献金については、５年間に限り一団体を認める、また、定数配分は小選挙区３００人、比例代表２００人とするなど政府案の修正で合意し、翌29日、衆参両院本会議で修正案を可決し、政治改革関連法案はようやく成立したのである。(5)

『朝日新聞』は「社説：政治改革が加速した乱気流」の中で、政治改革関連法案の成立に至る混乱の背景を次のように報じていた。「(細川) 首相と河野総裁は、合意書の冒頭で、〝政治改革関連法案の成立を図らなければ、議会制民主主義にいやしがたい傷跡を残すとの認識で一致した〟と述べている。何としても決着をという世論の動向に配慮したことがみてとれる」。しかしながら、問題は「トップ会談による合意の要点は、衆院本会議でいったん否決された自民党案の骨格を復活させる内容を含んでいた」ことであり、例えば、「小選挙区への定数配分を３００としたこと、個人向け企業献金の受け皿を認めたことの二点だが、法案成立を優先させて自民党要求の〝丸のみ〟に近い結果となった」と批判した。

　そして、問題点を次のように分析した。「今度の国会の混乱の底流は、去年6月の通常国会で宮沢内閣不信任案が自民党内の反乱で可決され、同党が分裂したとき以来のものである。その後7月の総選挙で自民党と社会党が敗退し、保守新党が躍進したあと、政治改革法案をめぐって、自民、社会両党から党議違反者が続出した。このように、度重なるクロスボーティング（政党の統制を超えての自由投票）の発生は、各政党を分け隔てていた理念や政策の垣根が、いまや無意味になりかかっていることを示したものだ。それをもたらした最大の要因は冷戦の終結とソ連の崩壊だが、政策問題より議員個人の利害に直結する問題で、かえって政治の構造的変化が集中的に現れた」。したがって、「55年体制と呼ばれる自民、社会両党中心のシステムを新しい時代に対応させるには、両党の分解、再編の過程は避けられない。両党の分裂は、群小政党の乱立が当分続くことを意味する」。その上で、「政局の混迷や政情不安もあるに違いない。だが、有権者の要請に柔軟にこたえ、国際的な課題にも機敏に対応するとの基本原則さえ確立できれば、それを誇大視する必要はない」と結論づけた[6]。

　細川首相は続いて、税制改革に着手した。それは、２月に開催予定の日米首脳会談で、W・クリントン大統領が求めていた景気浮揚策の一環として、大型所得税・住民税減税を打ち出し、同時にその財源確保などの理由に大蔵省が求める現行３％の消費税の引き上げを決めようとしたものだった。だが、この提案に対して、連立与党内部から反論もあって意見はまとまらなかった。こうした状況の中で、２月２日、細川首相は突然、１９９４年度から6兆円減税を実施するとともに、消費税を衣替えして税率を7％とする「国民福祉税」を4月にスタートさせるという構想を提案し、これを3日の未明の記者会見で発表したのである。

　しかしながら、この構想については、政府税制調査会で議論されたこともなく、しかも細川首相自身が7％の根拠を〝腰だめ〟であると表現したこともあって、多くの国民をはじめ、連立与党内部でも不満が広がった。とくに社会党や新党さきがけからは強い批判の声が聞かれるなど、政府与党内は大混乱に陥り、構想は白紙撤回された。細川首相は、どうにか１９９４年度予算案をまとめたものの、この混乱が政権崩壊の予兆となったのは否めない[7]。

『朝日新聞』は「社説：あきれた首相の〝決断〟」の中で、今回の国民福祉税の構想をめぐる混乱について、次のように批判した。「細川首相は深夜にずれ込んだ与党首脳との協議の末、3日未明の記者会見で驚くような〝決断〟をした。大幅な所得税減税実施の見返りとして、消費税に代わって税率7％の〝国民福祉税〟を三年後に創設する、という構想だ。社会党の反対を押し切って、という意気込みだった。ところが、社会党がいざ連立政権からの離脱の構えをとるや、大あわてで再協議を始めた。一体、前夜の協議や未明の記者会見は何だったのか、首相に問いたい」と。その上で、細川首相の行動を戒めた。「それにしても首相は、連立政権内の政治力学をどこまで慎重に計算していたのだろうか。第一党が去ったあとの政権維持をどう展望したのかも不可解だ。そのあわてぶりを見ると、どうやら社会党の反対を甘く見て突っ走った感がある。だとすれば、連立政権の意味を余りにも安易に考えていないだろうか。仮に今度は何とか妥協で切り抜けたとしても、首相の権威は大きく傷つき、与党内の相互不信も拭い去れなくなるに違いない」。そして、「首相が大蔵省の強い主張をいれて一夜で打ち出した〝国民福祉税〟なるものは、福祉財源に充てる目的税でもなんでもない。政府が自由に使える一財源の消費税の名前を、ただ書き換えただけなのである」とこき下ろした[8]。

2月11日と12日にワシントンＤＣで日米首脳会談が行われたもの、それは決裂に終った。帰国した細川首相は、国民福祉税構想に反対した武村正義官房長官の更迭を柱に、内閣改造を目指した。細川首相は、新生党代表幹事の小沢一郎と公明党書記長の市川雄一の「一・一コンビ」に依拠した政権運営に重点を移しており、「一・一コンビ」と対立する武村の排除を狙ったものの、社会党と新党さきがけがこれに反対した。その後も細川首相は、内閣改造に執念をもやした。だが、公明党内部でも慎重論が出たため、3月2日深夜、内閣改造の断念を記者会見で発表せざるを得なかった。このように、細川連立政権の内部対立は、抜き差しならぬものになってきた。

この間、国会において、細川首相は自民党と共産党から、佐川急便グループからの借入金問題、ＮＴＴ株購入問題などの金銭スキャンダルを追及されていた。さらに、資金運用に絡む新たな不祥事＝ヤミ金融への出資疑惑が浮上し、これに責任をとって細川首相は、4月8日、政府・与党首脳会議で辞任を表明した。この結果、政治改革政権の旗手は自らの金銭疑惑で辞任することになったのである(9)。

今回の辞任劇について、『朝日新聞』は「社説：細川辞任で刷新をやり直せ」の中で、次のように批判した。「細川護熙首相がやめることになった。……自ら提出した予算案が審議もされぬうちに首相がやめてしまうなど、長い戦後史にも例がない。景気問題は正念場にあり、日米経済関係はこじれ、朝鮮半島を取り巻く情勢も心配だ。そんな中での唐突な首相の辞任は、国際的にも不安定要因を作りかねない大きな不幸であろう」と指摘し、細川政権の問題点を分析した。「そもそも細川政権は政治浄化という意味で極めて中途半端な性格を持っていた。自民党の中で長く権力中枢のうまみにあずかっていた勢力の一部、小沢一郎ら新生党幹部が権力争いの末に自民党を飛び出し、細川政権の中軸を担ってきた側面を無視できないからだ。首相はこのところ、本来のパートナーだった新党さきがけとの溝を広げ、しだいに新生党と呼吸を合わせてきた。その分、既成政治の打破や利権政治の一掃といった日本新党の原点が忘れられたと嘆く人々も少なくなかったが、首相が自身のスキャンダルを抱えつつ難局を乗り切るには、その種の経験と力が頼りだったのかも知れない。その意味で首相の辞任は、政権構造の矛盾が端的に、唐突な形で噴出したものと見ることもできる(10)」。

なお、細川首相は退陣表明の記者会見の席で、自民党政権が成し得なかった日本の過去への謝罪、ウルグワイ・ラウンドの妥結、政治改革法の成立を業績として挙げた。確かに、細川首相自身は、就任早々、かつての侵略戦争の責任を正面から認め、韓国や中国訪問の際に率直に謝罪し、それは、世界の日本に対する視線を随分と和らげたことは否定できない。また、コメの部分自由化の受け入れでは社会党が政権から離脱する危険に見舞われたものの、これを何とか乗り切った。そして、政治改革関連法案の成立に際しては政権の命運を賭け、妥協を重ねながらこれを実現した。これらの業績を、わずか八ヶ月間で実行した細川政権の功績は十分に認められねばならない。いずれにせよ、細川首相は、1955年にスタートした自民党一党支配体制＝55年体制の崩壊をもたらし、非自民8派連立政権を率いたという点で、日本政治史に大きな名を残したことは間違いない。

ところで、このような異色の宰相であった細川護熙の政治手法について、渡邉昭夫氏は次のように述べている。「細川は、幅広く人の意見をよく聞いた。そのこと自体は人の上に立つ指導者に必要な一つの資質ではあるが、下手をすると、定見がなく、最後に進言した人の意見に左右され易く、本当のところは何を考えているのか分からないと言われた祖父の二の舞になってしまう危険もあった。コメ問題は成功した例であるが、国民福祉構想は失敗した例である[11]」。

一方、飯尾潤氏は、細川護熙首相の行動と感性について、次のように指摘しており、興味深い。「細川の軌跡をたどると、政治的〝波乗り〟の名人であるというところに行き着く。とにかく時代の方向をつかむのがうまく、一般民衆のふわりとして捉え所のない願望を先読みしてゆくところがある。自民党政権が、潜在的な危機を累積させ、国民感情から乖離し始めたとき、その間隙をねらって新党を結成したのもそうであるし、政権交代という混乱期に打って出て首相になり、巧みに時代の要請をつかんだのもその現れである。そして、それを支えているのは、細川の感性の鋭さである。……論理よりも直感を重んじる資質は、その政治指導を独特のものとした。ある意味で、感性に頼るということは、決断力を持つことである。いざというときに迅速な対応ができるのも、物事を思い詰めないところに由来する。決断は政治の基本的機能であり、特に変動期には不可欠となるので、細川の成功の重要な要素である」とし、その上で「潮目が逆流し始めたとき、感性が鋭く、スタイルを気にする細川は屈辱に耐えられない。〝ねばり〟の資質が欠けているのである」と細川首相の欠点を指摘している[12]。

3. 羽田政権―特色と政治課題

４月25日、細川内閣は総辞職し、同日、羽田孜が新しい首相に指名された。だが、本論の冒頭でも述べたように、新生党、日本新党、民社党などが社会党をカヤの外に置いた形で強引に統一会派＝改新を結成したために、これに反発した社会党は26日、連立政権からの離脱を決めた。そして28日、少数与党の羽田内閣が発足したのである。『朝日新聞』は「社説：小沢首相ではないですか」の中で、今回の騒動劇と羽田首相決定の経緯について、次のように論評した。

「細川護熙首相の突然の辞意表明から二週間、羽田孜氏の首相就任がやっと確定した。副総理の座にあり、政権の中核・新生党の党首でもある。主要閣僚を歴任し、人気も高い。当初から本命視されたのは、それなりに理由があった。だが、ここに落ち着くまでの長い混乱は生みの苦しみといった言葉ではすまない重要な中身をもっている。新党さきがけの政権離脱、渡辺美智雄氏の出場騒動、税制・安保政策での激しい対立。羽田政権は大きな矛盾をさらけ出して船出する」と述べた後、「細川政権から羽田政権への移行は、単なる政権の顔の交代でない危うさに満ちている。まず、渡辺政権に動き、それがだめだと政策協議で社会（党）をぎりぎりまで追いつめる―小沢氏のしたことは、その危うさを知ればこそだった」と指摘し、その上で、「それにしても不可解なのは、最高権力者になろうとする羽田氏が何を考えているのか、この二週間、さっぱり見えてこなかったことだ。主役は、あくまで新生党でナンバー2のはずの小沢氏だった。まじめで人柄がよく清潔―政界での羽田評だ。自民党時代から政治改革の旗振り役をし、社会党の受けもいい。しかし、多くの人は指導力や決断力に疑問符をつけ、実権は小沢氏にあると見ている」と批判した。[13]

新しく発足した羽田内閣は、細川内閣に比べると、新生および公明の両党の比重が高まり、両党主導の性格が濃い内閣となった。新生党の閣僚の数は、5人から8人へ、また公明党は4人から6人に増えた。内閣発足後記者会見に臨んだ羽田首相は、少数与党を足場とする厳しい船出となったことについて、「困難な場面が多くあると思うが、社会党との八ヶ月は無駄ではなく、辛抱強く働きかけていく」、「自民党にも政策面で協力してもらえる」などと述べて、今後、政局運営にあたって自民および社会両党の協力を求めていく姿勢を強調したのである。[14]

羽田孜首相は、1935年8月24日、東京の蒲田において、羽田武四郎、とし子の長男として生まれた。父は朝日新聞社の記者を経て衆議院議員となった。母のとし子は長野電鉄の創始者神津平の娘である。上田第2中学、成城学園高校を経て、成城大学経済学部を卒業した。卒業後、小田急バス会社に就職し、羽田は父の後継者として政界入りするつもりはなかったものの、1963年武四郎が脳溢血で倒れたため、小田急バスを退職、1964年12月、長野第二区から自民党公認で第

32回衆議院議員総選挙に出馬し、トップ当選を果たした。自民党では、田中派に所属し、農林族としてキャリアを積み、１９８５年12月、第二次中曽根内閣のもとで農林大臣に就任した。また田中派から別れた竹下登の経世会結成にさいして、「竹下七奉行」の一人に数えられ、竹下改造内閣で再び農林大臣に就任した。海部内閣時代には、自民党の選挙制度調査会長に就任、政治改革推進派の中核となった。１９９１年、宮沢内閣の下で大蔵大臣に就任する。竹下派分裂にさいしては「改革フォーラム21（羽田派）」を結成した。その後、自民党を離脱し、新生党を結成して党首に就任した。１９９３年の衆議院議員総選挙では、新生党は55議席を獲得、細川内閣の下では、羽田は副総理兼外務大臣となった。そして細川政権崩壊後、４月28日、羽田は少数内閣の首相となったのである。羽田首相は「改革と協調」を掲げ、公共料金の年内凍結や首相官邸直通のＦＡＸ設置などを打ちだした。羽田首相は、特徴的な半袖ジャケットで知られる省エネルックの愛好者で、その普及に大きく貢献したといえる。

羽田内閣は発足早々、南京大虐殺を「でっちあげ」と発言した永野茂門法相を更迭するなど、苦しい政権運営を迫られた。少数与党という権力基盤の弱さが、内閣の課題処理にも影を落とし、そのため羽田首相は政権存続をかけた厳しい政局運営が続いた。こうした状況の中で、自民党は内閣不信任決議案の提出の構えを見せ、政権を離脱した社会党や閣外協力に転じた新党さきがけとの連帯を画策し、政権復帰を目指して手を打った。羽田首相は、社会党の政権復帰を探る一方で、他方では自民党の一部にも「保・保連合」を働きかけた。こうして、連立与党、自民党および社会党の三つどもえの駆け引きが展開されたのである。

６月23日、１９９４年度予算案が成立した後、自民党はついに羽田内閣不信任決議案を提出した。その過程において、村山社会党委員長を首相に擁立する構想が浮上、羽田サイドによる社会党への復帰呼びかけも不調に終わり、不信任案可決の可能性が強まった。このため、羽田首相は25日、総辞職に踏み切ったのである。羽田内閣は二ヶ月という短命政権に終わった。羽田内閣が大きな失点もなかったのにこのような短命に終わったのは、何といっても与党勢力が衆議院の三分の一余り、また参議院では四分の一しかないという権力基盤の脆弱さによるものであった。だが、問題は議席数ばかりでない。そもそも政権成立の正当性に疑問があったといえる。二ヶ月前の首班指名に際して、社会党は新会派＝改新の結成を知らされないままに、羽田氏に投票した。これがだまし討ちという批判を招き、首班指名の正当性を疑わせることになったのである。政権発足にかかわる疑念が、最後まで権力そのものを弱体化した点は否めない[15]。

渡邊昭夫氏は羽田首相の政治家としての生き方について、次のように指摘している。「政治指導者に求められるが、何よりもまず、日常的感覚を越えた大きなものを見つめて、そちらへ人々を導いていく能力であるとすれば、〝普通の人〟が歴史に名を残すのは難しいであろう。……自分で選ぶというより、周囲に推されて何かの役目を引き受けるという生き方は、最後まで羽田の特徴となった。……時代の波に翻弄されるようにして総理の座に押し上げられ、わずか二ヶ月余りの後には引き降ろされた[16]」。

一方、飯尾潤氏は、羽田首相の政治指導力について、次のように述べている。「羽田は自らポストを求めることは少なかった。しかしながら羽田は他面では具体的なポストなしには活動できない政治家であった。それは彼が、本質的なところで、権力を追求しないところに由来する。権力の本質は、他者を操作し世の中を動かすことにあるが、羽田は〝一生懸命がんばって、人の役に立って、喜んでもらう〟ことで満足する。だからこそ、周囲からも好かれ、敵も少なかった。しかし仕事がなければがんばることもできない。その点で羽田は総理大臣になって、がんばり所を作ることを必要とした。もちろん、それだけで激動の時代に首相になれるはずもない」。そして、「それを可能にしたのは例えば政治改革にこだわった頑固さである。一つのものへのこだわりが信念となることによって、活動に背骨が通り、時をめぐって、総理の座を射止めたのである。逆に欠けているのは、精いっぱいにこなしている日常を越えた、壮大なビジョンである。彼には時代の流れを肌で感じることはあっても、それを抽象化して遠くの目標を立てることはできない[17]」。

4．村山政権―特色と政治課題

6月29日、衆議院と参議院において本会議が開催され、羽田首相の後継を決める首班指名投票が行われた。だが、第1回の投票では過半数を制するものがおらず、村山社会党委員長と海部元首相との決戦投票となり、自民党、社会党および新党さきがけが擁立した村山が海部を破って、第81代内閣総理大臣に選出された。すでに述べたように、社会党首相の誕生は、１９４７年6月に成立した片山哲内閣以来、ほぼ半世紀ぶりの快挙であった。

いわゆる「55年体制」の下で、かつて激しく敵対し合ってきた自民党と社会党が手を結ぶことができたのは、何よりも自民および社会の両党の分断による新たな多数派工作を展開してきた新生党代表幹事の小沢一郎への反感＝反小沢という契機に他ならない。自民党としては、社会党と新党さきがけを取り込めば、衆議院で過半数の議員を確保でき、与党に返り咲くことができると考えたのである。一方、社会党は、統一会派改新の結成時点ですでに連立政権を離脱していたものの、落ちこぼれを危惧しながら党の分裂を避けるために自民党との連立に賭けたのである。こうして、「反小沢」で一致した内閣であるとか、あるいは三党の基本的な政策の違いをあいまいにした「野合政権」であるとの批判を受けながらも、6月30日、ここに社会党の村山委員長を首班とする「自社さ」連立政権が発足したのである。[18]

村山富市首相は、１９２４年3月3日、大分県大分市の漁師の家に生まれた。１９３８年に上京して東京商業学校に学ぶ。１９４４、学徒出陣で陸軍に入隊し、陸軍軍曹で終戦を迎えた。１９４６年明治大学政経学部を卒業し、１９５５年には大分市議会選挙に日本社会党から出馬し当選した。１９６３年、大分県議会議員となり、連続3回当選を果たした。そして１９７２年12月の第33回衆議院議員総選挙に出馬し、これに当選して以来、8回連続当選を数えた。１９９１年、日本社会党の国会対策委員長に就任、そして、１９９３年10月、日本社会党の委員長に就任したのである。村山は日本社会党内では、自治労右派、政権構想研究会および水曜会に所属するなど、一貫して社会党右派として活動してきた。

村山首相は在任中、夫人が腰痛のため公務に同伴できない状態であったので、秘書をしていた娘がファースト・レディの代役を務めた。好々爺のような風貌とトレードマークの長い眉毛もあって、村山首相は〝トンちゃん〟と呼ばれて国民から親しまれた。

村山内閣は、その成立の契機からも明らかなように、総選挙を経て勝ち取った政権ではない。新しい連立政権は、新党さきがけが作成した「新しい連立政権の樹立に関する合意事項」に社会党が合意を与え、それに自民党が乗った形をとっており、村山内閣は自民党および自民党から分裂した新党さきがけの支援によって実現したのが実態である。こうして発足した村山内閣は、副総理・外相に河野洋平自民党総裁を、そして蔵相に武村正義新党さきがけ代表を配し、衆議院では自民党が223議席、社会党が70議席、そして新党さきがけが13議席の合計306議席を擁し、また、閣僚の数では自民党が13、社会党が5、そして新党さきがけが2という布陣であった。つまり、村山内閣は議席数では、自民党が社会党の約三倍と絶対的多数を占め、しかも重要閣僚のポストは自民党がほぼ独占していたという点で、実質的には「自民党主導」の政権であった、といってよい。こうして自民党は、ほぼ1年たらずでもって与党＝政権への復帰を果たしたのである。(19)

社会党と長らく対立していた自民党が新党さきがけと一緒に村山社会党委員長を擁立したのは、何といっても政権復帰への強い願望と反小沢という契機であり、ここに「55年体制」は一面で終わりを告げたといえる。しかしながら、その背景として留意すべきは、わが国を取り巻く国際的環境が大きく変化したことも忘れてならない。すなわち、それは、1989年以降の「米ソ冷戦」体制の崩壊である。このため、保守と革新の対立軸、つまり、自民党と社会党との間には、決定的な対立や争点が存在しなくなっていたのである。

村山首相は、6月30日、内閣発足に際し、初閣議の席で次のような首相談話を発表した。「戦後長きにわたった保守政治を虚心に見つめ直し、連立政権の発足によってもたらされたこの1年の変化について反省すべきは反省する。……政策決定の透明な、開かれた民主的な政治体制の確立を目指す。そして新内閣は、人々の心を写す政治を基本とする」。(20)

続いて7月1日、村山首相は初めて記者会見を行い、その中で外交を中心にこれまで政府がとってきた政策を継続する姿勢を印象づけることに努めた。村山内閣は成立したものの、自衛隊、日米安保条約および日の丸・君が代などの基本政策で厳しい政策運営が予想されたからである。しかし、政権発足後初の国会となった第130回臨時国会では、村山首相は〝人にややしい政治〟をキャッチフレーズに掲げるとともに、「自衛隊合憲」「日米安保体制維持」「日の丸・君が代尊重」などを明言し、従来の社会党の安保・防衛政策の歴史的大転換を図った。それらの背景には冷戦体制の崩壊と国内政治の変化という客観的状況の他に、社会党首相への不安を払拭し、野党に攻撃材料を与えまいとする計算もあったと思われる。[21]

『朝日新聞』は「社説：ルビコンを渡ったあとで」の中で、この点を次のように論評した。「村山富市首相は20日の本会議で、日米安全保障体制を維持すること、自衛隊は憲法に違反しないことを、これまでにない明快な口調で言明した。18日の所信表明などで、村山首相はすでに〝日米安保体制堅持〟と事実上の〝自衛隊容認〟を表明している。しかし今回の答弁は、立党以来の基本政策の転換を公式に宣言したことを意味する。総理大臣としての、また社会党の党首としての、この踏み込んだ発言が現実のものとなり、党の方針が転換するとなると、革新新勢力にとどまらず、戦後政治全般にわたる画期的な変化となるであろう。波紋は大きいと見なければならない」。その上で、村山首相の方向転換について、どう評価すべきかを問い、「第1に、私たちは、これによって社会党が自衛隊の実態を正面から直視し、真の意味のシビリアンコントロール（文民統制）へ向けて政党として機能を発揮してくれるなら、この変化は決して悪くない、と考える。……第2に、実はこれこそ肝心な、そして私たちが何とも納得いかない点であるが、村山答弁は周到な手続きと歴史的展望を欠いている、ということである。手法がかなり強引で、政策の大転換につきものの苦悩のあとが見られない」と指摘し、ここで「社会党の方針転換の是非を論じているのではない」とした上で、「ただ、変わるなら、まず過去の政策をきちんと清算し、その上で転換の理由と展望をはっきりと有権者に示す必要がある」と述べ、「自衛隊問題でも村山首相は確実にルビコンを渡った」と論評した。[22]

ところで、１９９４年6月に発足した村山内閣は、社会党、自民党および新党さきがけの三党首を中心とする「ハト派」＝リベラル的内閣の印象を強く打ちだした。そして「この三人は、その思想的背景においてある種のリベラル性を持つという点で共通していた。この政権は、三党体制であると同時に、村山富市、河野洋平、武村正義の三者体制でもあった」といえる。[23]

村山内閣が促進した、リベラルな政策もしくは革新的政策としては、第1に、「戦後50年に向けて首相談話」や「戦後50年の国会決議」に見られる一連の戦後処理の姿勢が挙げられる。第2に、これまでの原爆医療法と被爆者特別措置法を一本化し、新たに特別葬祭給付金を加えた形の「被爆者援護法」の制定が挙げられる。第3に、戦後処理の一環として、「女性のためのアジア平和国民基金」の発足に見られる、元従軍慰安婦問題対策が挙げられる。第4に、国が長い間和解を拒否してきた、「水俣病未確認患者」の救済が挙げられる。これらは、戦後日本の民主主義の文脈の中でいえば、〝進歩的政策〟であったといえる。一方、発足した村山内閣は、歴代政権が促進してきた保守的ないし後退的政策遂行に終始したものも少なくない。それらは、自衛隊の承認、日米安保体制の維持、日の丸・国旗の容認の他に、例えば、消費税5％へ値上げ、新防衛計画大綱の決定、破壊活動防止法の適用および住専への公的資金の投入などを挙げることができる。

村山内閣が発足した当初は、それは中継ぎ的な短命内閣と見られ、半年もてばいいほうだといわれた。しかし、実際には561日と約1年半も持ちこたえたのである。その背景にあるのは、細川および羽田の前連立政権の教訓が生かされた点もあったが、何よりも、村山首相の明確な〝歴史認識〟と〝リベラル的立場〟によるところが大きかったのではないかと思われる。[24] この点について、村山首相は退陣後、次のように述べている。「社会党委員長の私が総理になったことに、歴史的必然性を感じ、歴史的課題に取り組めといわれているような気持ちを持った。そして、戦後50年の節目に総理になった私の任務は、自民党単独政権が積み残してきた問題に果敢にけじめをつけることだと考えた。それは被爆者援護法であり、従軍慰安婦問題であり、水俣病問題であった。それらの問題は、100％満足のいくものではなかったが、けじめをつけることができ、それなりに任務は果たせたと思っている[25]」。

本章の冒頭でも述べたように、このような村山内閣の戦後政治における歴史的位置を述べるなら、以下のように要約できよう。すなわち、それは、第1に、社会党、自民党および新党さきがけの三党による「連立政権」であったという事実である。そのため、連立政権に伴う限界があり重要な政策決定については、常に連立した他の二党との協議を必要とし、かつ社会党内部の調整を図らねばならなかった、第2に、連立政権を構成する三党の中で、議席は自民党が223、社会党が70、また閣僚の数は自民党が13に対して、社会党は5にすぎず、政策遂行の節目で、自民党が主導権を行使し、多くの場合、社会党は押しきられる場面が少なくなかった、そして、第３に、村山内閣は党の主張を１００％実現することができず、自民党との妥協では全面的譲歩が多く、そのため社会党内部の反発＝分裂的要因を常に抱えていたことである(26)。

したがって、村山内閣の歴史的役割を一言でいうならば、それは過渡的な政権であって、自ずとできることには限界と制約が存在したということである。実際、村山首相は退陣後この点について、次のように語っている。「衆院でわずか70名程度しか議席を持っていない社会党の委員長の私が総理になったことには、それなりの歴史的役割がある。そのひとつは、過渡的な政権としての役割を担うということだ。社会党の諸君は違っていたようだが、私は、自分でそう考え、自分なりに村山政権は過渡期の政権と位置づけてきた。そうだとすれば、自分自身の持つ力量も含めておのずから限界がある(27)」。

以上で指摘した村山内閣の限界点について、渡邊昭夫氏は次のように述べている。「こうして誕生した村山〝社会党〟内閣は何をあとにのこしたか。首相の座を手にする代価として、社会党は長年掲げてきた自衛隊違憲論と日米安全保障条約反対という大事な看板を下ろさざるを得なかった。社会党としては高くついた代価であり、やがてこの党はそのアイデンティティを失い、急速に凋落していく」と厳しい(28)。

一方、村山首相のとった政治手法については、例えば飯尾潤氏は、次のように述べている。「政治運営の基礎として、村山が使った手法は、まさに国対政治の延長であった。国対政治においては、土俵が決まっている上、与野党の政策のなかに妥協点を見いだすのが基本戦略となる。あるいは場合によっては、相手の主張を丸呑みにして対立自体を解消することによって、国対政治の枠組みを守ることが優先される。まさに村山首相は、野党の掲げる政治改革・行政改革・経済改革などのスローガンが、未だスローガンに止まっていることに目を付け、そのままスローガンにしてしまった」。しかし、「こうした政治手法は、既存の枠組みを維持するので、意外と安定感がある。特に自民党の老練な政治家たちが支えているのだから下手なことにはならない(29)」。

５．おわりに―「連立政権」とイデオロギーの座標

本格的な連立政権時代を迎えたわが国では、内政・外

交面で大きな変化が見られた。１９９３年８月に開始された細川、羽田および村山と続いた各連立政権の時代は政策面では、第１に、憲法問題に関わる「外交・安全保障政策」上の問題、そして第２に、経済政策を中心とした「国家運営」という二つの問題に直面することになった。最後に、連合政権時代の各内閣のイデオロギー上の位置をさぐることにする。草野厚氏によれば、第１の外交・安全保障政策の対立軸を構成する要素は、二つあり、一つは日米安保条約、他の一つは国連協力である。そして第２の対立軸は、国家の経済運営であり、これは「大きな政府」か「小さな政府」かの選択である。[30]

右で紹介した外交・安全保障を縦軸に、経済政策を横軸にとると、イデオロギー的配置は図１のような座標となる。その際、縦軸は国連協力へのあり方と日米安保である。そこでは、上に位置すればするほど、国連の平和と安全に関する活動に積極的に参加することを意味する。逆に縦軸の下方に行けばいくほど、国連活動には消極的な参加となる。一方、横軸の経済政策では、右に位置すればするほど大きな政府を志向し、市場の失敗を前提に、政府の介入を認める。また逆に左に行けばいくほど、市場の自由を尊重し、民間の活力こそ経済をささえるという小さな政府を志向する。以上の座標を要約すると、次のような四つの理念形が国家の姿となる。すなわち、①国連協力を積極的に行う大きな政府、②国連協力を積極的に行う小さな政府、③国連協力には消極的な小さな政府、④国連協力には積極的な大きな政府、である。

次に以上で述べた、座標軸を細川、羽田および村山各連立政権にあてはめて見よう。まず、細川内閣の場合には、１９９３年の、「連立政権樹立に関する合意事項」に従えば、②の「国連協力を積極的に行う小さな政府」

図１　政治理念の座標軸と各政党の位置

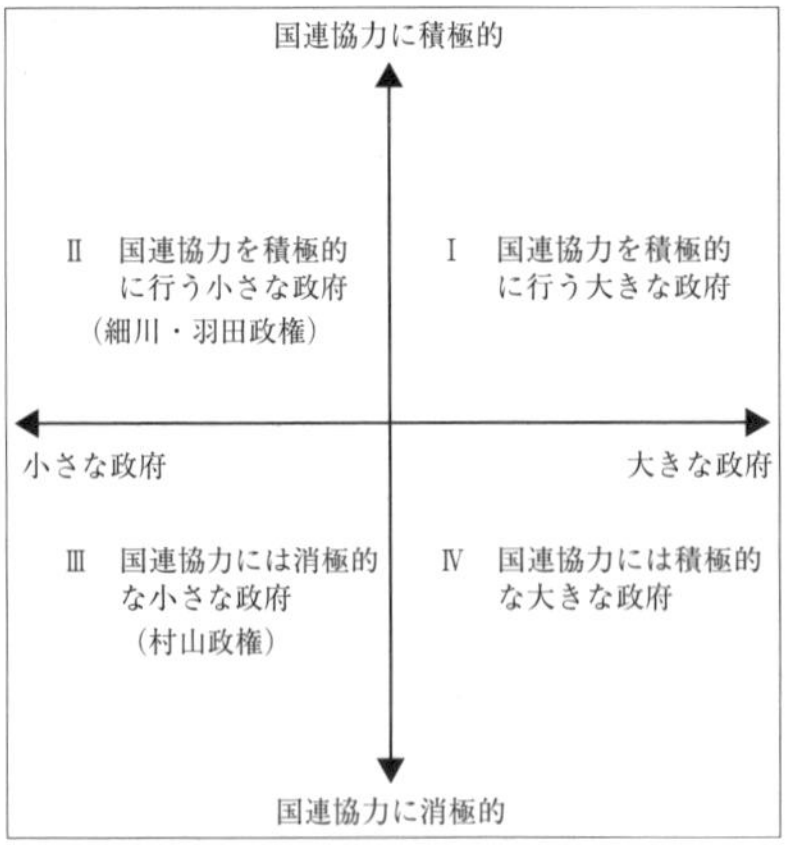

（出典）　草野厚『連立政権―日本の政治1993～』（文芸春秋，1999年），89頁。

に位置する。次に、羽田内閣の場合には、１９９４年の「新たな連立政権樹立のための確認事項」に従えば、同じく②の「国連協力を積極的に行う小さな政府」に位置することが分かる。そして、最後の村山内閣の場合には、二つの内閣とは大きく異なる。すなわち、１９９４年6月29日の「新しい連立政権に樹立に関する合意事項」によれば、③の「国連協力には消極的な小さな政府」に位置している、といえる。各連立政権はいずれも小さな政府を志向し、異なっているのは、国連協力に対する姿勢であることが理解できる(31)。

もっとも以上の要約はあくまでも合意文章で見た建前＝理念上の話であって、細川、羽田および村山内閣が実際にどのような政策を実行し展開していったのかについては、別個に検証しなくてはならない。しかしながら、本格的な連立政権時代に入った日本政治において、これまでの政治の分析枠みのみでは、理解できないことが多くなり、各政党や連立政権は政局運営をめぐって新たな政策協議事項を考えてこれを検討しなくてはならなくなったことを痛感させられる。

自民党の分裂を契機に誕生した非自民の細川政権の発足から、わずか一年以内に自民党はあっという間に社会党を抱えて政権に復帰し、その地位を維持している。その後、社会党は消滅し、自民党は連立の相手は変えてきたものの、一貫して与党の立場を堅持している。すなわち、自民党は、橋本政権、小渕政権、森政権、小泉政権、安倍政権および福田政権とつないで、権力の座を維持しているのが現状である。われわれは、細川政権の成立によって、いわゆる「55年体制」が崩壊し、日本の政局の新しい政治的枠組の形成を期待したのだが、自民党は思いのほか強靭な足腰でもって復活してきたといえる。

注

(1) 内田健三「細川連立政権の宿命」内田健三編『日本政治は甦るか』(日本放送協会、１９９７年)、8頁。

(2) 飯尾潤「細川護煕」渡邉昭夫『戦後日本の宰相たち』(中央公論社、１９９５年)、４５1頁。

(3) 白鳥令「村山首相の退陣と日本の針路」『北海道新聞』、１９９６年1月9日、飯尾潤「村山富市」、渡邉編、前掲書、『戦後日本の宰相たち』、４５7頁。

(4) 中井歩「〝外からきた〟改革派—日本新党と細川護熙」大嶽秀夫編『政界再編の研究』(有斐閣、１９９７年)、42頁。

(5)『朝日年鑑　1995年版』、236頁。
(6)「社説：政治改革が加速した乱気流」『朝日新聞』、1994年1月3日。
(7)『朝日年鑑　1995年版』、236頁。
(8)「社説：あきれた首相の決断」『朝日新聞』、1994年2月4日。
(9)『朝日年鑑　1995年版』、236頁。
(10)「社説：細川辞任で刷新をやり直せ」『朝日新聞』、1994年4月9日。
(11)『実録　首相列伝』（学習研究社、2006年）、346〜347頁。
(12)飯尾潤「細川護煕」渡邉編、前掲書、『戦後日本の宰相たち』、442〜443頁。
(13)「社説：小沢首相ではないですか」『朝日新聞』、1994年4月23日。
(14)『朝日年鑑　1995年版』、251頁。
(15)「社説：後継政権作りは公明正大に」『朝日新聞』、1994年4月26日。
(16)前掲書、『実録　首相列伝』、348〜350頁。
(17)飯尾潤「羽田孜」渡邉編、前掲書、『戦後日本の宰相たち』、451頁。
(18)金森和行『村山富市が語る天命の561日』（KKベストセラーズ、1996年）、31頁。
(19)藤本一美「村山内閣の歴史的位置」岡野加穂留・藤本一美編『村山内閣とデモクラシーの危機』（東信堂、2000年）、19〜20頁。
(20)『朝日新聞』、1994年7月1日。
(21)藤本一美『戦後政治の決算』（専修大学出版局、2003年）、359頁。
(22)『朝日新聞』、1994年7月21日。
(23)五十嵐仁「村山政権成立について当事者の証言」『大原社会問題研究所雑誌』No.460、1997年3月、62頁。
(24)曽根泰教「自社連立政権は長続きする」『諸君』、1994年9月号、71頁。
(25)金森、前掲書、『村山富市が語る天命の561日』、1頁、村山富市「私の履歴書」(27)『日本経済新聞』1996年6月27日。
(26)藤本、前掲論文、「村山内閣の歴史的位置」、46頁。
(27)金森、『村山富市が語る天命の561日』、34〜35頁。
(28)前掲書、『実録　首相列伝』、353〜354頁。
(29)飯尾潤「村山内閣」渡邉編、前掲書、前掲書、『戦後日本の宰相たち』、457〜458頁。
(30)草野厚『連立政権—日本の政治1993〜』（文藝春秋、1999年）、77、81頁。
(31)右同じ、87〜89頁。

第７章　阪神・淡路大震災・戦後50年国会決議・米兵少女暴行事件
──1995年の政治状況

1．はじめに──問題の所在と分析視角

　1995年の世界は、「米ソ冷戦」終結以後の世界政治を覆っていた不透明感がようやく晴れる兆しを示した。周知のように、1990年代前半の世界において、米ソ二極構造の秩序が崩壊し、その結果生じた力の空白をぐって民族紛争が多発した。また、ロシアや東欧では、社会主義から資本主義へと経済体制の大きな転換が図られるなど、これに伴い社会的混乱と緊張が高まり、それが国際関係の有り様にも大きな影響を及ぼした。

　いわゆる、〝冷戦以後〟の過渡期的な政治状況に区切りをつける兆しがあったとすれば、それは「ボスニア和平」によってもたらされたといえよう。すなわち、12月14日、パリでボスニア和平協定が調印され、米国のデイトンにおいて関係者がこの協定に同意した。同協定は、ボスニア・ヘルツェゴビナという国家を残して、セルビア人勢力に広範な自治権を与えることにより、実質的にはモスレム・クロアチア連邦とセルビアの二つに分割するという、現状追認の協定に他ならなかった。そして、6万人の北大西洋条約機構（NATO）軍を主力とする多国籍軍によって停戦違反を封じ、その間に各勢力の武装を削減してその均衡を図り、永続的平和を目指すものであった。

　それでは、振り返って日本の政治・社会状況はどうであったのか。わが国においては、1月17日に突然、直下型地震が阪神・淡路地域の大都市を襲い、死者が6430名、行方不明者が3名、そして負傷者が4万3782名という戦後最悪の大惨事となった。さらに、家屋被害は24万8千余棟、被災者は44万6千世帯という深刻な被害をもたらした。このため、村山内閣は、危機管理体制の再検討を迫られることになった。もちろん政府は即日、小沢潔国土庁長官を団長とする調査団を災害現地に派遣し、また村山富市首相自身も19日には災害現場を視察するなど、その後、緊急特別立法を策定する準備に入った。しかし、自衛隊の初期出動の遅れをはじめ

として、被災者の救済、物資の輸送および情報収集の遅れなど、多くの面で政府の対応のもたつきぶりを指摘する声が出て、村山内閣の危機管理体制に関する批判が相次いだのである。(1)

これまで歴代内閣が放置してきた戦後処理問題を解決するため村山首相は、戦後50年を記念して平和と不戦を誓う「国会決議」を採択することについて積極的な姿勢を示した。この国会決議は、村山内閣発足時の三党合意に基づくものであり、社会党は、この国会決議をめぐる与党三党の協議において、新党さきがけと協調して、決議案に「侵略行為」と「植民地支配」に対する〝反省〟を盛り込むことを要求した。(2)

しかしながら、国会決議の採択は、自民党および新進党両党内部の保守的な〝タカ派集団〟の反対に遭遇し、そのため、侵略行為と植民地支配などの表現をめぐって連立与党内の調整は難航した。そこで、村山首相は、6月9日、衆議院本会議において野党第一党である新進党が欠席する中で決議案の採択を強行せざるを得なかった。なお、その後村山首相は、8月15日の終戦記念日に至り「過去の国策の誤り」を認めた上で、アジア諸国への痛切な反省と心からのお詫びの気持ちを表明する〝戦後50年にあたっての首相談話〟を発表したのである。

9月4日、沖縄本島北部の住宅街において米兵三人が女子小学生を暴行するという事件が生じた。沖縄県警は、婦女暴行などの疑いで米兵三人の逮捕状を取り、米軍に彼らの身柄の引渡しを要求した。だが、それは起訴時までは米側の身柄拘束を認めた「日米地位協定」を理由に拒否されたのである。米兵三人の身柄は起訴後に引き渡されたものの、その後、この事件は県民ぐるみの基地撤廃・縮小運動となって展開された。

沖縄の大田昌秀県知事は9月28日、米軍用地の強制使用手続きで国から求められている土地調書などへの代理署名を「沖縄の米軍基地の強化、固定化が懸念される中では困難」だとして拒否する姿勢を県議会で表明した。そのため、村山首相が署名代行を決断するなど、この事件は沖縄県、日本政府、そして米国政府を巻き込み、〝日米安保体制〟を揺るがす大きな問題へと発展したのである。(3)

本章では、1995年の日本の政治・社会状況を検討の対象とする。論述は、最初に戦後最大の災害となった阪神・淡路大震災をめぐる政府の対応策を検討し、わが国における「危機管理体制」の実態を考えてみたい。次いで、戦後50年の国会決議採択に至る経緯を紹介し、村山内閣の戦後処理問題に対する姿勢を紹介する。そして最後に、日米安保体制を揺るがす事件となった、沖縄での米兵の少女暴行事件を取り上げて米軍基地の問題点を明らかにする。分析の枠組みとしては、縦軸に村山連立政権の内部および野党との対立軸を、そして横軸に沖縄県と日本政府および米国政府との対立軸を設定し、まず事実関係を明確にした上で、『朝日新聞』などの社説を参考にしながら、事件の背景となった争点を示していきたい。

2. 阪神・淡路大震災と危機管理

すでに述べたように、１９９５年1月17日に発生した阪神・淡路地域の地震は、一瞬のうちに関西各地の都市機能を麻痺させ、神戸市を中心に阪神間や淡路島の町々を打ち砕いた。死者・行方不明者の数は何と６４３０人を数え、戦後に発生した地震としては３７６９人の犠牲者を出した１９４８年6月の「福井地震」以上の規模となった。また、近代化した大都市を直撃した大地震としては、わが国ばかりか、世界でも最大規模の被害であった。今回の地震の最大の特徴は、震源の浅い直下型地震が、人口が密集し、しかも構造物が集中した大都市を襲ったことであり、交通網をはじめ生活基盤がズタズタになるなど、都市災害のすべてが出揃った感があった(4)。

今回、阪神・淡路地域で発生した大震災により、多くの犠牲者や物的損害が生じ、その理由として地震発生初動期の対応の遅れと制度上の不備が指摘された。ことに、地震発生後の初動期における迅速でかつ的確な救援活動がなされなかったことに対して、政府の危機管理上の基本原則から多くの批判が寄せられた。そのため、村山内閣は、危機管理ということが最も強く要求された内閣となり、地震による大規模災害をはじめとして、その直後の「地下鉄サリン事件」への対応を含めて、自衛隊、国および地方自治体との相互協力関係という点でも大きな課題を抱えることになった。

実際、村山首相は引退した後のインタビューの中で、今回の地震への対応のまずさについて、次のように語っている。「阪神・淡路大震災は、いまだに私の心のなかに重くのしかかっている。危機管理の体制に欠けていたといかように責任を追及されても弁明ができない(5)」。

村山首相は、19日に阪神・淡路地震の被災地を視察し、その後開いた緊急対策本部の会議では、状況を「戦争の爆撃で焼け野原になったようだ」と述べた上で、「各省庁ともやれるだけのことを、最大限やり尽くすことをお願いしたい」と指示した。また、記者団から自衛隊の初期出動が遅れたのではないかとの質問については、「初めてのことだから、そりゃあ、今考えればいろいろ反省点はあるが、その時点ではみんなが全力でやっているわけじゃから」と答えた(6)。

まず、今回の大震災で被害が大きくなった第一の要因として指摘すべきは、何よりも〝情報の過疎〟が挙げられる。地震発生は1月17日の午前5時46分であり、その一時間余りの後午前7時、兵庫県と神戸市はそれぞれ災害対策本部を設置した。だが、対策本部の責任者である貝原俊民兵庫県知事が県庁に到着したのは、地震発生から三時間後の午前8時半、さらに知事による自衛隊に対する災害派遣出動要請にいたっては、何と午前10時であった。このため、県側からの自衛隊出動要請の遅れが多数の死者の発生につながったのではないか、という批判を浴びたのである。今回の大震災に際して、知事と実務責任者の登庁の遅れもあって、その後の対応のまずさにつながった点は否定できない(7)。

一方、政府が国土庁で非常対策本部の初会合を開いたのは午前11時25分、また村山首相を本部長とする緊急対策本部を設置したのは、地震発生から2日後の19日、そして現地対策本部を政府が設置したのは、4日後の21日になってからであった。阪神・淡路大震災での政府の初動期の対応の遅れは明らかであり、その最大の原因は、事態を正確に掌握できるだけの情報が首相官邸に届いていなかったことにある。

今回の大震災で被害が極めて大きくなった第二の要因として、国の行政システムがうまく機能しなかった〝制度上の不備〟も挙げられる。そもそも、首相＝内閣総理大臣の権限は極めて制約的であって、緊急時において機動的に対応するには限界があった。そのため、大災害時には、統一的な指揮権を確立することができず、トップダウン式の内閣総理大臣の直接的な指揮権の確保が望まれることになった(8)。

いずれにせよ、地方自治体および政府の対応が遅れたことは否めず、政府の各行政機関において地震の被害情報が迅速でかつ的確に把握できなかったことが、今回の場合、大きな被害を招いたといえる。実際、地方自治体からの要請主義を原則とする現行の災害応急対策を実施するに当たり、神戸市、兵庫県の責任者が地震に巻き込まれたこともあるが、しかし、災害情報の収集、集約および連絡体制の不備が白日の下にさらされ、それが今回の大災害をもたらした最大の要因であったといっても過言ではない。

そこで政府は、今後のわが国の災害対策のあり方について、制度上の不備の見直しを含めて全般的な検討を進めることにし、さしあたり検討すべき課題として、①総理官邸などへの情報連絡体制の確立、②関係機関との協力のための事前の防災体制の確保、③非常災害時の政府の体制や応急措置について、制度面の充実などを指示した。

その後政府は、阪神・淡路大震災の教訓を踏まえて、災害即応体制検討プロジェクトチームを設置、その上で災害発生時の即応体制を検討し、2月21日には、大規模災害発生時の第一次情報収集体制の強化と内閣総理大臣への情報関連体制に関する当面の措置について、以下のような閣議決定を行った。

第一に、大地震発生時において被害規模の早期把握のため関係各省庁は、それぞれの立場において、早期に現地の関係者からの情報を収集するほか、航空機、船舶などを活用した活動を展開するなど、情報収集活動を効果的かつ迅速に推進する。

第二に、大地震発生時における内閣総理大臣官邸への迅速な報告連絡を行うため、当直体制を保持する内閣情報調査室を内閣官房長官および内閣副官房長官（以下、「内閣総理大臣など」という）への情報伝達の窓口とする。ただし、国土庁その他関係省庁による内閣総理大臣などへの報告がそれぞれのルートで行われることを妨げるものではない。

第三に、内閣情報調査室は、民間公共機関などの有する第一次情報の収集に努めこれを速やかに内閣総理大臣などに報告を行う。

第四に、関係省庁からの情報連絡手段を確保するため、関係省庁と官邸および内閣情報室との間に所要の機器の整備を行う。

第五に、大地震の発生に際し、別紙に掲げる関係省庁幹部は、緊急に官邸に参集して、内閣としての初動措置を始動するため、情報の集約を行う。(9)

以上で紹介したように、村山内閣は危機管理ということが最大にして緊急な争点となった内閣であった。その後、村山内閣の下では、大規模災害時における危機管理について、自衛隊をはじめとして、国および地方自治体との相互協力体制をとる改革などが実施された。だが、問題は科学がいかに発展し、準備が整ったとしても、危機管理の第一段階である天災の予防は極めて困難であることである。しかも、地震の予知にはあらゆる努力が必要であり、例えば、第二段階の被害の極小化への努力、さらには第三段階である回復への努力が必要不可欠となるといわねばならない。村山内閣は、今回の大地震の経験を踏まえて、必要な災害対策基本法の改正ならびに震災関係立法の整備に努め、その結果、被災者に対する所得税などの減免措置、復旧事業は国の補助率のかさ上げなどを実施したのである。

『朝日新聞』は「社説：〝防災〟の抜本的見直しを」の中で、阪神・淡路大震災について次のように問題点を指摘し、防災ネットワークの必要性を説いた。「今回のゆれは想定していた関東大地震級を越えていたとはいえまい。なのに、高速道路も通勤鉄道もビルも、安全が自慢の新幹線の軌道も崩れた。なぜなのか。この数十年、築き上げてきたと信じていた都市の構造物の耐震構造がもろいものだったことを率直に認める必要がある。技術への過信がなかったかどうか。単純な手抜き工事が原因ではなさそうなところに事態の深刻さがある。都市構造物の耐震基準そのものに疑問符が付いた以上、都市生活への新たな不安を早急に取り除くのは、政府・行政の大きな責任である」。その上で、「単なる構造物の強化だけですむ話ではない。今回の地震で痛感したのは、こうした広範囲にわたった激甚災害の場合、消防や警察、自治体の防災、救援活動には物理的な限界があることだ。地域のつながりや協力意識が薄れた都市部では、日常的な相互の助け合い組織といったものが欠けている現状も浮き彫りにされた。自衛隊などの早期出動体制の整備を検討するとともに、自主防災組織から防災ボランティアのネットワークづくりまで、いわばソフトの活性化も欠かせないのであるまいか[10]」。

3. 戦後50年国会決議の波紋

すでに本章の冒頭でも述べたように、第二次世界大戦が終結して50周年を迎えた村山内閣は、そのけじめをつける意味で国会決議の採択を計画していた。この国会決議は、村山連立内閣発足時の社会党、自民党および新党さきがけの三党合意に基づくものであった。ことに、政権獲得以来多くの妥協を余儀なくされてきた社会党にとって、それは、平和・護憲の政党としての「踏絵」ともいえるものであったといってよい。社会党はこの国会決議をめぐる与党三党との協議に際して、新党さきがけと協力して決議案の中に「侵略行為」と「植民地支配」に対する反省を盛り込むことを強く要求した。だが、このような表現を避けようとする自民党との間で対立がとけず、調整作業は難航した[11]。

村山連立政権が発足早々、村山首相は所信表明演説の中で述べた、「侵略行為や植民地支配への深い反省」を盛り込むかどうかをめぐって、与党プロジェクトチームの中で協議が続けられたものの、社会党と自民党との折り合いがつかず、最終的に幹事長・書記長レベルの折衝に持ち込まれて6月6日、ようやく合意に達した。最大の焦点であった侵略行為や植民地支配への言及については、「世界の近代史上における数々の植民地支配や侵略行為」を歴史的事実として一般化した上で、「わが国が、過去に行ったこうした行為や他国民とくにアジアの諸国民に与えた苦痛」に対して「深い反省の念を表明」すると言及した。すなわち、侵略行為などの主体を明確にするように求めていた社会党の主張に、自民党が歩みよった形となったのである。歩み寄りの背景には、もし協議が決裂すれば、連立政権の枠組みが崩れ、衆議院の解散─総選挙など政局の混乱に結びつきかねないことへの共通した懸念が存在したものと思われる[12]。

しかしながら、この決議案の内容に関して、自民党の慎重派＝保守派議員は不満を募らせた。ことに「戦後50周年国会議員連盟（奥野誠亮会長）」は、合意に先立つ緊急総会で「わが国の一方的断罪と反省につながる。絶対容認できない」と決議し、また、党の総務会においても「自民党が自民党らしさを失う崖っぷちに立っている」「自民党は魂を売ってまで決議をして、誰が得をするのか」などの発言が相次いだ[13]。

１９５５年の保守合同で結成された自民党は、本来様々な政治思想を内包しており、それを大別すれば、「保守派」と「リベラル派」の潮流である。実際、過去の戦争に対する認識についても大きな相違が見られた。例えば、一方では「あの戦争は自衛の戦争だった。白人植民地支配を解放するという面もあった」とする立場と、他方では「あの戦争は、アジアの国々にとってまさに侵略だった。アジアの独立のための解放の戦争だったというのは詭弁にすぎない」という具合に、第二次世界大戦の戦争認識ひとつをとっても党内で大きな隔たりが存在した。このように、自民党が抱える二つの潮流について、宮沢喜一元首相は、対立は占領後の日本が新しい日本になったと考えるのか、それとも早く過去の栄光を取り戻さなければならないと考えるのかの問題であって、この二つの潮流が残る自民党には「妥協の尾てい骨が残っている」とし、その対立が今回の決議案をめぐって表面化したのである、と述べた[14]。

こうした状況の中で、自民党の保守派は、日本遺族会などの働きかけを受けて侵略行為への反省などを明記することに強く反対した。しかし、河野洋平自民党総裁ら執行部は、政局の混乱を回避し、連立政権を維持するためには社会党の見解に沿った形での妥協が必要であると判断して、保守派への説得を進めた。その結果、社会党は「自衛隊合憲」などで自民党に譲ってきたので、今度は自民党が譲る番であると説得し、ようやく自民党内をまとめることができたのである。

『朝日新聞』は「社説：国会決議は出発点にすぎない」の中で、自民党の態度を次のように批判した。「戦後決議の問題が日本政治に問いかけたのは、朝鮮を植民地化し、中国に侵略し、その果実を守ろうと太平洋戦争へ突入した今世紀前半の、日本の〝負の歴史〟を誠実に総括できるかどうかだった」と指摘し、その上で「自民党執行部が文案で歩み寄った大きな理由も、過去をきちんとし、ここから〝未来志向〟の政治を展開する決意からというよりも、村山政権を維持し、政局が不安定化するのを避けようという政治的な打算にあったのではないか[15]」。

一方、野党第一党の新進党は、独自の修正案をまとめたものの、与党側がこれを受け入れないまま、本会議の開催に踏み切ったので、同党は本会議を欠席した。また、共産党は出席したものの反対にまわった。連立与党内でも決議案慎重派を中心に70名が本会議を欠席した。現憲法下で国会が過去の戦争への姿勢を明確にする決議を行ったのは、もちろん初めてのことであった。しかし、新進党が本会議への出席を取りやめたこともあって、国民の代表する国会のほぼ一致した決議とはならず、賛成者は衆議院議員の半分に満たない230名に留まったのである[16]。

6月9日の衆議院本会議で連立与党三党の賛成により採択された戦後50年の国会決議は、正式には「歴史を教訓に平和への決意を新たにする決議」であり、その全文は次の通りである。

「本院は、戦後50年にあたり、全世界の戦没者および戦争などによる犠牲者に対し、追悼の誠を捧げる。また、世界の近代史上における数々の植民地支配や侵略的行為に思いをいたし、わが国が過去に行ったこうした行為や他国民とくにアジアの諸国民に与えた苦痛を認識し、深い反省の念を表明する。我々は、過去の戦争についての歴史観の相違を超え、歴史の教訓を謙虚に学び、平和な国際社会を築いていかねばならない。本院は、日本国憲法の掲げる恒久平和の理念の下、世界の国々と手を携えて、人類共生の未来を切り開く決意をここに表明する。右決意する」。

今回の戦後50年の国会決議の経緯について、『朝日新聞』は「社説：泥を塗られた国会決議」の中で、次のように苦言を呈した。「戦後50年の国会決議は9日夜に衆院で採択されたが、与野党の話し合いがつかぬまま新進党が全員欠席したほか、与党からも大勢が欠席し、賛成が議席の過半数に満たない異常な形となってしまった。これが、戦後50年にあたって国民を代表し、過去を反省して未来の平和を誓い合う、という国会決議のあり方だろうか。せっかくの機会に、泥を塗られたような思いである[17]」。

なお、共産党は連立与党がまとめた戦後50年の国会決議案について、「〝植民地支配や侵略的行為〟はどの国も行った世界の一般的風潮であり、日本もそれに巻き込まれただけで特別な罪はないという侵略戦争合理化論となっている」と批判した。

50回目の敗戦記念日にあたる8月15日、政府は「戦後50年にあたっての首相談話」を閣議決定し、村山首相が発表した。それは、日本の「植民地支配と侵略」を「疑うべくもない歴史の事実」と認め、改めて反省と謝罪を表明する内容であったものの、だが、社会党が年来主張してきた諸外国の戦争被害者に対する国家補償への言及は見られなかった。ただ、村山首相としては、歴史認識をめぐる連立与党内での意見の対立や歴代政権の方針などの多くの制約の中で、「遠くない過去の一時期、国策を誤り」とか「わが国は、深い反省に立ち、独善的なナショナリズムを排し」といった表現に独自色をにじませたのである。

このように、村山首相が首相談話についてこだわりを示した背景としては、戦後50年の節目に内閣としての姿勢を明示することでアジア諸国の理解を得る一方で、6

月9日の「戦後50年の国会決議」が自民党内の保守派の勢力の反対であいまいな内容に終わったこと、また敗戦記念日に予定していた「戦後50年の集い」が延期に追い込まれたこと、さらに内閣改造後の就任会見での島村宜伸文相の「(先の戦争が)侵略戦争じゃないかというのは考え方の問題」と発言し、韓国の批判を浴びて発言を撤回したことなどに対する強い懸念があったといってよい[18]。

村山首相の談話について、『朝日新聞』は「社説:言葉で終わらせないために」の中で、次のように評価した。「談話は敗戦にいたるまでの日本の拡張政策を誤りだと認め、近年の歴代首相が公式見解で使ってきた〝侵略的行為〟という表現を、明確に〝侵略〟といい直した。何に対しての反省と謝罪なのかも、これまでよりはっきりと読み取ることができる。さらに、これからの日本にとって、近隣諸国との信頼関係がいかに大切であるかがうたわれ、責任ある国際社会の一員として平和の理念を広げることこそ、過去に対するつぐないになるとも強調された。歴史を直視しようとしない政治家との妥協や目先の政争によって、戦後50年の国会決議はもみくちゃにされた。そのみじめな内容を思えば、首相談話はせめてもの救いと受け止めた人も少なくあるまい[19]」。

4. 米兵少女暴行事件と日米安保体制

9月4日、沖縄本島の北部の町で米兵三人が小学生を暴行するという事件が起きた。沖縄県警は、直ちに米軍に三人の身柄引渡しを要請したものの、起訴までは身柄が米側にあるとする日米地位協定を盾に拒否された。このため県民の怒りは爆発した。米政府は、事件が日米安保不要論につながることを懸念して、9月21日、W・クリントン大統領自ら遺憾の意を表明した。しかし、この問題はその後、沖縄県の米軍基地返還要求にまで発展し、大田昌秀沖縄県知事は、28日、地主が米軍への提供を拒んでいる代理署名の手続きを拒否することを表明した。そして、10月21日に行われた抗議のための「県民総決起集会[20]」には、8万5千人に及ぶ沖縄県民が集まったのである。

改めていうまでもなく、日米安保体制は、国民の無関心の中で米軍基地を抱える一部の地域に負担を強いて成り立ってきた経緯があった。ことに沖縄県には、在日米軍施設の面積の約四分の三と米軍兵士の大部分が集中していた。今回の事件に対して、10月25日、日本政府は米側と協議し、起訴前でも日本側が米兵の身柄を拘束できるように日米地位協定の運用を改善することで合意した。また村山首相は、11月4日に行われた大田知事との会談で、基地問題に関して政府と沖縄県との協議機関の設置も決めた。さらに日米政府は、基地の整理を促進する「特別行動委員会」を設け、一年以内に具体案を求めることで合意を見たのである[21]。

しかしながら、暴行事件の余波は沖縄の米軍基地の存在そのものを問う事態にまで発展した。既述のように、9月28日に大田知事は県議会で、米軍用地の強制使用手続きの代理署名を拒否すると表明したのである。米軍用地のうち地主が使用を拒んでいる土地については市町村長が代理署名していたものの、その市町村長が代理署名を拒否した場合には、知事が署名を肩代わりしていた。それ故、大田知事の署名拒否によって、今度は村山首相が署名を代行しない限り、沖縄県内の一部の米軍用地の使用ができなくなる可能性が生じてきたのである。

こうした事態に対して、政府は沖縄の米軍基地の整理・縮小に向けた努力を進めることで県知事側の軟化を引きだそうとした。しかしながら、こうした動きにもかかわらず、大田知事側は署名拒否の方針を曲げなかった。このため、村山首相は11月22日、大田知事に対して、まず代理署名を求める勧告の命令を出し、それが拒否されるや職務執行命令訴訟を提訴し、国が知事を訴えるという前代未分の事態となったのである[22]。

すでに述べたように、10月21日、米兵の少女暴行事件などに抗議する「県民総決起集会」が沖縄県宜野湾市で開かれたが、主催者側の発表ではこれに8万5千人が参加し、沖縄県民の怒りの大きさを日米両国政府につきつけることになった。決起集会では、「日米地位協定を盾にとって、沖縄県警への被疑者の身柄引渡しさえ拒否した米国当局と、主権国家、独立国家として断固とした外交的措置がとれず、軟弱外交ぶりを露呈したわが国政府に対して、満腔の怒りを表明する」などとする大会決議を採択し、少女暴行事件に端を発した今回の問題は、米軍の基地を抱える沖縄県にとって、日米安保体制を揺るがす大きな政治事件へと展開していったのである。

村山首相は退陣後、われわれが主催した座談会に出席した際、沖縄の基地問題に関連して次のように問題点を指摘された。「それから今日は沖縄の方が見えてますけども、ちょうど少女暴行事件がありました。それで、

10万人集会とかいろいろ騒然たる動きがありました。私はそのとき、大田知事に〝沖縄問題というのは正直に申し上げて沖縄だけの問題としか思っていなかった。沖縄にはあれだけの基地があって大変だが、危機管理という問題もある。日米安全保障条約に基づいて、沖縄にこれだけの基地があって、戦後50年間平和を保障されたわけだ。もちろん、それは沖縄の犠牲の上に立っている。そのことを忘れるわけにはいかない。沖縄の問題についでは日本全体の問題として、政府も対策を考える〟とお約束して、政府と沖縄県とで話し合いをする機関をつくって、これまでやってきたわけです[23]」。

一方、沖縄問題は、日本の外務省当局が進めてきた〝日米安保再定義〟作業を直撃した。日米両国政府は、米ソ冷戦体制の崩壊とソ連の脅威に対応する形で組み立てられてきた安保体制の組み換えを検討していた。その第一段階として、米国務省は2月27日、「東アジア戦略報告（EASR）」を発表した。それは、ジョセフ・ナイ国防次官補が中心となって、冷戦後の東アジア・太平洋地域の安全保障について総合的な指針をまとめたものであり、朝鮮半島の緊張や軍事的増強の続く中国の脅威など、東アジアが依然として不安定な状況にあることを強調したものであった[24]。

その中で米国は、地球規模でもって軍事力を展開できる唯一の太平洋国家として引き続き軍事的プレゼンス（存在）を維持することを明確に示しており、また、日米安保体制についても、単に日本と米国の二国間にとどまらず、東アジア地域全体の死活的な重要性を有していると指摘したのである。その上で、年間40億ドル以上の駐留米軍の経費を負担している日本を「最も気前のよい同盟国」であると評価し、米国は今後ともアジア地域で約10万人の兵力を維持していくと述べた。こうして日米両国は、11月の「アジア太平洋協力会議（APEC）」大阪会議に出席するクリントン米大統領と村山首相との首脳会談で、日米安保再定義の共同文書を発表する段取りで作業を進めていたのである。

しかしながら、沖縄における米兵少女暴行事件をきっかけに、与野党から官僚主導で進められてきた安保再定義の作業に疑問が提起された。日本政府は、米軍基地の整理・縮小に取り組むことを表明することで、国内の反発を和らげようと努力したものの、問題なのは、それを国会の場を含めて政治の表舞台で十分な論議もないままに、その組み換えをしようとしていたことである。こうした状況の中で、クリントン大統領の訪日が突然延期された。クリントン大統領は、11月15日、暫定予算案をめぐって連邦議会との対立が深刻化していることを理由に訪日の延期を通告し、APEC大阪会議の首脳会談には、ゴア副大統領が代理で出席し、そして、日米安保再定義のための日米首脳会談と協同文書の発表も延期されたのである。[25]

こうした事態を踏まえて、村山内閣は日米安保の再定義を待たずに、11月28日、米ソ冷戦終結後の防衛力整備の指針となる新防衛計画大綱を決定し、その中で日米安保体制の維持・強化を明記した。そして自衛隊への期待が高まっている分野として大規模災害やテロリズムへの対応と並んで「国連平和維持活動（PKO）」への参加などを挙げたのである。新防衛計画大綱は、1976年に決定された旧大綱を19年ぶりに見直したものであり、それは、米ソ冷戦後の日本がソ連という仮想敵国を失い、わが国の防衛力のあり方を国民に説明するのが焦点であった。その特色は、日本が力の空白となって地域の不安定要因とならないように必要最小限の防衛力を保有するという基盤的防衛力構想にあった。[26]

『朝日新聞』は「社説：新大綱は時代に耐えられるか」の中で、新大綱について次のような批判的見解を述べた。「旧大綱と新大綱の決定的な違いは、日米安保体制の役割の重心が、旧大綱のわが国に対する侵略の未然の防止や侵略への日米共同対処からわが国周辺の平和と安全の維持とそのための米国の関与と米軍の展開を確保する基盤へと移ったことである。……地域的紛争に対処するため日米の軍事的協力が強まることは、集団的自衛権の行使を禁じた憲法との間に緊張を生む。ここにこそ新大綱がはらむ基本的問題がある」。したがって「だからこそ村山首相は、集団的自衛権について憲法解釈をあくまで貫くことを、官房長談話ではなく新大綱に明記すべきだった。日米の物品役務相互協定をはじめ、集団的自衛権にからむ課題が控えているとき、必要なのは政治の明確な意見の表明だったはずだ[27]」。

新大綱を含めて防衛問題について、村山首相は多くを語っていない。ただ、自衛隊合憲との兼ね合いで、防衛費の削減に努めており、軍縮は世界の潮流であるとの認識を示していた。この点に関して村山首相は退陣後、次のように語っている。「日本が率先して軍縮を行っていくという立場を明らかにするためにも、防衛費をどうしても削減したかった。正面装備をみても、これだけ化学兵器の技術が進むと、性能の高いいいものに代えていきたいという要求が強まってくる。平和憲法を持っている日本は軍縮の流れに逆行すべきでない、と頑張ったのだが、なかなか抵抗が強くて簡単にはいかなかった。それでも、１９９５年度予算で前年度並みの０・９％増か、それ以上の伸び率をという自民党と折衝を重ね、対前年度伸び率を０・８５５％に押さえた[28]」。

5．おわりに―村山内閣の歴史的意義

7月23日、第17回参議院通常選挙が行われた。選挙の結果は、自民党が49議席、社会党が過去最低の16議席、そして新党さきがけが3議席にとどまり、連立三党は合計すると65議席で辛うじて非改選を合わせて過半数を確保した。村山首相は、大勢が判明した同夜の与党三党首会談において、敗北の責任をとって河野洋平外相（自民党総裁）に政権を禅譲する意向を示したものの、新党さきがけの武村正義蔵相らが反対し、結局、村山首相の続投と連立政権の枠組の維持を再確認した。

『朝日新聞』は、村山首相の続投と連立政権の維持について、次のように苦言を述べた。「与党三党が、そろって成績不振で、まるで傷をなめあっているように見える。いまここで立ち止まれば、あちこちにほころびが出て、連立が崩れかねない危機感からともかく〝続投〟を決めた。論理や筋は後回しということなのだろう」。そして、「（村山首相が）いま責任を取って委員長の座をおりても、代わる人はいない。新党の方向も定まらず、分裂の可能性も高い。それなりに苦渋の選択だったのだろう。自民、さきがけも党内の責任論は先送りである。〝永田町の論理〟とはこういうことを指すのだろう。けじめがつけられない、責任をあいまいにしたままの政党の態度が政治不信を呼んでいるのだ。事態の深刻さに気が付いていないようだ[29]」。

以上で紹介してきたように、自民党、社会党および新党さきがけの三党連立による村山政権は、１９９５年前半には、阪神・淡路大震災への対応の遅れ、また既述のように、参院選での自社両党の不振など、幾度か政権が危機的な状況に直面した。しかし、そのつど、与党内に政権維持の急進力が働き、「村山内閣は首相の指導力に欠ける」とか「思い切った政策展開ができない」といった批判を浴びながらも、命脈を保持してきたのである。だが、１９９５年の後半に入るや、沖縄の米軍基地問

題、オウム真理教への破壊活動防止法の適用、新防衛計画大綱の決定、また、住宅金融専門会社（住専）への巨額の公的資金の導入など、村山首相にとって苦しい政策決断が続いたのは否めない[30]。

このような村山政権のあり方について、山口二郎氏は「村山政権は、戦後の繁栄の陰で置き去りにされてきた問題を、落ち葉拾いをするように、解決することが課題であった。その意味で誠実に取り組んできたと評価できる。しかし、この政権は未来に向けた政策の面では何ら展望を示せなかった」と述べている[31]。

越えて１９９６年1月5日、村山首相はついに退陣を表明した。『朝日新聞』は「社説：それでもやはり退陣だ―村山政権と次期政権」の中で、村山政権の足跡を批判した上で、次のように評価した。「戦後50年の首相談話に代表されるように謙虚な姿勢で敗戦50年を迎え、アジアの信頼関係に意を用いたり戦後処理を進めようとしたり、被爆者援護法の成立や、水俣病の和解など、歴代政権が手をつけなかった成果は特筆される。そして、スキャンダルと突出した権力行使とも無縁の、その意味で安心できる首相であった。村山首相の名が残るとすれば、何をおいても自民党と社会党の連立を可能にしたという事実だろう[32]」。

ともあれ、村山政権は、政策が大きく違う自民党と社会党とが連立を組んだ点といい、また第一党の自民党がその三分の一の勢力の社会党の首相を担いだ点といい、連立時代の過渡的色彩を色濃く持った政権であった。それだけに、村山首相は連立政権の政策決定および政権の運営に大変苦労したといえる。

実際、政権の座につくや、村山首相は、自衛隊の合憲、日米安保条約の堅持、非武装中立政策の破棄、日の丸・君が代などの国旗・国家化、などといった社会党の本来の基本的政策の転換を余儀なくされた。しかしながらその一方で、被爆者援護法の制定や、従軍慰安婦問題、水俣病の補償、戦後50年の決議などに見られるように、第二次世界大戦終了以降わが国において放置されてきた懸案事項に一応の決着をつけたといってよいだろう。その決着の是非はさて置くとしても、村山首相―内閣が長年にわたる、いわゆる「保守」対「革新」の対立点のいくつかを解消した意味で、戦後日本政治の中で一定の成果をあげたことは誰しも否定できない。

注

(1)『朝日年鑑　1996年版』、247頁。
(2)菅野淳「村山内閣と戦争責任問題」岡野・藤本編『村山内閣とデモクラシーの危機』(東信堂、2000年)、118頁。
(3)『朝日年鑑　1996年版』、247~248頁。
(4)藤本一美『戦後政治の決算』(専修大学出版局、2003年)、364頁。
(5)金森和行『村山富市が語る天命の561日』(KKベストセラーズ、1996年)、76頁。
(6)『朝日新聞』、1995年1月20日。
(7)宮脇峯生「村山内閣と危機管理」岡野・藤本編、前掲書、『村山内閣とデモクラシーの危機』、151頁。
(8)右同じ。
(9)右同じ、153~154頁。
(10)「社説：防災の抜本的見直しを」『朝日新聞』、1995年1月18日。
(11)菅野、前掲論文、「村山内閣と戦争責任」、118頁。
(12)『朝日新聞』、1995年6月7日。
(13)菅野、前掲論文、「村山内閣と戦争責任」、118頁。
(14)『朝日新聞』、1995年6月7日。
(15)「社説：国会決議は出発点にすぎない」『朝日新聞』1995年6月8日。
(16)『朝日新聞』、1995年6月10日。
(17)「社説：泥を塗られた国会決議」『朝日新聞』、1995年6月11日。
(18)『朝日年鑑　1996年版』、247頁。
(19)「社説：言葉で終わらせないために」『朝日新聞』1995年8月16日。
(20)藤本、前掲書、『戦後政治の決算』、371~372頁。
(21)『朝日年鑑、1996年版』、236頁。
(22)右同じ。
(23)「村山政権発足の意義—村山富市元総理をかこむ座談会」岡野・藤本編、前掲書、『村山政権とデモクラシーの危機』、321頁。
(24)『朝日年鑑　1996年版』、236~237頁。
(25)右同じ、237頁。
(26)藤本一美「村山内閣の歴史的位置」、岡野・藤本編、前掲書、『村山内閣とデモクラシーの危機』、37~38頁。
(27)「社説：新大綱は時代に耐えられるか」『朝日新聞』、1995年11月30日。
(28)金森、前掲書、『村山富市が語る天命の561日』、65頁。
(29)『朝日新聞』、1995年7月25日。

(30) 藤本、前掲論文、「村山内閣の歴史的位置」、３７４～３７５頁。
(31) 山口二郎「村山富市首相」『朝日新聞』、１９９５年１月６日。
(32)「それでもやはり退陣だ―村山政権と次期政権」『朝日新聞』、１９９６年１月６日。

第2部　戦後政治の転換と課題

第1章　日米同盟関係の危機と強化

1. はじめに

１９８９年12月、マルタ島での米ソ首脳会談において、東西冷戦体制の終結が宣言された。その後、ソ連の崩壊を経て、米国は世界でも最大規模の軍事力と経済力を背景として、国際政治の面において強力なリーダーシップを展開しており、再び「パックス・アメリカーナ」を構築しているかのようである。

こうした状況の中で、１９９６年11月に行われた米国の大統領選挙では、「中道保守」寄りの政策をとり、米国経済の好調と外交成果を追い風として、民主党で現職のビル・クリントン大統領が共和党で上院院内総務のロバート・ドールを破った。しかし、連邦議会選挙では、保守革命を推進する共和党が引き続いて上下両院を制覇した。

一方、日本では、１９９６年9月に行われた衆議院総選挙で、橋本龍太郎首相が率いる自民党は大きく躍進したものの、その後経済不況が深刻化し、金融不安が生じた。そのため、１９９８年7月に行われた参議院通常選挙では、自民党は大敗し、橋本首相は辞任し、これに代わって小渕恵三内閣が発足した。

ところで、米国と日本の関係も近年に至り、大きく揺らいでいる。たとえば、１９９５年9月の沖縄における米兵による少女暴行事件は、その契機となり、日米安保の再定義や日米防衛協力指針（ガイドライン）の見直しが急速に試みられるようになった。またここにきて、再び日米両国間の貿易上の不均衡が拡大している。たとえば、米国の対日貿易赤字額は、１９９６年度の４７６億ドルから１９９７年度には５５７億ドルへと再び拡大し、日米両国の間で経済的摩擦の高まりが懸念されている(1)。

日本と米国は、長い間世界政治の危機と安定の狭間で、民主主義と共通の利益に基づいて、強力でかつ多面的な政治・軍事・経済「同盟」関係を維持してきた。さらにこの数年、とりわけ日米の政治・軍事同盟関係は一段と強化されてきた。すなわち、米ソ冷戦終結後の安全保障体制の再構築を目的として、日米両国政府による「安保再定義」が動きだし、その作業は、1996年に入って、日米安保共同宣言の発表、日米防衛協力のための指針（ガイドライン）の見直し、日米物品役務相互提供協定の締結などに結実した。そして、日米安保体制の再定義を踏まえて、1997年に至り、日米両国は新しい日米防衛協力指針（新ガイドライン）を策定し、日本周辺での有事に備えた即応態勢の構築に向けて一歩踏み出したのである。(2)

ここでいう、日米安保体制の再定義とは、冷戦下における米国の対ソ封じ込め戦略の一環であった日米安保体制を、ソ連崩壊後のポスト冷戦の時代を睨んで新しい意味を持たせることにより、その維持を図ろうとする試みに他ならない。

改めていうまでもなく、日米安保体制を基軸とする政治・軍事環境は、もはや冷戦時代のそれのように固定化されたものではない。中国の大国化とアジア太平洋域内の経済的相互依存の深まりと相まって、東アジアの変化は、一層早まっている。それ故、日米安保体制それ自体の意義も当然変化せざるを得ない。我々は、日米安保体制の有効性と限界性を見据えて、東アジアと日本の安定的な発展を助けるためにあるべき安全保障システムとは何か。そのために、日本は一体何をなすべきか、を考えねばならない。

2. 日米安保共同宣言の意味

1996年4月、橋本首相とクリントン大統領は日米首脳会談に臨み、「日米安保共同宣言」に署名した。周知のように、日米首脳会談の歴史は、安保体制の重要性と強化を確認してきた歴史でもあった。

日米安保条約は、1951年9月、米国のサンフランシスコで行われた「対日平和条約」の締結と同時に調印された。そして、米国の日本の防衛義務と日本の基地施設の提供を明記した1960年1月の安保条約の改定を経て、韓国・台湾の平和は日本の安全に緊要とうたった1969年11月の佐藤・ニクソン首脳会談の共同声明、そして日米の同盟関係と対ソ防衛分担を掲げた1981年5月の鈴木・レーガン首脳会談の共同声明など、大きな節目を経てきた。(3)

今回、橋本・クリントン首脳会談で署名された安保共同宣言は、過去の首脳会談とはまったく質を異にする大きな歴史的な転換の意味が込められていたといってよい。それは、日米両国が東西冷戦を戦うための「手段」であった安保体制を、冷戦後の東アジア情勢に対処するための「機構」へと組み替えたものであったからである。

冷戦の終結により、世界戦争の勃発の可能性はひとまず去ったものの、アジア太平洋地域では経済危機が続き、核大国である中国の行動への警戒心、また朝鮮半島では緊張が解けず、潜在的な地域紛争や領土確定問題が依然として残存している。したがって、米国が引き続き軍事的なプレゼンスを維持することは、アジア太平洋地域の平和と安定の維持のためにも不可欠であり、そのために米国は現在の水準を在日米軍を含めて地域全体で10万人態勢を維持する。そして、米軍のこの前方展開を可能にする政治的および経済的な土台こそ、日米安保体制に基づく日本の協力体制なのである(4)。

そして今一つの柱は、日本周辺地域で発生し得る事態で、日本の平和と安全に重要な影響を与える場合における日米間の協力に関する研究の促進であった。そのために、１９７７年に決定された「日米防衛協力のための指針（ガイドライン）」の見直しが行われたことである。

そして、日本の安保協力が日米関係の基軸であることと並んで、日本の防衛に米国が責任を果たすこともうたわれた。これは、核のカサの提供も含めて冷戦時代とかわらぬ安保体制の位置づけであるといわねばならない。

要するに、安保共同宣言の中核は、橋本首相とクリントン大統領が「日米安保条約を基盤とする両国の関係が、アジア太平洋地域において安定的で繁栄した情勢を維持するための基礎であり続けることを確認した」という点にあった。

いずれにせよ、東アジア地域での対ソ封じこめから地域紛争の抑止へと主要目的を転換したのが、今回の日米安保共同宣言に他ならない。

3．日本の安全保障と日米軍事協力体制

日本と米国との防衛協力の枠組みは、大別して、①日米安保条約、②防衛計画の大綱、③日米防衛協力のための指針（ガイドライン）、④日米共同作戦計画、といった四層の構造から成り立っている。

その意味で、先に述べた日米安保再定義は、日本の防

衛からアジア太平洋地域の平和と安定の維持へという安保体制の歴史的な役割の転換を、その法的な基礎にある安保条約には手をつけないままに、防衛計画の大綱以下の三層をつくり直すことで乗り切ろうとするものである。

周知のように、1960年1月に調印された現在の日米安保条約は、米国の対ソ封じ込めという世界戦略に、日本が協力するという見返りとして、米国の協力で日本の防衛を安上がりに達成しようというものであった。つまり、米国とソ連という二つの核保有国は対立しているという冷戦構造の存在がその前提となっていた。しかし、その前提が崩れたにもかかわらず、日米安保体制をほぼ冷戦時代そのままの形で維持するために、日米両国政府は安保の再定義を行い、その新たな機能と役割を模索しているのである。[5]

ところで、その作業は、三段階で進められた。すなわち、①米国政府は、1995年2月に「東アジア戦略報告（EASR）」を提出し、アジア太平洋地域に展開した10万人の米軍を今後とも維持すると発表した。次いで、②これを受けて、日本側が同年11月、新しい「防衛計画の大綱」を作成し、日本防衛からアジア太平洋の平和と安全の維持という再定義の方向を明示した。③そして、1996年4月、クリントン大統領が来日し、橋本首相との首脳会談において、「日米安保共同宣言」をまとめ、両国が再定義を進める決意を内外に表明した。以上の三文書によって、再定義への骨格は完成し、その具体的成果としてでてきたのが、1997年の「日米防衛協力のための新しい指針（新ガイドライン）」に他ならない。

新指針は、平素からの協力、日本に対する武力攻撃に対する共同対処行動と並んで、日本周辺における事態で日本の平和と安全に重要な影響を与える場合（周辺事態）の協力などを盛り込んだのが特徴であった。なお、周辺事態の協力には、捜索・救難、非戦闘員退避活動、米軍活動に対する後方地域支援、警戒監視、機雷除去など、15分野40項目の具体的協力が明記された。[6]

しかしながら、日米安保条約には、こうした防衛協力に関する明文規定がないため、国会の審議では、法的根拠や周辺の地理的範囲、違憲とされる集団的自衛権の行使との関連に議論が集中した。これに対して、日本政府は安保条約の目的達成のための活動であって実施可能であると主張し、周辺の範囲についても、地理的範囲は一概にはいえないとし、集団的自衛権行使との関連については、武力行使を伴う活動ではなく、米軍の武力行使と一体化の恐れはない、と否定した。越えて、１９９８年1月、米国のコーエン国防長官と久間防衛庁長官との会談を契機に、新指針をより具体的にする日本有事の「共同作戦計画」と周辺事態の「相互協力計画」の検討が始まったのである。

4．おわりに

米国政府の東アジア外交は、現在のところ巨大市場を有する中国との関係改善および朝鮮半島情勢の行方の二つを基軸に進められているといってよい。そして、米国の対日関心はあげて、日本経済の行方に向けられている。こうした政治的経済的環境の中で、日本が現実の紛争を予防しながら、アジア太平洋地域全体で機能する安全保障体制を作り上げていくのは、決して容易なことではない。その場合必要なことは、まず国際社会で日本に対する政治・軍事・経済面での信頼醸成を拡大していく作業が不可欠となろう。事実、先に発表された『１９９８年版防衛白書』は、冷戦終結に伴って生じた日米安保の再定義路線と防衛交流・安保対話による信頼醸成を両立させながら推進する「両輪説」を明瞭に打ち出している。ともあれ、日米両国の政治・軍事・経済「同盟」関係は、幾多の危機を乗り越えて一層強化されてきているように思われる。

注

（1）『朝日年鑑　１９９７年版』、１４２頁。
（2）右同じ。
（3）藤本一美『戦後政治の決算』（専修大学出版局、２００３年）、１５９～１６０頁。
（4）右同じ、３８４頁。
（5）『朝日年鑑　１９９７年版』、１４２頁。
（6）藤本、前掲書、『戦後政治の決算』、３８４頁。

第2章　日米安保体制の再検討

1．はじめに

日米安保体制とは、室山義正氏によれば、「対ソ封じ込め・日本防衛・極東における米国の権益の確保・日本の軍事大国化阻止という四重の目的を同時に満足させるシステムとして創設された。それは、第二次世界大戦における敗戦、冷戦の脅威、日本の防衛力喪失という条件下で、実質的に日本を保護国の立場に置くシステムであった」。しかしながら、1989年に米ソ冷戦体制が終結した以後、ソ連が崩壊し、日本に対する直接的な脅威が存在しなくなった現在、日米安保体制に残された役割は、「極東における米国の権益確保」と「日本の軍事化阻止」の二つになったという(1)。

ところで、第二次世界大戦を経て、独立後の日本と米国との基軸となった日米安保体制は、1995年に至り二つの出来事を契機に、大きな歴史的転換を迎えたといえる。まず第一に、この年の2月に、米国ではジョセフ・ナイ国防次官補の主導で「東アジア戦略報告」が発表されたことである。この報告は、冷戦後も日米安保体制が意義を持つことを強調し、その理由として、日米安保条約が二国間条約の枠を超え、アジア・太平洋地域の安定を図る地域安保へと役割を拡大し、さらにはグローバルな性格を帯びて世界安保に寄与することを打ち出した(2)。日米安保体制は、基本的には旧ソ連の脅威に対抗する米国の世界戦略の一環として形成されたものであって、その意味で冷戦が終わりソ連が崩壊した以上、戦後50年を契機に日米安保条約の見直し論が台頭したのは、当然のことであった。

次いで第二に、この年の9月、沖縄県において、米兵3人による女子小学生暴行事件が発生したことである。沖縄県警は米軍に対して3人の身柄引き渡しを要求したものの、それは起訴までは身柄が米国側にあるとする「日米地位協定」を盾に拒否され、沖縄県民の怒りが爆発した(3)。

米国政府は、この事件が日米安保条約の不要論につながることを懸念して、クリントン大統領自ら遺憾の意を表したものの、この事件はその後沖縄県に数多く存在する米軍基地の返還要求運動に発展し、大きな政治争点となり、日本の本土国民の無関心の中で、日米安保体制が米軍基地の大半を抱える沖縄県に大きな負担を強いてきた実態が改めてクローズ・アップされた。そして、沖縄県の米軍用地強制使用問題では、太田知事と日本政府との対立という形で、日米安保体制の矛盾が一気に露呈したのである。

こうした中で、１９９６年４月、〝21世紀に向けての同盟〟と題された「日米安保共同宣言」に橋本首相とクリントン大統領が署名した。それは、米政府によるアジア戦略の見直しと並行して、１９９４年から続けられていた「日米安保体制の再定義」が、この宣言でもって日米間でより公式に確認されたことを意味した。

こうして、日米安保体制は、「アジア・太平洋」という広大でかつ範囲の曖昧な地域に在日米軍を展開させ、それを日本が支援するという仕組みに変質してしまったのである。そして、象徴的なことはその後、「日米防衛協力のための指針（新ガイドライン）」の見直しに関連して、「日本周辺地域において発生しうる事態」に備えた協力の研究についても合意されたことであった。つまり、日米安保体制の広域化と極東有事の協力体勢を二本柱とする、日米安保共同宣言は、安保条約の実質的な改定にほかならなかったということである(4)。

その場合、留意すべきは、日米安保体制を今後永久的に維持させるための正当化の根拠として、一体共通の脅威や利益はあるのか、また日米同盟に代わる集団安全保障体制や協力的安保関係が可能なのか、ということである。すなわち、一言でいえば、それは冷戦後の世界において、激変した戦略環境に日本は具体的にどのように対応していくべきなのか、ということである。それ故、我々は沖縄県の最近の出来事を通じて明らかにされた「影の部分」を含めて、日米安保体制の再検討に着手すべきと考える。

さて本章では、以上の認識を踏まえて、まず最初に、日米安保体制の歴史的変遷を検討する。次いで、日米安保体制の効用を日米両国について紹介する。そして、最後に今後の日本の安全保障体制の問題点を考えてみたい。

2. 日米安保体制の変遷

①1951年の日米安保条約

1945年8月、敗戦を迎えた日本は、連合国の支配下に置かれることになった。連合国軍の主力は米国であり、当時、連合国最高司令官であったダグラス・マッカーサー元帥は、1946年10月、戦争放棄条項などを定めた新憲法を日本に制定させた。しかし、1950年5月に勃発した朝鮮動乱は、アジアにおける米ソ冷戦を激化させ、日本占領の主力であった米国をして、日本に再軍備を迫らせることになった。この当時の日本の政治指導者にとって、最大の政治的課題はなによりも早期に平和条約を結んで独立を達成し、いかにして我が国の安全を確保するかにあった。

こうした状況の中で、1950年4月に吉田茂首相は、池田勇人大蔵大臣を米国に派遣した。この戦後初の閣僚の訪米は、通称「吉田密使」と呼ばれるように、表向きはドッジ・ラインの実情報告と財政問題の協議ということであった。しかし、実際には日本の講和問題の直訴が真の目的であった、といわれる。池田は吉田の極秘メッセージを米国政府に伝えたが、その内容は次の通りであった。①日本政府はできるだけ早い機会に、多数講和の方式で講和条約を締結したいと考えていること、②講和条約成立後における米軍の駐留を認めること、③必要であれば日本政府からそれを提案し、何らかのかたちで駐留依頼を申し出る、この点は日本憲法には違反しないこと(5)。

同じく、1950年4月、ハリー・トルーマン大統領は、極東問題担当国務省顧問にジョン・フォスター・ダレスを任命した。ダレスは就任当初から日本の安全保障政策として、占領軍の段階的撤退と日本の再軍備の意図を持ち、そして1951年1月、初来日の時に、吉田首相に対して日本の再軍備を求めた。しかし、吉田首相は現在の日本では、大規模な再軍備は無理であると主張し、米国軍の駐留を求めたのである。

これに対して、ダレスは日本側の要望を入れ、平和条約に日本が個別的・集団的自衛権を持ち、集団的安全保障取り決めを締結できることを規定し、これを基に、日米間に米軍の駐留によって日本の安全保障に協力する主旨の簡潔な取り決め(協定・条約など)を結び、在日米軍の地位・特権などは行政協定に譲るという方式を提示した。

越えて１９５１年９月、米国のサンフランシスコ市において「対日平和条約」が調印された当日の午後、「日本国とアメリカ合衆国との安全保障条約」の方も調印されたのである。

日米安保条約は、署名前にディーン・アチソン国務長官が「太平洋地域の平和と安全の防衛体制の一部を成す」と述べた点からも明らかなように、米・比、米・台、米・韓の相互防衛条約・協力関係や、米国とオーストラリアおよびニュージーランドとの間の太平洋安全保障条約と密接に結びついた「太平洋戦略」の一環に位置づけられるものであった。

調印された日米安保条約は、前文と５ヶ条からなり、前文ではこの条約が対日平和条約の認める集団安全保障取り決めを締結する権利に基礎を置いたものであることを記し、日本側が、武装を解除された状態での暫定措置として、日本国に対する武力攻撃を防止するため日本国内およびその付近に米国が軍隊を維持することを希望し、米国側は自国軍を維持する意思があることを示し、かつ日本が「自国の防衛のため漸増的に自らの責任を負うことを期待する」と規定されていた。次いで、第1条では、日本が日本国内とその付近に米軍を配備する権利を米国に与えること、その軍隊を「極東における国際の平和と安全に寄与」し、外国の「教唆又は干渉によって引き起こされた大規模の内乱及び騒擾を鎮圧するため日本政府の明示の要請に応じて与えられる援助を含めて、外部からの武力攻撃に対する日本国の安全に寄与するために使用することができる」としている。このことは、日本が米軍に基地貸与を認めたこと、そしてその軍隊が日本以外の極東地域における戦争・武力紛争に出動し得ること、また日本国内の内乱や騒擾に介入し得ることを認めたことを意味した。(6)

そして第2条では、米軍の事前の同意なしに、第三国に基地、駐兵、演習、軍隊の通貨の権利を許可しないことを規定し、米軍配置の具体的条件はすべて行政協定に委ねることにした（第３条）。しかし、この条約では米国は日本の防衛義務を明記せず、また、日本も条約上は軍備増強などの義務は負わなかった。(7)

安保条約の締結に対して、当然多くの反対が現れた。社会党、共産党、総評、進歩的知識人などは、憲法擁護、全面講和、非武装中立の運動を進め、安保条約が「米占領軍を平和条約発効後も引き続き駐留させる役割を果たし、その米軍に基地を提供してアジアでの戦争を助け、日本が米国に従属して冷戦に荷担する」ものであるとして強く反対した。また、安保条約が占領の継続という印象を与えたことから、保守勢力の間にも反対論が生じ、日本の政治的自主性が回復されないことへの不満と相まって、日本が本格的に再軍備すべきであるという主張も見られた。

ところで、ダレスによる日本再軍備論の要請に対して、吉田首相は一貫してそれを拒み続けたのは有名な話である。そうした拒否の態度を通す代わりに吉田首相が考えたのは、１９５０年に設立された警察予備隊の増強であった。１９５２年8月、保安庁が発足し警察予備隊は保安隊へと衣替えした。そして、この年5月、米国による相互安全保障法（ＭＳＡ）に基づく援助提案が、日本の防衛体制の強化につながった。何故なら、この相互安全保障法は、朝鮮動乱による冷戦の激化を背景として、軍事的安全保障に重点を置き、対外援助を統合再編するためのものであったからである。しかし、その援助を受けるためには、「合衆国が一方の当事国である他国または二国間の協定ないし条約に基づいて、自国が受諾した軍事的義務を履行すること」が必要とされていた。つまり、兵器を受け入れる国がある程度の軍事的義務を負うことが定められていたのである。(8)

なお、この援助は、継続的に行われることが予想され、そのため長期の防衛計画の必要性があった。そこで、吉田首相は、相互安全保障法による受け入れの国内情勢の警備に努めた。その結果、保安隊を自衛隊に改め、その役割の中に直接侵略に対する対外的な防衛も含まれることとなり、１９５４年3月、日米相互援助協定など、相互安全保障法援助受け入れに伴う四協定が日米両国間で調印され、7月1日、ここに自衛隊が誕生したのである。そして、自衛隊の戦う手段は専守防衛に限定され、その武力も自衛のための戦力に限られているとはいえ、その後、陸上自衛隊は18万人、海上自衛隊は75隻２２０機、航空自衛隊は４３０機がその主力であり、アジアの自由陣営諸国の中では、最強の軍事力を誇っている。

②１９６０年の日米安保条約

１９５１年に締結された日米安保条約（以下、旧条約と略す）は、既述のようにその内容が片務的であって、次のような大きな欠陥を持っていた。①戦後国際関係の基礎である国連憲章との関係が不明確である、②米国が日本を守るといっても条約上は義務となっておらず、日本側の範囲もはっきりしない、③在日米軍は、日本以外にも日本に無断で自由に出動できる、④在日米軍の核兵器などの装置について何ら拘束もない、⑤在日米軍は日本国内の内乱にも出動できる、⑥条約が無期限に続く形となっている、⑦付属の行政協定が不備で、トラブルのさい日本側が一方的に不利になる[9]。

我が国はその後、１９５６年10月にソ連と国交を回復し、続いて12月には国連にも加盟し、安保非常任理事国にも選ばれた。そして、自衛隊を整備し、国力も戦前の水準に復興した。そこで、１９５７年６月、岸首相はアイゼンハワー大統領との日米首脳会談において、日米安保条約検討のための委員会設置について合意し、次いで、１９５８年から事務的折衝に入り、１９６０年１月、ワシントンＤＣで新たに日米安保保障条約（以下、新安保条約と略す）の調印にこぎつけたのである。

この新安保条約の調印は、一方で１９５０年代における日本の軍事増強と経済発展、また政府による憲法第９条解釈の転換によって、日本が「自助と相互援助」の条件を基本的に満たすようになったと判断されたこと、そして他方で、米国の世界戦略が同盟国の軍事力をより重視する方向で再編されたことなどによって、実現したものと考えられる。

こうして、新安保条約は、自助と相互援助に基づく相互防衛条約＝軍事同盟条約に変容したのである。松井芳郎氏によれば、同条約の特色は以下の通りである。

第一に、この条約は、「憲法上の規定に従うことを条件として」ではあるが、自助と相互援助によって軍事力を増強することを、日米両国の条約上の義務とする（第３条）とともに、この義務の履行を随時協議の対象とした（第４条）。

第二に、最も重要な点として、日米両国は第５条により「日本国の施設の下にある領域における、いずれかの一方に対する武力攻撃」への共同防衛を約束した。これは、個別的自衛権および集団的自衛権について定めた、国連憲章第51条に基づくものであり、共同防衛の対象たる武力攻撃が領域的限定を受けたのは、憲法第９条を考慮したものだと説明された。すなわち、政府の説明によれば、日本は憲法上集団的自衛権を持たないが、しかし、在日米軍への攻撃は同時に、領域への攻撃であるから、共同防衛は日本にとっては個別的自衛権の発動として合憲であるとされたのである。

そして、第三に、この条約は、米国が極東の平和と安全の維持のために在日基地を使用できるとする「極東条項」を旧条約から引き継いだ（第6条）。この極東条項とは、米国がその防衛のために在日基地を使用し得る区域であって、「大体においてフィリピン以北および日本とその周辺」のことであるが、米軍の出動範囲はこれに限定されない、と説明された。

なお、この極東条項が日本を無関係な戦争へと巻き込みかねないという、国民の危惧を鎮めるために置かれたのが、第6条の実施に関する交換公文の「事前協議」である。そして、①米軍の日本への配備の重要な変更、②その装備の重要な変更（たとえば、核の持ち込み）、③戦闘作戦行動（第5条の場合を除く）のための在日基地の使用は、日米間の事前協議の対象となった。

そして、この新安保条約は、10年間効力を存続したのちに、一方の締結国による終了通告があれば、その後1年で終了する（第10条）とされたのである。[10]

ところで、このような岸首相の安保改定の動きに対して、1959年3月、反安保勢力は「安保改定阻止国民会議」を発足させ、社会党、共産党、労働組合、全学連および各種の市民団体がこの組織に加わった。既述のように、安保条約は片務的な内容から双務的な内容へと改善されたにもかかわらず、新安保条約の締結は、多くの国民の反発を招く結果となった。ことに、1960年5月の衆議院での新条約の批准が自民党の単独採決により強行されるに及んで、安保反対闘争は空前の大衆運動として展開された。そして、巨大化された安保反対運動はいつしかその焦点が岸内閣打倒への政治運動へと変容し、ついにはアイゼンハワー大統領の訪日を中止させ、岸内閣を辞職へと追い込んだのである。

③1996年の日米安保共同宣言

1996年4月、橋本首相とクリントン大統領は日米首脳会談を行い、冷戦後における安全保障面を軸とした同盟関係の強化を確認し、会談の終了後に極東有事をにらんだ防衛協力の推進を盛り込んだ「日米安保共同宣言」に署名した。

安保共同宣言は、米国の前方展開兵力として、ほぼ現在の在日米軍を含め、アジア・太平洋地域に10万人を維持することを明記し、地域の「不安定性と不確実性」に触れ、「朝鮮半島の安定は両国にとって極めて重要」と指摘する一方で、他方で「極東有事」を想定した「日米防衛」のための指針（ガイドライン）の見直しなど防衛協力の必要性を強調した[11]。

すでに述べたように、日米の間で安全保障条約が締結されたのは、１９５１年９月のことである。いわゆる米ソ対決の冷戦構造が鮮明になる中で始まった安保体制も、その後の冷戦激化など国際情勢の変化に伴い、次第に変遷をとげてきたのはいうまでもない。まず、１９５１年の旧安保条約は、日本の安全確保が、基本的には米軍の軍事力に依存し、米軍に日本国内の基地使用と駐留を認めたことが大きな柱であった。そして、新安保条約では、不平等な片務性を解消し、双務的なものに改定した上で、日米両国は軍事的脅威に共同であたることを確認したのである。

改定された安保条約は、深刻化する米ソ冷戦に直撃された。まず、１９６2年11月には、「キューバ危機」で米ソ激突の緊張が高まった。また、１９６５年７月には、沖縄のＢ52爆撃機がベトナム攻撃に出撃し、「極東」の範囲をめぐる論争が繰り広げられた。これに対して、当時の佐藤首相は、「武器輸出の三原則」や「非核三原則」を打ち出した。しかし他方で、１９７４年９月には、ラロック元海軍少将による米軍艦の「核持ち込み」証言で裏打ちされたかたちで、日米安保体制への不信感は強まっていった。

１９７０年６月、新安保条約は自動延長されたものの、国際情勢の方は「デタント（緊張緩和）」に向かって動き始めた。そこで、当時の三木首相は、１９７６年10月、小規模侵略に独力で対処する基盤的防衛力構想を柱とする「防衛計画の大綱」を決定し、また防衛費を国民総生産（ＧＮＰ）の１％以内に抑える歯止め策も決定した。

他方、この間に日本の経済発展に伴い、我が国に対する米国の軍事協力の圧力も一段と強まった。１９７８年11月には、「日米防衛協力のための指針（ガイドライン）」がつくられ、有事の際に攻撃は米国、そして防御は日本という役割分担が規定された[12]。また日本側は、１９７９年からは「思いやり予算」と称して米軍駐留経費の一部を負担し始めたのである。

１９７９年12月、ソ連がアフガニスタンに侵攻し、これまでのデタントが崩れると、対ソ脅威を前提とした日米安保体制の性格がより鮮明となった。すなわち、１９８１年５月、鈴木首相とレーガン大統領との日米首脳会談で発表された共同声明の文言に「同盟関係」が明記され、1983年1月の中曽根首相とレーガン大統領との首脳会談では、中曽根首相が「日米運命共同体」「日本列島浮沈空母」と発言し、1986年12月には、中曽根内閣の予算編成で、防衛費のGNPの1%枠も撤廃されたのである。

そして、1989年12月、米ソ首脳会談がマルタ島で開かれ、米ソ冷戦の終結が確認され、その結果、対ソ封じ込めという意味での日米安保体制は、その役割を終わったはずであった。それと同時に、次期支援戦闘機（FSX）の開発をめぐって日米両国が対立するなど、安全保障の分野にも経済・通商分野の摩擦が波及する動きが強まってきた。そして、いわゆる「安保不要論」が米国内でも台頭したこともあって、日米両国政府は、安保体制の新たな意義付けを迫られた。

ところで、日米安保体制は、これまで旧安保条約、新安保条約などの作成過程や条文そのものによって、そして何よりも条文の解釈・運用によって日米の実体的関係をそのつど確認・調整し、この確認・調整された日米関係を折からの米ソ冷戦状況に適合させてきた。1994年11月から本格化した、いわゆる「安保再定義」もまた、1990年代以降の「冷戦なき世界」に日米安保体制を適応させていく過程であったことはいうまでもない。

その意味で安保再定義は、原彬久氏によれば、米国の安全と日米安保体制をつなぎ止める媒介項、つまり米ソ冷戦に代わる新しい説明根拠を作り上げる過程でもあった。そして、冷戦喪失による日米安保体制の揺らぎに危機感を抱いた米国国防次官補ジョセフ・ナイ（Josef. S. Nye）は、いわゆるナイ・イニシアティブによって日米安保体制の立て直しにかかったのである。(13)

ナイ・イニシアティブの最も重要な成果である、1995年2月の「東アジア戦略報告」は、米国にとってアジアの位置付けとアジア戦略が終始論じられている。そして、最も重要な論点の一つが、アジアにおける米国の利益は、過去2世紀を通じて極めて一貫していること、すなわち、その利益とは、同地域に平和と安定を根づかせ、いかなる覇権国の出現をも許さないこと、そして同地域への商業的アクセスと航海の自由を確保することによって、米国の経済的利益を確たるものにすることであった。

第二に、このような米国のアジアに対する伝統的な利益観は、アジアの経済発展が近年加速するにつれて、ますます強化されていること、つまり21世紀初頭には、米国を除くアジア・太平洋地域の経済的活動が世界経済の3分の1を占めると予想される時、アジアの安定にとって、死活的意味を持つ。

第三に、したがってアジア・太平洋地域における米国の軍事プレゼンスは、米国の経済的利益の前提となる安全保障と地域平和の重要な要素となるのである。

そして、第四に、現実の問題として、アジア・太平洋における米国の安全保障政策は、米国の戦略と在日基地使用に対する日本の支援にあり、東アジアで約10万人の兵力を維持するという米国の決意は、韓国とともに日本の理解と協力を不可欠とする。以上が東アジア戦略報告の核心部分であって、そこに一貫する論理は、アジアにおける米軍のプレゼンスをいかに正当化するかという点であった(14)。

なお、東アジア戦略報告に対して、日本が呼応して作成したのが、1995年11月に決定された「新防衛計画の大綱」に他ならず、旧防衛計画の大綱と別表は19年ぶりに見直されたのである。同大綱の特色は、日米安保体制の強化・拡充をはかったこと、つまり日米安保体制が日本の安全に不可欠であること、しかも日本が周辺地域の安全保障についても日米安保体制の適用によって対応すべきことをうたった点である。

こうして、ナイ・イニシアティブないし東アジア戦略報告とそれに対応して作られた新防衛計画の大綱を、日米対等の了解事項として公式の文書にしたのが、先に述べた「日米安保共同宣言」であったといえる(15)。

3．日米安保体制の効用

1952年4月、旧安保条約が発効して以来、日本は安保体制の運用の主導権を米国に委ね、その代わりに、我が国は、米国市場への参入権を手にした。いわば米国の庇護のもとで、我が国の経済発展が可能となったわけで、それが「平和国家日本」のコインの裏側の現実であった。しかし、はたして今後とも安保体制を続けていくのがよいのであろうか。最近の米国内における「孤立主義的」な傾向をみるにつけ、東アジア・太平洋地域への米軍の10万人配備体制がいつまで続くのか、いずれ戦力の展開が縮小されるときが来るかもしれない。その時、日本周辺の安全保障は、どのような形で担保されるべきなのか。
そこで本節では、以上の認識を前提に、日米安保体制に対する日米両国の基本的見解を、主として日米安保条約への賛否の角度から紹介したい。

①米国側における賛否

〈米国の賛成論〉─日米安保体制について米国側の賛成論は、一般的に連邦政府およびその関係研究機関に多く見られる。米国の政府関係者の間には、アジアにおいてフィリピンにあった海軍基地と空軍基地が閉鎖を余儀なくされたこともあって、在日米軍基地の重要性は一段と強まっている。

そして、より具体的なかたちで日米安保体制への擁護を積極的に展開したのが、前節で述べた1995年2月に米国防省が発表した「東アジア戦略報告」であったといってよい。同報告によれば、「今日の東アジアの安全保障と繁栄を向こう20年間保つために、米国はアジアに関与し、同盟と友情の強化に献身し続けなくてはならない」と前置きし、その上で「この広範な戦略的分脈の中で、米国が追及する安全保障の目標には以下の項目が含まれる」としている。

すなわち、最初に「日米安保体制を強化し、これを契機に両国は共同して東アジアおよび全地球的安全保障の促進に取り組む」ことを挙げている。次いで、「各国の情勢と展望」の項目では、「日米関係ほど重要な二国関係はない。日米関係は米国のアジアの安全保障の要である。日本だけでなくアジア全体が日米安保を同地域全体の安定確保のための重要な要素とみなしている」と、述べている。

また、「大量破壊兵器対策」の項目では、この地域の戦略ミサイル防衛（ＴＭＤ）の重要性を指摘した後に「米国はこの地域の同盟国に提供している核の傘を再確認している」としている。そして最後に、「今世紀中の米軍戦力」の項目の日本に関する部分では、米国の日本基地の重要性を次のように指摘している。

①日本では、沖縄に海兵隊機動部隊が引き続き駐留し、空母戦闘部隊、上陸作戦部隊の前方展開を継続する。また、空軍は一個航空団以上の戦闘機を日本に保持し、第7艦隊は引き続き西太平洋の警戒を行う、②日本は同盟各国中でも最も寛大な支援を駐留米軍に提供している、③日本が憲法上の制約のため、国土と１０００カイリでのシーレーン防衛に専念する一方で、米国は兵力

分析と核による抑止力に責任を持ってきた。しかし、最も重要なことは、この役割分担が地域全体の安保に貢献していることである、④米国は、日本との防衛技術共有にさらに重点を置く。これは、日米の調達関係協力の本来の姿として期待される[16]。

一方、米国の国防大学も日米安保条約の強化の必要性を力説し、米国として新たな指針づくりを勧告した。同勧告によれば、日本がソ連からの脅威が消滅したことを理由に、このままでは日米同盟は漂流する危険があるので、これを防ぐために日米同盟の堅持こそ米国の安全保障の国益に合致する、と述べている。そのために米国政府は、①アジアでの軍事上の前方展開と力の均衡のために、対日同盟は絶対に必要である、②日本に対し、海上輸送路、戦略ミサイル防衛（ＴＭＤ）、核拡散防止など日米共通の安保問題でより積極的なパートナーシップを求める、③日本に対し偵察衛星開発や遠距離輸送力開発など、一方的な防衛関連措置の抑制を求める、ことなどを勧告していた[17]。

他方、軍事的見地からのものでは、パウエル統合参謀本部議長が、１９９４年10月、次のような報告書を提出して注目された。

①日本は、太平洋地域で最重要な米国の同盟国であって、アジア・太平洋地域の米軍の前方配備防衛戦略の要石である、②米国と日本との防衛協力関係は、米軍にとって、アジア大陸に対して最も重要な海軍、空軍、陸軍の基地を提供している、③ソ連の軍事的脅威が消えても在日米軍はアジア全域での米軍の前方配置にとって、根本的な要因であり、地域的な緊急事態への対処も可能にしている、④米軍の日本駐留は、日本側がその経費の75％までを負担する状況では、米国本土に配置する場合よりも支出が少なくてすむ[18]。

〈米国の反対論〉―そもそも、米国では日米安保条約に疑問を感じたり、反対する人々は相対的に少なかったといえる。反対論者の多くは、その主たる理由として日本側の「安保ただ乗り」、米ソ冷戦の終結、日米貿易の不均衡などを挙げている。

その背景にあるのは、果たして日米両国が、互いに認め合うことのできる共通の利益は存在するのかということである。すなわち、米国にはまず第二次世界大戦後の冷戦時代に世界の超大国の一方の旗頭として、第三次世界大戦を防止してきたという自負心があり、その意識は冷戦終結後も変わっていない。例えば、クリントン政権にしても、一方で内政重視といいつつ、他方で世界の二つの地域で同時に大規模な武力行使・紛争が生じても、それに直ちに対処できる戦略を持続することが使命となっている。しかしながら、1991年1月の湾岸戦争のときのような軍事紛争が発生しても、日本は憲法第9条を盾にして、自国の防衛以外には努力することがない。その場合、米国は国際政治の立場からして武力を行使せざるを得ない。そこで、日本に対しても、これまでの立場を改めて、日本国周辺以外の地域で米国と軍事的に協力すべきである、と主張したのである。

反対論者たちは、要するに日米安保体制は米ソ両大国が世界の覇権を争っていた時の「冷戦」を前提にしたものであるので、それが消滅した後には、日米安保条約の存在理由もなく、したがってそれは解消されるべきであると、考えているのである。他方、日米の経済的不均衡の立場からの反対論もある。それは米国が、日本との通商・貿易上の収支において、長年にわたって巨額の赤字を出しているのに、何故その相手である日本を防衛しなくてはいけないのかという疑問から生じている。

以上で指摘した点を、共和党系のシンクタンクである「ケイトー研究所」は、次のように簡潔に述べている。

①ソ連の脅威がなくなった以上、これまでのように、米国が日本を防衛するために努力する必要はない、②「日本の軍事的増強を防ぐために在日米軍は駐留を継続すべきだ」という、米国の一部にみられる意見は、日本への不信感―軽視に基づいており、極めて危険である、③米軍は日本に駐留を続けて、その費用の日本の負担だけを増やすという現政権の政策も、日本を軍事的にいつまでも米国に従属させることになり、長期的にみて不健全である、④日本を超大国として認知し、防衛面でも日本に軍事的増強を求めて、米軍に代わる安定勢力にすることを期待すべきである。[19]

②日本側における賛否

〈日本の賛成論〉―第二次世界大戦で敗れた占領下の日本では、当時の国力からして、軍隊を持つことは当分不可能であると考えられ、日本の安全を図るには、独立回復後も連合国軍の主力である米軍に依存せざるを得なかった。そのため、吉田首相がサンフランシスコ市で「対日平和条約」を締結する際に、日米安保条約を結び、日本の安全保障を基本的には、米軍の軍事力に委ねたことは既に述べた通りである。

そして、吉田政権に続く歴代の政権にしても、日米安保条約の必要性を認めてきたし、また、最近では社会党の村山政権の下でもそれは変わらず、1994年7月には村山首相はこれまでの社会党の公約を捨てて、安保条約を認めると言及したのである。日本における日米安保体制への賛成論は、一般に、①平和、②繁栄、③交通路の安全、④低い防衛費、⑤核のカサ、の五つの要因でもって説明される。以下、これらの点について分説する。

①平和―まず第一に、日米安保条約の存在によって、日本はこの50年間あまり、一度も戦争に巻き込まれることもなく平和を維持してきた。それは、日本に対する武力攻撃が同時に米国に対する攻撃を意味し、攻撃した国は対米戦争を覚悟しなければならなかったからである。それ故、逆説ながら、安保条約の存在自体が日本を戦争に巻き込まれるのを未然に抑制してきたのである。

また、地理的にみても、日本は米国本土とハワイから遠く離れており、緊急時に米国が日本を援助する場合、大量の軍隊を輸送するのは困難であるし、軍隊を受け入れる施設にしても、日常的に準備しておく必要がある。米海兵隊が極東全体に目を配り、常にこの海域に駐留することが、他国の侵入阻止に役立っている。米軍の飛行機と軍艦の修理および補給、さらに乗務員の休息も必要であり、そのためにも米軍基地の存在は、侵略に対する一種の抑止力になっていた。

②繁栄―日本が第二次世界大戦で敗れた後、いわば「ドン底」の経済的状態から奇跡の復興をとげ、今日のように世界で米国に次いで第二位の国民生産高を有する経済的地位を確保したのも、その支柱となった日米安保条約のおかげであって、日本は軍事力に大きな金をかけることなく、経済発展に全力を尽くすことができたのである。

事実、1960年の新安保条約は、単に日米間の軍事同盟関係だけでなく、「経済的提携関係」(前文、第2条)もうたっていた。それ故、日本経済が今日のように大きく発展を遂げたのも、また、米国市場への参入を可能にしたのも、すべて安保条約のおかげであるし、現に対米貿易額は日本の貿易額の大きな比重を占めている。

③交通路の安全―改めていうまでもなく、日本は食糧やエネルギーをはじめとして、多くの資源を外国からの輸入に頼っており、いわば「資源小国」「貿易立国」である。四方を海に囲まれた我が国は、海洋国家であり、

その意味で海は物流の大動脈である。確かに、近年、国際物流の分野は、海、陸、空にまたがる高度にシステム化された総合物流時代へと急速に変化しつつあるとはいえ、その中心はやはり長距離大量輸送という点で最も優れているのが海運である。

この海運において、日本領域以外の安全を守っているのが、日米安保条約の下での米海軍第7艦隊に他ならない。もし、安保条約を破棄し、米国が「敵性国家」になった場合、日本の海上輸送の安全は、誰が保障するのか、仮にそのような事態になれば、我が国の物流は重大な脅威を受け、数ヶ月以内に日本経済は破滅してしまう。

④低い防衛費―我が国における防衛費のGNPに対する割合は、1％弱であり、主要国の中では最も少ない。また国民一人当たりの防衛費も2万5000円と主要国に比べて、かなり割安である。

このように、低い防衛費で浮いた分を生活、産業、福祉の向上・発展に投資することができたので、日本は今日のような「経済大国」になることができたのである。もし、安保条約を破棄して、たとえば非武装中立の道を選んだとしても、そのような一種の観念論では現実の世界政治で通用しないし、また武装中立の道を選んだとしても、スイスやスウェーデンのように、防衛費の激増は避けられない。

⑤核のカサ―我が国は、地球上で唯一核兵器の被爆国であって、基本的には、核兵器を造らず、持たず、通過させずという「非核三原則」を国是としてやってきた。もちろん、日本は核兵器を製造する潜在的技術力とそれを支える財政力を保持しているものの、核兵器を戦力として所有する政策をとることは、国民の間に存在する「核アレルギー」の強さからして考えられない。

日本は、ロシア、中国、北朝鮮などの核兵器の脅威に対して、日米安保条約により、米国の核兵器の抑止力に依存することで、国家の安全保障を維持している面が少なくない。[20]

〈日本の反対論〉―周知のように、国民大衆を巻き込んだかたちで日米安保条約に対する大きな反対運動としては、1960年の安保闘争があまりに有名である。当時、社会党や共産党を中心とする「革新勢力」は、新安保条約を中ソを敵視する全土基地化の日米軍事同盟であって、冷戦緩和に逆行するとして全面的な阻止運動に立ち上がった。そして、日米安保体制は日本を戦争に巻き込む可能性が強く、自衛隊の海外派兵や内乱鎮圧の可能性を増すなどの議論が、国民の戦争体験と結びつけられ、それは有力な「世論」となった。

神谷不二氏が指摘するように、１９６０年の安保闘争は、戦後15年を経て次第に回復してきた、ナショナリズムとの衝突から生まれたものであるとの説は核心をついている。そして、条約の改善にもかかわらず、敗戦の象徴であった安保条約を再度受け入れることに、国民のかなり多くの者が強い抵抗を感じたのである。占領時代から蓄積されていた「反米感情」がこの出来事をきっかけに一気に噴出したといってよい[21]。

ところで、日米安保体制の確立以来、我が国では、安保条約に反対する運動は、反基地闘争、原子力艦船寄港阻止闘争などと結びつき、長い歴史をもっている。それには、大きくいって、二つの理由があった。

一つは、国際連合への過信である。占領時代はもとより、１９５６年12月に我が国が国連への加盟を認められるまで、これをあたかも「万能の機構」であるかのように主張する人々が少なからず存在したし、そして現在も存在する。これらの人々の主張によれば、国家の安全保障に関することは、最終的には国連に委ねればよいのであって、そのため日米安保条約は必要ないということになる。

他の一つは、非核武装中立論者の反対論である。理論的には、非武装も中立もそれぞれ存在理由があって、単純化すれば、前者は国家を防衛する武力を一切持たないことであり、後者はいかなる国との戦争にも中立を守るということである。

そして、非武装中立論者たちは、国家を防衛する武力を持たず、いかなる国の戦争にも中立を守るという、日本国憲法第９条の「戦争放棄」条項を盾にして、日米安保条約のような軍事同盟が必要でないことを、強く訴えているのである[22]。

4．おわりに—日本の安全保障体制の今後

第二次世界大戦後の国際政治の枠組みの中において、最大の懸案事項であった米ソ冷戦状態が終結し、日米安保体制も「ポスト冷戦」時代に相応しいものに定義し直す必要が生じてきた。そうした流れを受けて、１９９６年４月、橋本首相とクリントン大統領との間で「日米安保共同宣言」が発表されたのであり、続いて１９９７年

9月、「日米防衛協力のための指針（新ガイドライン）」が日米両国政府の間で取り交わされたのである。

米ソ冷戦が終結した今、在日米軍を必要とする不安定要因は現実に存在するのか。そこで、日本政府はこの点について的確な情報を国民に与えて、世論を正面から受け止め秘密主義に陥ることなく、日米安保体制の存在意義と日本の安全保障体制を真剣に問うべき時期にきていると思われる。

ところで、1995年11月に実施された『朝日新聞』の日米安保条約に関する世論調査の結果をみると、安保条約に賛成する人は3分の2に近い。しかし同時に、それが日本の役に立っているという人は冷戦時代を含めてこの10年間で最低であった。地域の安定のための米軍の影響力を維持する必要を認めた人は、半数にすぎず、また、在日米軍基地縮小論と駐留支援が過大だという主張も共に7割を超えていた。さらに、4分の3に近い人が米国の核抑止力への依存を不要であるとしていた[23]。

近年、国際情勢は、冷戦後からボーダーレス化が加速され、軍事的脅威のみならず、環境破壊、食糧、エネルギー問題など「危機」の内容と種類も多様化している。それではこのような危機を予防し、かつこれらの問題に対処しつつ、我が国の安全保障体制の今後の姿をどう描くべきなのであろうか。

たとえば、本章の冒頭で紹介した室山義正氏は、アジア地域の経済的政治的比重の飛躍的拡大によって、もはや米国一辺倒の対外政策は不可能になっているとし、アジアの先進国として日本は、確固たる原則の下で安全保障の全体ビジョンを示し、自らの意思と責任で担うべき役割を定義し、自国領域のみならずアジア地域およびグローバルな安全保障に積極的に役割を果たしていかなければならず、その場合、意思決定能力の放棄を前提とする現行日米安保システムでは適応出来ないと述べ、次のことを主張している。

すなわち、日本の安全保障政策は、専守防衛に徹する一方、国連安保システムを具体化し、日米安保の機能を代替していくという基本的方向を持つと考えられる。そして、日本の国際的信認が高まれば、日米安保体制の軍事的意義は順次低下して政治的色彩の濃いものへと変質し、やがて新たな現実を背景とする日米対等な協調関係を保障する新条約に道を譲ることになろう、と述べている[24]。

一方、都留重人氏は、『日米安保解消への道』（岩波新書、1997年）の中でより具体的シナリオを示して日米安保条約の解消を提起されているが、日本の安全保障体制については、必ずしも明確に言及されておらず、「世界に誇るべき平和憲法を切り札として、軍縮の先頭に立つこと、わけても核兵器廃絶へのイニシアティブをとること」を提唱し、「非軍事」国家の積極的な活動を述べておられる[25]。

しかしながら、留意すべきはもし日米安保条約が必要でないとするなら、それでは今後、日本の安全保障をどのように維持していくのかということである。たとえば、冷戦後は、大きな侵略はないと割り切っていくのか、それとも国連に全面的に頼るのか、あるいはアジアに地域安保機構をつくるのか、さもなければ、我が国のみで侵略に対処できるように大規模に防衛力を増強すべきなのか。いずれにせよ、西暦2000年を迎えるにあたって、我々は日米安保条約の解消も含めて、日本の今後の安全保障体制について、より真剣に考慮すべきであると考える。

注

（1）室山義正「冷戦後の日米安保を考える③、国連・アジア・専守の三層で」『朝日新聞』、1995年11月8日（夕）。

（2）Josef. S. Nye, 'The Case For Deep Engagement', *Foreign Affairs*, 74-1, July-August, 1995：邦訳「米国の撤退など論外だ」『中央公論』（1995年12月号）参照。

（3）東海大学平和戦略国際研究所編『日米安保と沖縄問題』（社会評論社、1997年）、129頁。なお、日米地位協定については、本間浩『在日米軍地位協定』（日本評論社、1996年）を参照されたい。

（4）『朝日新聞』、1996年4月18日。なお、日米安保再定義の背景については、船橋洋一「日米安保再定義の全解剖」『世界』1996年5月号、22～53頁に詳しい。

（5）神谷不二『戦後史の中の日米関係』（新潮社、1989年）、64頁。

（6）佐々木隆「日米安全保障条約」『平凡社百科事典⑪』（平凡社、1991年）、332頁。

（7）在日米軍による日本の防衛義務については、1948年6月、米国で採択された「ヴァンデンバーグ決議」によっており、米国は他国との相互安全保障の取り決めに基づき援助協力する場合に、「その国は継続的かつ効果的な自助および相互援助」を行わねばならぬとされ、条約締結の時点では、日本は再軍備の保証を与えていなかった。そのため、日本は基地の貸与義務を負ったものの、米国防衛義務は明記されなかったのである。

(8) 室山義正『日米安保体制（上）』（有斐閣、1992年）、135頁。

(9) 多田実『安保条約を読む』（三笠書房、1984年）、60頁。

(10) 松井芳郎「新安保条約の特徴と問題点」『平凡社百科事典 ⑪』（平凡社、1991年）、332～333頁。

(11) 参議院議員で当時の社会党の矢田部理氏は、安保共同宣言について、次のように批判している。「再定義の内容は、安保条約が日本の安全と極東の平和と安全だけでなく、アジア太平洋地域および世界の安全保障の基礎をなすことを確認することだという。これは現行の安保条約の範囲を大きくはみだす」（「論壇：日米安保再定義に異議あり」『朝日新聞』、1996年4月16日）。

(12) 都留重人氏はこの点について、「改定された安保条約も、当初基本的には基地の貸与協定にすぎなかったのだが、1978年には日米防衛協力のための指針がつくられ、日本が有事のさいは、攻撃は米国、防御は日本という役割分担が規定されて以後、ソ連を仮想敵国とした軍事同盟の性格が一段と鮮明になった」と述べ、自衛隊の装備と行動に大きな変化がみられるようになったとしている（都留重人『日米安保解消への道』（岩波新書、1997年）、30～31頁。

(13) 原彬久「序説、日米安保体制―持続と変容」日本国際政治学会編『日米安保体制』（Vol. 1、115号、1997年5月）、3頁。なお、原氏は「日米安保体制はそれが安保条約のその核心部分に据えていることは当然としても、実は法的契機としての同条約をはるかに上回る政治的結合体である」（1頁）と指摘されている。

(14) 右同じ、3～4頁。

(15) 右同じ、5頁。

(16) Office of International Security Affairs, Department of Defense, United States Security Strategy For The East Asia-pacific Region, Feb. 27, 1995, pp.5-15.

(17) 『産経新聞』、1995年2月21日。

(18) 奥宮正武『アメリカを頼りに出来るか』（PHP出版、1995年）、45頁。

(19) 「米国の東アジア安全保障政策に関するケイトー研究所の提言」『世界週報』（1995年3月28日号）、70

～73頁。

(20) 都留重人『なぜ今、日米安保か』(岩波ブックレット No.３９４)、18～19頁。

(21) 神谷、前掲書、『戦後史の中の日米関係』、１０６頁。

(22) 例えば、この点については、澤野義一『非武装中立と平和保障』(青木書店、１９９７年)を参照。

(23) 『朝日新聞』、１９９５年11月11日。

(24) 室山、前掲書、「冷戦後の日米関係を考える」『朝日新聞』、１９９５年11月８日(夕)。

(25) 都留、前掲書、『日米安保解消への道』、１３０～１３１頁。

第3章　日米首脳会談と政治過程
―1981年5月の鈴木・レーガン会談をめぐって

1．はじめに―問題の所在

日本の外務省が毎年発行している『わが外交の近況―1982年版（第26号）』は日本と米国との関係及び1981年5月に行われた鈴木善幸首相とロナルド・レーガン大統領との日米首脳会談について、次の様に概説していた。

「我が国は、日米両国を含む西側先進民主主義諸国が、国際問題について緊急に連絡をとりつつ、それぞれの国力、国情に応じて協力しながら、西側全体の総合的利益に寄与し、もって世界の平和と繁栄を確保することが肝要であると考え、日米両国がこの西側の協力の柱とならねばならないと考えている。国際社会における日米両国の大きな地位と深刻な国際情勢にかんがみ、我が国外交の機軸である日米友好協力関係を強化・発展させる必要性は、ますます高まっていると言える。

一方、米国は、従前の国力と国際的地位の相対的低下に加え、経済・財政を中心にきわめて困難な国内問題に当面しているが、それにもかかわらず、厳しい国際情勢を背景に、自由世界の指導的地位にある国としての責任と役割を果たすべく、自らの国力の維持・強化に努めている。同時に米国は、自由世界の利益の擁護・増進のため、その同盟・有好諸国が一層の貢献を行うことを期待し、わけても、そのような貢献を行いうる国として、我が国に対しますます大きな期待を寄せている。日米関係の重要性に対する双方の考え方は一致していると言える。

5月の鈴木総理大臣の訪米は、レーガン大統領との間で、以上のような日米関係の重要性を確認し、両国間の協力強化について協議するためであった。

鈴木総理大臣とレーガン大統領は、東西関係、アジア情勢を中心とした国際情勢、防衛問題をはじめとする日米二国間関係等、両国が共通に関心を有する諸問題について幅広く意見交換を行った。とりわけ、防衛問題については、日米安保条約の果たしている重要な役割が再確認された。すなわち、我が国の防衛努力については、鈴木総理大臣は、我が国の世論の動向、財政状況、他の諸政策との整合性、更に近隣諸国への影響等の要素に十分配慮しつつ、自主的に、かつ、憲法及び基本的防衛政策に従って、着実に防衛力の整備を続けると述べ、これに対して大統領から、日本が憲法等の制約の範囲内で防衛力の整備に努力してきたことに対する評価とそのような努力を続けることへの期待が表明された。なお、防衛問題に関連し、総理大臣は、極東の平和と安定のための日本の役割は、政治、経済、社会、文化等広範な分野にわたる積極的平和外交の展開に重点がおかれることを説明した。

　これらをはじめとする意見交換を通じて、日米両国は、自由、民主主義、開放経済という基本理念を共有しつつ、日米安保条約に基づく安全保障関係や経済関係など広範な分野において利益を分かち合い、協力し合う緊密な同盟関係にあること、そして、そのような両国が世界の平和と活力ある国際社会の実現のため、一層連帯・協力していくことが今や強く求められていることが確認された」（傍点、引用者）[1]。

　右の文章を一読すると、日米関係には何ら大きな問題点がなく、日本の外交―鈴木外交は順調に展開されているかのように思える。しかし、1981年5月7日と8日の日米首脳会談の終了と同時に発表された日米共同声明の中で、「同盟（Alliance）関係」という文言の解釈をめぐって、日本側において鈴木首相と外務省との間で見解の違いが生じ、また、共同声明の作成をめぐって鈴木首相が不満を述べた。そのため、政府部内の紛争の責任をとったかたちで、伊東正義外相と高島益郎外務省事務次官が辞任するという、日本の外交史上前代未聞の事態にまで発展したのである。

　すなわち、1981年5月8日に、鈴木首相とレーガン大統領との2回目の日米首脳会談を踏まえて、日米共同声明が発表された。この声明の内容それ自体は、事前に日米間の外交ルートを通じていわば調整済みのものであった。しかし、発表された共同声明の中において、「同盟関係」という文言がはじめて明記されたため、日本のマスコミや野党の間で新たな軍事的約束をしたものでないかとの強い懸念が生じた。

　この点について、鈴木首相は、日米首脳会談終了後の8日夕方、ワシントンDCで行った日本人記者団との記者会見の席で「自由と民主主義、自由市場の経済体制という価値観では日米はまったく同じだ。これを守っていこうという立場を含めて同盟関係といっている。軍事的意味合いは持っていない。日本は平和憲法のもとに自衛のための防衛力しか持てない。専守防衛に徹する、軍事大国にならないという点をはっきりとさせているので、軍事同盟ということは全然、共同声明の中にも入っていない」と述べて、軍事同盟という性格を強く否定した(2)。

しかし、鈴木首相が帰国後の5月12日夕方、高島外務次官は「軍事的な関係、安全保障を含まない同盟はナンセンス」だと発言し、また翌13日午前に、伊東外相も同盟関係について、「日米安保条約もあり、軍事同盟が含まれていることは当然だ」と明確にし、共同声明の内容に関する解釈をめぐって政府部内の不統一ぶりが露呈して物議をかもした(3)。

これに対して、鈴木首相は閣議の席および参議院本会議などにおいて、再度同盟関係について、「日米関係は民主主義と自由という共通の価値の上に築かれていることを一般に指したもので、軍事協力の一歩前進というのは当を得ていない」と述べて、軍事同盟の強化という批判に反論した。その上で、鈴木首相は、日米共同声明の公表手続きについても異議を申し立てた(4)。

そのため政府は、同盟関係をめぐって首相と外務省との間での見解の不一致について調整をはかり、その結果「新たな軍事的意味を付加したものでない」との内容で政府の見解を統一した。しかし、先に述べたように、5月16日、日米共同声明における「同盟関係」の解釈・混乱の責任をとって、伊東外相と高島外務次官が辞表を提出したわけである。

さて、本章の目的は、1981年5月7日と8日に行われた鈴木首相とレーガン大統領との日米首脳会談を題材として、日米共同声明にはじめて明記された「同盟関係」の解釈をめぐって展開された日本外交の混乱の背景を検討し、鈴木内閣の外交・防衛政策の問題点を提起しようとするものである。その際、分析枠組みとしては、日本の外交・防衛政策上の視角と首相のリーダーシップのタイプという二つの枠組みから接近してみたい(5)。

なお、論述の順序は、1の問題意識を踏まえた上で、2では今回の日米首脳会談の背景、共同声明の発表および同盟関係をめぐる解釈の対立を検討する。次いで3では、鈴木内閣の外交・防衛政策の基本的特色、鈴木首相の対米認識および首相と外務省との対立を検討する。そして最後に、4では日本外交における首相のリーダーシップのあり方を検討する。

2．日米首脳会談と共同声明

①鈴木・レーガン会談の背景

１９８1年の世界は、米ソ冷戦—東西両ブロックの緊張が一段と激化した時代であった。東西対立の芽は以前から存在していたものの、１９７０年代前半、米国はベトナム戦争の処理に追われて、対ソ連あるいは対中国関係の対立激化は望むところではなかった。しかし、米軍撤退という形でベトナムを放棄し、米中関係が好転した１９７０年代末から、米国とソ連との関係はしだいに対立が深まっていった。そして１９８０年1月、ソ連軍によるアフガニスタン侵攻が生じたのである。

これに対して、米国のカーター大統領は、穀物、コンピューター技術などの対ソ禁輸とオリンピック・ボイコットなどで応じ、米ソ関係は一挙に冷却化した。この対ソ・ボイコット政策には、日本をはじめとする西側諸国が同調したのはいうまでもない。そして、こうした状況は、１９８０年11月の米国大統領選挙に持ち込まれ、対ソ姿勢の強硬さが選挙の争点とさえなった(6)。11月4日に行われた大統領選挙において、共和党の中でも保守派を任じる前カリフォルニア州知事のロナルド・レーガンが民主党の現職大統領であるジミー・カーターを圧倒的差で破り、米国の第40代大統領に当選した。レーガンは、州知事時代から共和党保守派の中でも右寄りの論客として注目されていた。したがって、その経歴や思想的傾向は明らかに「タカ派」のそれであった。それ故、レーガンは対ソ強硬路線という点ではことのほか積極的であって、それはソ連に打ち勝つことが「強い米国」を再生する第一歩であるという論理で固められていた。１９８1年1月20日、正式に第40代の米国大統領に就任したレーガン政権の基本的姿勢は、政府の役割の縮小と民間の活力の再生を通じた経済再建、軍備増強と力による平和と安定の維持にあった(7)。

レーガン大統領は、政権発足と同時にソ連の軍事力増強と第三世界への進出に強い危機感を表明し、これに対処するため外交、国防、経済各分野の政策を総合的に駆使して「強い米国」を再現し、「力による平和」を確立することに努めた。そして、レーガン大統領は①ソ連の軍備増強に対する強い意志の表明として国防力の強化を図るとともに、②同盟・友好国首脳との対話を通じてこれらの諸国との関係強化に努め、また③エジプト、イスラエル、穏健アラブ諸国、中国、パキスタン、エル・サルヴァドルなど戦略的に重要な位置にある友邦への支援を強めてきた。

こうした中で、アフガニスタン問題発生以後大幅に後退した米ソ関係は、ソ連に対する確固たる姿勢を強調するレーガン大統領にとって当然のことながら容認できるものではなかった。そのため、レーガン大統領は、過去のデタント（緊張緩和）政策がソ連の軍事力強化や第三世界への進出を阻止しえなかったとして、米国自身の力の強化に努める一方で、他方で米ソ関係改善のために、ソ連が「抑制」と「相互主義」を行動規範として尊重することが何よりも重要であるとの立場をとった。そして、この点をソ連に理解せしめるべく、特に軍備管理、経済関係および世界各地でのソ連の行動（アフガニスタン・ポーランド問題）を関連づけつつ、厳しい対ソ警告を繰り返すことになった。

まず、1月29日、レーガン大統領は、就任後初の記者会見の席で「現在の指導部を含めて、革命後のソ連指導部で世界を1つの共産主義国家にするのが目標だとの決意を繰り返し表明しなかった者は一人もいない。これはソ連の指導者がそれを実現するためには、いかなる犯罪をも犯し、嘘をつき、だます権利を留保していることを意味している」と述べて、ソ連の指導者を犯罪者扱いする演説を行った[8]。

こうして、対ソ軍事力優位、強い米国を唱えるレーガン政権の発足は、「新冷戦体制」という言葉を生みだした程である。実際、2月始めにデビット・ジョーンズ米軍統合参謀本部議長は、連邦議会へ送った１９８２会計年度の軍事情勢報告の中で、「米国は中東などで死活的利害のある地域に対し、同地域で軍事的に対応するばかりでなく、他地域でもソ連の軍事的弱点に報復攻撃をかける」と述べて、いわゆる「多発報復戦略」を発表した[9]。

これまで、米国の世界戦略は、米ソ核抑止力の維持と欧州および東北アジアなど地域的な戦争に備える、というものであった。しかし、これを見直すというわけであって、それはレーガン大統領の対ソ強硬路線の一環であった。そして、これを受ける形でレーガン大統領は、2月18日、１９８２会計年度から5年間に、カーター前政権の計画より総額１４００億ドルも多い国防費増額を打ちだした。そして、レーガン大統領は、「対ソ抑止力が崩された場合にも、なお生き残る」だけの軍事力を保有する必要を訴え、少なくとも今後5年間の国防支出は、合計約1兆５０００億と試算し、米国史上空前ともいえる平和時における軍事費となった[10]。

ところで、レーガン大統領は、当選直後から米国外交の一本化への願望を持っていたといわれる。というのも、カーター前政権の下では、国務省と国家安全保障会議（ＮＳＣ）とが米国の対外政策をめぐって対立し、そのため別々の政権を提示して「二元外交」との批判を浴びており、これを解消したいと考えていたからである。そこで、今回友邦国である日本の鈴木首相を迎えるにあたって、レーガンの外国政策は外交の一元化をはかり、来るべき日米首脳会談をレーガン政権の外交体制がスムーズに展開する試金石として位置づけていたのである。

その際、日本に対する米国側の基本的な姿勢は、ソ連の脅威という点で共通の認識をつくりあげ、その上で同盟関係を慎重に固めるという2点にあった。しかしながら、この二つの方式は互いに矛盾する点も抱えていた。つまり、ソ連の脅威を宣伝し、それを貫徹するにはもっと大胆でかつ単純な強硬路線を打ち出す必要がある。しかしそれでは、西側同盟国の支持を得にくい。そこで、以前からの約束は破棄せず、劇的な変化は求めないものの合意した広範な枠組みの中で、斬新的な変化を求めるというものであった[11]。

かくして、この方式によりＮＡＴＯ外相会議で大成功を収めて帰ったヘイグ国務長官や一時帰国中のマンスフィールド駐日大使などをまじえて、レーガン大統領は、5月の日米首脳会談に備えて集中的な準備協議を行ったのである。

一方、大平正芳首相の急死の後の１９８０年6月22日、自民党は、鈴木善幸総務会長を第10代総裁に選出し、次いで7月17日、臨時国会において鈴木総裁は第70代の首相に指名された。新内閣は、伊東正義が大平内閣の官房長官から外相になった他は一新され、党内各派閥から最高幹部をそろえて、いわば挙党体制を確立しての出発となった。だが、発足した鈴木内閣は「角影」というより、むしろ「直角」内閣といわれる程に田中派の後押しによる影響力が強く、その意味で実際にも大平後継内閣であった[12]。

自民党総裁に選出された時鈴木は、記者会見の席でその政治理念を聞かれて、「私は今日まで〝誠心誠意〟を政治信条としてやってきた。出来るだけ争いを避け、和を求める姿勢で物事を処理した。和の政治といってもいいが、話し合いの政治、また公正を追求する政治でもある」と述べた。

このように、鈴木は首相に就任して以来、「和の政治」を標傍してきた。しかし、それは他面では、時々の変化に合わせ状況に柔軟に対応するという政治手段と挙党一致の体制に担がれて政権を手中にしたものであって、留意すべきは自らが権力を求めたのではなく、権力のほうが鈴木を求めて手にした政権であったことである[13]。

鈴木首相は7月17日、組閣後の初会見で「和の政治」に加えて「公正を追求する政治」、「足らざる憂うより等しからざる憂う政治」を基本的姿勢として強調した。さらに10月3日、鈴木首相は、第93回臨時国会で所信表明演説を行い、その中で大平前内閣の路線を基本的に継承すると同時に、緊急課題として「政治理念の確立と綱紀の粛正」、「行政改革」および「財政再建」の3つに取り組む考えを示した[14]。

次いで、鈴木内閣発足後満1年にあたる1981年7月16日、鈴木首相は、記者団に政権の課題と政治手法について、次のように語った。まず、とかく批判の的となっている行政改革や外交面での指導力欠如について、「私は政権を求めて（首相に）なったわけではない。自民党が挙げて協力するから内閣を担当してほしい、あとはお任せ下さいといわれてなったんだ」。また、「指導力というが、民主政治にあっては、国民の皆さんをはじめ、党員、議会みんなの理解、協力を得る環境を作ることが新しい時代の指導者だ。号令や権力のことではない」と述べた[15]。

もちろん右の発言は、今後とも「和の政治」を続行するという宣言であった。しかし。それは耳当りがよい一方、他方で「行財政改革が達成の難しい政策目標であればある程、不可欠となる指導理念や原理の提示に乏しい」との批判に対して、むしろ開き直った態度とも受けとめられた。すなわち、それは一面では、「和」をとりもつべき対象から国民や他の政党が現実には締め出され、いわば自民党内世論にすり替えられて、政治の右傾化につながる「漂流する政治」への誘因ともなった[16]。

しかしながら、保革伯仲と党内抗争で毎日が政変のようであった大平政権末期に比べると、鈴木政権が発足してからの1年間は、保守安定多数と挙党体制を足場に自民党は比較的安定していたといえる。

宇治利彦氏は、鈴木内閣が「不思議な安定」を保った要因として、次の三つ挙げている。

すなわち、第一は、与野党の力関係が大平前内閣時代とは決定的に違うこと、第二は、鈴木首相が保守多数に全面的に寄りかかることなく、ハト派的なバランス感覚で右傾化の突出にブレーキをかけてきたこと、第三に、派閥力学的に角福ヤジロベエともいうべき田中・福田両派への等距離姿勢をとったことである[17]。

次に、鈴木内閣の外交政策の特色を述べると、それは、対米関係に一歩踏み込む一方で、他方でその偏重からの脱皮を目指す動きを示した。事実、鈴木首相は、１９８１年1月8日、初の外遊先として、訪米に先立って東南アジア諸国連合（ＡＳＥＡＮ）を選んだ。現職首相の東南アジア訪問は、１９７７年7月の福田首相以来3年ぶりのことであった。1月6日、首相官邸で開かれた結団式で、鈴木首相はこの点について以下のように語った。

「首相就任後初の外国訪問にＡＳＥＡＮを選んだのは、日本がいかにＡＳＥＡＮを重視しているかを行動で示すことにある。訪問5ヶ国の首脳と隔意のない意見交換を行い、共通の目標、共通の認識を求め、相互の協力関係を確立したい。日本はＡＳＥＡＮの永遠の友でなければならない[18]」。

すでに述べたように、１９８０年11月14日、米国の大統領選挙は、レーガンの地滑り的勝利に終わった。米国の政権交代が明白となった時点で、日本国内の政治的関心は、日米首脳会談の開催時期について、つまり鈴木首相がいつ訪米するかに絞られてきた。11月6日、鈴木首相は、首相官邸クラブ各社キャップとの懇談の席で、訪米時期について次の様に述べた。

「私の訪米については、出来るだけ早くというのは一般論として言えるかも知れないが、向こうにも都合があろうし、こっちにも都合があるので、まだ固まっていない。伊東君（外相）には、来年1月20日の大統領就任式のあと国会の様子をみて出来るだけ早く訪米してもらいたい[19]」。

すでにこの時点では、初外遊について、東南アジア諸国連合（ＡＳＥＡＮ）5ヶ国を翌年1月に歴訪することが決まっていた。その後、ＡＳＥＡＮ歴訪で外交に自信をつけた鈴木首相は、１９８１年1月19日、帰国を前にタイのバンコクで記者会見を行い、その際訪米について、「南北サミット（6月）の前後にこだわらずになるべく早い時期に行きたい」と述べ、5月訪米の可能性を示した。[20]

ところで、鈴木首相は、新しく発足したレーガン政権について、どのような認識を持っていたのであろうか。この点について、鈴木首相は「レーガン政権は、ニクソンやカーターの時よりも軍需産業と結びつきが強いようだ。軍需産業で景気回復の狙いがあるのかも知れぬ。しかし、軍需産業は他の基盤産業と違って回転が効かない（再生産につながらない）から、それで景気がよくなるとは思わない。カーターの時代はデタントや人権外交で、4年たったら〝強いアメリカ〟のレーガンに変ったように、レーガンの軍事増強、力の外交路線が今後ともずっと米世論に支持されるかどうか」と述べて、自らハト派宰相を任じる鈴木首相は、発足早々のレーガン大統領のタカ派的政策に対して疑念を呈していた。[21] そして鈴木首相は、平和憲法、専守防衛、非核三原則といった日本の守備範囲を明確にした上で、「日本がなし得ることと、なし得ないことをきちっとして日本の立場で国際社会に寄与していく」ことを対米外交の基本的スタンスとした。[22]

当時鈴木政権の中では、外交体制をめぐって、伊東外相―田中六助通相―宮沢喜一官房長官という鈴木派三閣僚の間で「反目」と「暗躍」が深刻化していた。すなわち、一つは、田中通相が2月下旬、イランのバンサドル大統領とラジャイ首相あてに親書を送り、これが伊東外相の耳に入り、外相が「二元外交」であるとの通相の行動にクレームをつけたことであった。もう一つは、米国向けの日本自動車輸出規制をめぐって外務省と通産省の窓口争いであった。外務省は、5月の日米首脳会談を控えて、自動車問題に結着をつけておかないとそれが防衛にも波及し、鈴木首相の初訪米に暗雲がたれこめると憂慮していた。本来ならば「一枚岩」で内閣を支えるべき宮沢―伊東―田中という鈴木側近の三幹部が、各々官邸―外務省―通産省という立場で微妙に食い違った見解とニュアンスを打ち出し、それが日米自動車問題を一層複雑にした点は否めない。[23] 結局この問題は、5月1日に政府が対米自動車の輸出台数を年間168万台とし、当面2年間規制し3年目に改めて見直す方針「実質3年規則」を決定して、米国側の了解をとりつけて結着をみた。

②共同声明の発表

1981年5月6日、米国入りしていた鈴木首相は、7日と8日の両日、ホワイトハウスでレーガン大統領との間で日米首脳会談を行った。一般に、日米両国の首脳会談には、二つの重要な目的と意義があるといわれる。「一つは首脳同士が対話とスキンシップを重ねることによって個人的信頼関係を構築することであり、他の一つは会談日を一つのデッドラインとして両国の外務当局が政策面での全面的な洗い直しと意思疎通をはかり、その成果を共同声明の形でまとめ上げる」ことである。[24]

鈴木首相とレーガン大統領による第一回目の首脳会談は、7日午前10時50分から約1時間半にわたって行われた。第一回会談では、個人的な理解と友情を深めようという両首脳の希望を反映して、通訳を交えて二人だけの会談に時間がさかれた。そのため続いておこなわれた全体会議は、アジア情勢の意見交換とレーガン大統領が一方的に日本の防衛力整備への期待を述べるにとどまった。まず、大統領執務室での鈴木・レーガン両首脳だけの会談は、およそ50分近く行われた。日米両国関係について、レーガン大統領は、日本の自動車輸出自粛措置に感謝し、他方、鈴木首相が米原子力潜水艦あて逃げ事件の中間報告を多とすると評価した。その後でレーガン大統領は、訪米直前に鈴木首相が事前協議の不足を批判したソ連への穀物禁輸解除問題に言及し、今後は日本にとっても重要で関心のある問題については十分事前協議をしていくと表明した。

次いで閣議室に席を移しての全体会議は、午前11時30分から約35分行われた。なお、全体会議への出席者は、次の通りであった。日本側は、鈴木首相、伊東外相、大河原駐米大使、瓦官房副長官、鹿取外務審議官、浅尾外務省北米局長、深田同経済局長であり、一方米国側は、レーガン大統領、ブッシュ副大統領、ヘイグ国務長官、ワインンバーガー国防長官、マンスフィールド駐日大使、ホルドリッツ国務次官補、アマコスト国務次官補代理、ミース大統領顧問、アレン大統領補佐官であった。

全体会議ではレーガン大統領は、互いに太平洋国家である日米関係について、米国といろいろな国との同盟関係の中でも最も重要な関係であると表明し、そして、①中国との友好関係は引き続き増進させる、②韓国への支援を続け同盟関係を維持する、③東南アジア諸国連合（ASEAN）の立場を支持し、カンボジアからのベトナム軍の撤退を希望する、との米国アジア政策の基本的立場を説明した。また、レーガン大統領は、インド洋防衛の重要性にふれながら、両国共通の防衛を増進するために、日本が行っている防衛努力を高く評価するとし、米国側の努力に見合った形で一層の防衛力増強を間接的な表現で求めた。

これを受けて鈴木首相は、米韓首脳会談でレーガン大統領が示した対韓支援姿勢、在韓米軍の駐留継続方針を朝鮮半島の平和と安定に貢献するものとして高く評価した。そして、日本としても軍事面を除く経済や技術の対韓協力に一層努力する方針であると述べた。一方、対中国政策では中国の近代化政策への支持を表明し、中国が引き続き穏健な政策をとり、西側との協調関係を維持していくことに支援を惜しまないとの姿勢を明らかにした。さらに、東南アジア諸国連合（ASEAN）との関係では、米国が同地域に関心を払い、政治、軍事、経済的プレゼンス（存在）を持っていることをほとんどの国が期待していると伝え、また、ヘイグ国務長官のASEAN拡大会議出席を評価した。

最後に、レーガン大統領は、米国では現在国防政策を再検討しているとし、その関連で南西アジア、東南アジアに向けての国防費の支出増大、軍事的存在の拡大をはかっていく方針を示すとともに、それが日本を含む諸国の利益となっていると指摘し、日本が憲法その他の制約の範囲内で防衛力整備に努力していることを承知しており、今後も整備を続けてほしいと期待を表明して、第1回会議を終えた[25]。

こえて、8日午前10時30分、鈴木首相とレーガン大統領による第2回の首脳会談が、ホワイトハウスの閣議室で行われた。第2回目の会談では、日本の防衛力整備問題が中心論題となり、前回とは逆に主として鈴木首相が多くの時間をさいて説明した。

まず最初に、鈴木首相が発言し、我が国の防衛政策について、防衛力の整備は世論の動向、国民の意識、財政の状態、他の政策との調整、アジアの近隣諸国への影響、の5点を考えながら、自分の国は自らの手で守ることで整備に努力するとの基本的姿勢を述べた。さらに鈴木首相は、日本が憲法を改正し、軍事国家になったらどうかとの意見があることを承知しているが、第二次世界大戦の大きな過ちを痛切に体験した日本国民にとって平和憲法の戦争放棄で軍事大国にならない、ということは民族の誓いであり、堅持すべきだと考えるとの立場を表明した。そして最後に、鈴木首相は、来年度の予算編成にふれ、厳しい財政事情を説明し、前年度比ゼロ査定が基本の中で防衛費だけが突出することは、国民の反発を受ける問題がある。しかし、具体的には大村防衛庁長官の6月の訪米で話し合いたいと結んだ[26]。

これに対して、レーガン大統領は、鈴木首相の率直な見解表明を多としたうえで、ソ連の軍事力増強という情勢に対し、一方でソ連との対話の窓口は維持しながら、他方で米国の軍事力を拡大し、平和を維持するという、いわゆる力による平和の姿勢を説明し、日本の防衛については、日本の憲法に反することを求めないとし、日本に圧力をかけるつもりもないと対等なパートナーであるとの立場を強調した。右に見られるように、8日の第2回鈴木・レーガン会談は、午前10時30分から約30分の予定が1時間半に及び、このうち1時間10分くらいを鈴木首相が発言したといわれる[27]。

かくして、鈴木首相とレーガン大統領による初の首脳会談は、7日と8日の2回の会談で終了し、これに伴い日米両国から共同声明が発表された。その基調は、米国の政治・軍事を含めた世界戦略を前提に、日米関係の緊密化をはかる中で日本の防衛の整備について改善することをうたっていた。要するに、戦後の日本外交が一貫して日米関係を基調とする一方で、全方位外交にも配慮してきたのに対し、今度の声明では「西側の一員」の立場を一段と鮮明にしたのがその特色であった[28]。

共同声明は全部で16項目からなり、まず第1項で、日米双方は世界の平和と繁栄を目指し、緊密に協力することを約束し、民主主義と自由という共通の価値の上に築かれた「同盟関係」をうたい、相互の連帯や友好を確認した。そして、第2項には対ソ認識をすえ、アフガニスタン以外にアフリカやベトナム、キューバなど具体的な地名を明記したかったといわれる。しかし、いたずらに対ソ強硬姿勢をとりたくないとする日本側の希望でこれを断念したという。そこで両者（首相と大統領）は、アフガニスタンからの「即時無条件全面撤退」の呼びかけで歩調をあわせ、なお流動的なポーランド問題については、ソ連介入という事態の時には西側先進民主主義国が協調してあたる必要があるという点で一致した。

これに関連して第7項では、日本側から西側全体の安全のため先進民主主義国は世界の政治・軍事および経済上の諸問題について共通の認識の下に整合性のとれた形で対決することが重要であると指摘し、両者は平和と安全に対する「国際的挑戦」に対応するため、防衛、経済、経済協力、そして相互に補強し合う外交活動の各分野で一層努力する必要をうたった。そこには、世界的、地域的戦略見直しの実施という米国側の期待が反映されていた。

次いで、第8項で両者は、日米安保条約の意義を再確認したうえで、日本の防衛並びに極東の平和および安定の確保のため日米両国間での「適切な役割の分野が望ましい」と表明し、日本側が自主的に、しかも憲法や基本的防衛政策に従う形での日本領域と周辺海・空域の防衛力の改善と在日米軍経費の負担増を申しでていた。

一方、中東とくに湾岸情勢には、第4項でふれ、この地域の安定維持が世界にとって重要だとし、米国の確固たる努力が不安定な同地域の安定回復に貢献しており、日本などの諸国が、その利益を受けているという点で一致した、とうたった。[29]

③「同盟関係」をめぐる解釈

こうして日米首脳会談を終えた鈴木首相は、8日午後6時から、ワシントンDCのホテルで日本人記者向けの記者会見にのぞみ、まず今回の訪米の成果について、国際情勢に対応する日米両国の責任と役割をお互いの国力、国情にふさわしい立場から果たし、国際の平和と繁栄に努力することで完全に意見が一致したと語った。そして共同声明に新たに盛りこまれた日米両国間の「同盟関係」について、すでに述べたように、鈴木首相は「自由と民主主義、自由市場の経済体制の価値観では日米は全く同じだ。これを守っていくための同盟関係であり、軍事的な意味合いは持っていない」とし、〝軍事同盟〟の性格を強く否定した。なお、鈴木首相の記者会見の模様は、次の様であった。

○記者団―同盟の意味は。

○鈴木首相―自由と民主主義、自由市場の経済体制という価値観では日米は同じ立場だ。これを守っていこうという立場を含めて同盟関係といっている。軍事的意味合いは持っていない。日本は、平和憲法のもとに、自衛のための防衛力しか持ってない。専守防衛に徹する。軍事大国にならないという点をはっきりさせているので、軍事同盟というのは、共同声明の中にもはいっていない。

○記者団―防衛問題で、日米両国で適切な役割分担が望ましいとうたっているが、その適切という中身は、日本の役割は。
○鈴木首相―私は、国際的世界的な自由陣営の総合安保ということを主張している。米国は軍事力も経済力も持っているが、日本は軍事的には自分の国の防衛という立場しか持っていない。総合安保の観点から、わが国は経済、技術、教育、学術などの分野で国際の平和と安全に寄与していかねばならない。米国が期待されるものと日本が果たす役割はおのずから違う。
○記者団―軍事的側面の役割分担という意味合いはないのか。
○鈴木首相―ない。
○記者団―日米の同盟関係に軍事的意味合いはないと言いきっていいのか。
○鈴木首相―そうだ。西側陣営、自由と民主主義と共通の価値観に立って日米の協力関係は発達してきている。日米が同盟関係に立って、国際平和と安全についてどういう役割を果たすかについては、今まで明快に言った。日本自体の防衛、日本の国土、領域、領空、周辺海域、日本固有の自衛のための防衛だ。日本がこの防衛をしっかりとやれば、米は心配なしにインド洋やペルシャ湾沿岸方面にも専念できるということだ。

それは軍事的役割分担ということではない[30]。

今回、日米首脳会談後に発表された共同声明の中にはじめて「同盟」という文言を明記したことについて、『朝日新聞』は社説の中で次の様に批判した。

「鈴木首相が日本向けにどういう説明をしようと、共同声明および各種会談に現れた客観的事実は、日米関係が軍事協調路線へ一歩大きく踏み出したことをはっきり示している。国内的にも大きな論議をよぶであろうし、何よりも対ソ関係をはじめ、今後のわが国の外国に及ぼす影響は極めて大きい。その意味で、鈴木・レーガン会談は、戦後の日米関係史上最も大きな転換点の一つだった、といえると思う。

鈴木・レーガン新時代がどんなものであるかは、共同声明冒頭の日米関係間の同盟関係の字句に凝縮して表現されている。この〝同盟〟という日米共同声明史上初めての言葉について、首相は自由と民主主義、自由市場の経済体制という共通の価値観という見地から軍事的意味合いは持っていないと日本人記者団に強調している。しかし、それはあまりにもひとりよがりというものであろう。言葉に対する感覚のなさ、といってもよい。

今の世界情勢、とくに対ソ強硬策をとるべくやっきとなっている米国にあって、軍事と無関係の同盟などというものがありうるはずがない。パートナーから同盟へ格上げすることとは、日本が軍事的に深くコミットしてきたことを意味する——と米国が解釈することは少しも不思議でない。

現に共同声明の中でも日本の防衛並びに極東の平和及び安全を確保するに当たり、日米両国間において適切な役割の分担が望ましい。首相は、日本が自主的に憲法と基本的防衛政策に従い、日本の領域、周辺海空域での防衛力改善するためのなお一層の努力を行うように努める旨を述べたとあり、明らかに日本の防衛力増強が今回の日米会談の眼目であったことが読みとれる。共同声明が出されたあと、防衛庁筋が〝おすみ付きをもらった〟と率直に喜んでいること自体、タカ派的路線の勝利を裏書きしている」[31]（傍点、引用者）。

ちなみに、同盟という新たな表現について、外務省筋は、①言葉としてはこれまで使ったものでないので新しい印象を与えるが、これまでの両国の実質的な関係を表したものだ、②しかも、戦前のような攻守同盟とは違って、日米安保条約に基づく関係があることははっきりしており、これは米欧の北大西洋条約機構（ＮＡＴＯ）などと同じものだ、③米側はすでにこの事実をもとに、国防白書などで「日米同盟」と使っている、④日本側も昨年の大平・カーター会談などで、「同盟国」という言葉で論議している——などと説明するとともに、実質的にはこれまでの関係と何ら変わりないと強調した[32]。

一方、８日の日米首脳会談終了後、米国記者団向けの背景説明をした米国の国務省高官は、今回の日米共同声明に関する質問に対し、「同盟」には政治、経済ばかりではなく〝軍事協力〟も含まれると明確に答えた。またホワイトハウス筋も、米欧関係のように、同盟には防衛協力が当然含まれると語った[33]。

さて、米国からの帰途隣国のカナダのオタワに立ち寄って、トルドー・カナダ首相と首脳会談をこなした鈴木首相は、５月10日夜、日本に戻った。帰国したら騒ぎはおさまるだろうと思っていた。ところが、『朝日新聞』による「共同声明が第二回会談を待たずに、その内容が示されていた」という記事が問題となるなど、事態は思わぬ方向へと歩みはじめたのである[34]。

まず、鈴木首相は12日午後、首相官邸に自民党最高顧問である、三木、福田の両首相、灘尾、安井の衆・参両院議長経験者を招き、桜内党幹事長ら党役員をまじえて懇談し、日米首脳会談の模様を報告した。その際、三木元首相が共同声明について、「両国間に解釈の食い違いがあっては信頼関係を傷つける。解釈を一致させるようにした方がいい」と注文つけた。これに対して鈴木首相は、「共同声明の作り方でもいろいろ考えさせられた。ああいうことでいいのだろうか。2回目の首脳会談でいいたいことをいい、会談での半分は私の発言だった。しかし、共同声明は第二回会談に出来上がっていた。（声明に）つけ加えたいことがだいぶあったのだが」と語り、共同声明の作成の仕方に不満を表明すると同時に共同声明の内容に首脳会談で表明した首相の意向が十分反映されていなかったことを鈴木首相が認めた[35]。

なお、共同声明の出し方であるが、この点について、外務省の浅尾新一郎北米局長は、次の様に弁明的に述べている。「共同声明というものは相当長い期間を必要とするわけです。今回も4月から作成に入りまして、米国と何回も詰めて、やっと第一回目の首脳会談の開催直前に、報道機関にエンバゴー（公表禁止条件ないし期限）つきでアドバンス（事前配布）するわけです。アドバンスする際には、第二回目の首脳会談が終わった後で必ず変更がなかったどうかをチェックしてから報道してほしいということになっています。首脳会談に出たものを全部、共同コミュニケに盛ることは物理的に不可能であるし、従来もそういう例はままあることです[36]」。

ここで留意すべきは、日本の新聞社が第2回目の首脳会談の内容と事前配付の共同声明の内容を同時に掲載してしまい、そのため第二回目の首脳会談の内容、ことに鈴木首相の発言部分が軽く扱われて影に隠れてしまったことである。こうして、鈴木外交の信用は失墜し、その指導力のあり方にも不安の翳りがみられたのである。

ここで話を戻すなら、12日夕方、高島外務次官は霞クラブの記者団との懇談で、「共同声明の同盟関係に軍事的な関係、安全保障を含まないというのは〝ナンセンス〟だと語った。この発言は、外務省の責任者が〝同盟〟という言葉自体には軍事的な意味が含まれていることを認めたものであって、鈴木首相がこれまで「同盟の内容に軍事的なものは含まないというのが日本の認識」と説明していたものと明らかに食い違っていた[37]。

高島外務次官は、今回の日米共同声明で初めて同盟関係という言葉を使用したことについて、①日本では同盟という言葉が戦前の攻守同盟的語感で受け取られ、誤認を生みやすいので、外務省はこれまでの外交文書などでは使っていなかった、②しかし、この言葉は現在では国際的な安全保障を中心とした幅広い緊密な結びつきの意味で使われ、その解釈が熟してきた、③米国も、ごく自然に対日関係で同盟を使っており、日本がいや違うというのもおかしいので、今回の共同声明に盛りこんだ、と説明した。[38]

これに対して、鈴木首相は、13日午前の参議院本会議における社会党の寺田熊雄議員の質問への答弁の中で、次の様に反論した。すなわち、寺田議員は、「同盟関係という表現を用いたのは、軍事協力の一歩前進を意味するのではないか」として、日米軍事同盟が強化される危険性を指摘した。鈴木首相は、この点について「日米関係は民主主義と自由という共通の価値の上に築かれていることを一般的に示したもので、軍事協力の一歩前進というのは当を得ていない」と軍事同盟強化の批判を否定した。[39]

ところが、同じ日の午前・伊東外相が自民党内の安全保障、国防、外交、商工部会関係の合同会議で帰国報告をし、その際に同盟関係について、「日米の緊密な友好連帯関係の表現だ、しかし、この中には、もちろん日米安全保障条約も含めていると受け止めている」と述べ、さらに質疑の中でも、「日米安保条約は軍事条約でもある。同盟関係に軍事的問題がはいる、はいらないを（ことさら）考えないわけではないが、軍事関係が含まれていることは当然だ」と強調した。[40]

こうして、日米共同声明に盛られた「同盟関係」の解釈をめぐって、鈴木首相側と外務省側との間で見解の不一致が問題となった。そこで政府はこれを調整し、その結果右の解釈につき、新たな軍事的意味を付加したものではないとの内容で見解を統一した。すなわち、宮沢内閣官房長官は、13日夕方の記者会見で次の様に政府としての統一見解を明らかにした。①日米間には安保条約があるという意味で、もともと、日米関係は軍事的側面を持っている、②安保条約は（米国が日本防衛の義務を負うという）片務的なものなので、それ自体を同盟条約といえるかどうかは、同盟という言葉の定義の仕方による、③首相が「軍事的意味はない」と言ったのは、共同声明に同盟という言葉を使ったからといって、日米安保条約が変わるわけではなく、従って日本が新たな危険を引き受けたり、軍事的にのめり込んだのではない、と説明した。[41]

なお、13日夕方、鈴木首相は官邸で記者団から首相の見解を尋ねられた際に、日米安保条約はもともとある。今度の会談で新たに付加された（軍事的）意味は一切ないと強調し、これまでの同盟関係に軍事的意味はないとの説明は、厳密にいえば、「新たな軍事的意味」であるとして軌道修正した。また、これに関連して、鈴木首相は記者団に対して、「国民が一番注目しているのは、強い政府を標榜して大きな軍事予算を組んで登場してきたレーガン政権の世界戦略に日本が抱き込まれはしないか、一点だ。（それに対しては）私はレーガン大統領との会談で平和憲法や防衛政策の日本としての進め方をはっきりと話してきた。それは極めて明快だ」と力説した。

さらに鈴木首相は、日米共同声明の作成方法に関する〝不満〟について記者団の問いに対し、第二回会談で重要な話も出るし、合意することもあるので、それが終わらないうちに共同声明を出すのはおかしい。今度の反省だと語り、依然として共同声明発表の手順に不満を持っていることを明らかにした。ただ、今後この問題については、私も（共同声明を）承認したのだから中身についてはどうこう言わないとする態度を示した[42]。

なお、鈴木首相は、15日の閣議でも日米共同声明の作成方法に関して再度不満を示したものの、それはオフレコ扱いとして公表されなかった。しかし、閣議に出席した閣僚の話では、「首脳会談の場合は、あくまでも会談が主体となるべきだ。会談がすまないうちに共同声明が出来上がってしまうのは問題だ。やり方を再検討しなければならない」と語ったという[43]。

こうした経緯を経て、５月16日午後１時すぎ、外務省において伊東外相の記者会見が行われ、伊東外相は、「私は今回の鈴木首相訪米に際して、共同声明の発表方法、帰国後の共同声明をめぐる紛糾について、外相としての責任を痛感して辞職することにしました」と発表した。なお、16日、伊東外相の辞任に伴い、高島外務次官も辞表を提出した[44]。

３．鈴木首相と外交・防衛政策

①外交・防衛政策の基本

すでに述べたように、鈴木善幸は、１９８０年７月17日、大平正芳首相の後を襲って第70代首相に就任した。そして10月２日、第93回臨時国会において、初めて自らの政治姿勢と政策を訴える所信表明演説を行った。鈴木首相は、その中で外交・防衛について次のように述べた。

「わが国の外交を進めるに当たり、私は、まずわが国と政治・経済上の理念を共にする米国、ＥＣ諸国など自由主義諸国との連帯をあらゆる分野で強化していくことが最も重要だと考える。とくに日米関係は、わが外交の中心に位置するもので、わが国としては、日米間に築き上げられてきた揺るぎない信頼関係を基礎として、今後ともわが国の国際社会に対する責任と役割を十分に果たしていきたい。

同様に重要なことは、近隣諸国との関係だ。近年、わが国と東南アジア諸国連合（ＡＳＥＡＮ）諸国との関係は一段と緊密なものとなっている。わが国は、今後ともＡＳＥＡＮ諸国の発展のための自主的な努力に対する支援を強化していく。また、現在東南アジアでの大きな緊張の要因となっているカンボジア問題についても、その平和的解決のため、国連の場などを通じて、ＡＳＥＡＮ諸国と共に、引き続き努力を重ねていく考えだ。近い将来、私は、ＡＳＥＡＮ諸国との友好のきずなをさらに強固なものとするため、これらの諸国を歴訪したいと考えている。

中国との間では、平和友好関係の増進に引き続き努力するとともに、日中関係の緊密化をひとり日中両国間にとどめることなく、広く世界の平和と安定に積極的に役立てていく。

他方、韓国では、最近新たな情勢の展開がみられるが、わが国としては、韓国の安定と発展への努力に着実な進展がみられることを心から期待している。また、日韓双方の努力を通じ、今後とも両国間の円滑な関係が堅持されることを希望する。

最近のソ連との関係については、世界の平和と安定に大きな脅威となっているアフガニスタンへの軍事介入、北方領土における軍備強化など、きわめて遺憾な事態が続いている。政府は、ソ連に対し、こうした事態の速やかな是正を引き続き強く求めるとともに、わが国固有の領土である北方領土の問題を解決し、平和条約の締結を図るという一貫した基本方針のもとに、ソ連との関係を真の相互理解に基づいて発展させるため、誠意を持って対処する考えだ。このような日ソ関係発展への道をひらく環境をつくるためにも、ソ連側においてその誠意を具体的行動を持って強く期待する」[45]。

見られるように、鈴木首相の所信表明演説において、外交に関する順序は、米国、東南アジア、中国、韓国およびソ連の順となっており、東南アジアが一躍、米国の次に登場したのは、鈴木首相が東南アジアへ強い関心を寄せており、それは同地域への歴訪の意欲であると受けとめられた。

また、鈴木首相の持論である「総合安全保障」について、次の様な立場を示した。

「昨年来、わが国を取り巻く一連の国際政治上の動きのなかで、安全保障問題について国民の関心が高まってきた。わが国は、戦後これまで、日米安全保障体制を基軸として国の安全を維持し、今日の発展をとげてきた。わが国が、平和のなかで国の繁栄を図っていくためには、今後とも、日米安全保障体制の維持を基本とし、自らも節度ある質の高い自衛力の整備に努力する必要がある。しかしながら、今日の複雑な国際情勢とわが国の置かれた立場を考えれば、国の安全を確保するためには、単に防衛的な側面のみならず、経済、外交を含めた広い立場からの努力が必要であると考える。私は、国民の理解を得て、このいわゆる総合的安全保障の政策を推進するよう検討してきた[46]」。

こえて１９８１年１月８日、鈴木首相は初の外遊先として、東南アジア諸国連合５ヶ国（フィリピン、インドネシア、シンガポール、マレーシアおよびタイ）を訪問した。出発を前にして首相官邸で開かれた結団式で鈴木首相は、次の様に挨拶しその意義を述べた。

「首相就任後初の外国訪問にＡＳＥＡＮを選んだのは、日本がいかにＡＳＥＡＮを重視しているかを行動で示すことにある。訪問５ヶ国の首脳と隔意のない意見の交換を行い、共通の目標、共通の認識を求め、相互の協力関係を確立したい。日本はＡＳＥＡＮの永遠の友でならなければならない[47]」。

すでに述べたように、現職首相の東南アジア訪問は、１９７７年７月の福田首相以来、実に3年半ぶりのことであった。なお、鈴木首相には、伊東外相、亀岡農水相、瓦官房副長官らが随行した。１月19日午後、鈴木首相は、東南アジア諸国連合（ＡＳＥＡＮ）５ヶ国の歴訪を終えるにあたって、タイのバンコクのホテルで日本政府の東南アジア政策の基本的考え方を明らかにした。そこには、鈴木首相の外交・防衛政策の基本的スタンスが明確に示されていた。

「ＡＳＥＡＮ各国が保っている平和と安定にいまさらながら敬服の念を抱く。石油価格の高騰、世界景気の停滞がもたらした経済運営の困難を、勤勉、時宜を得た政策により克服し、所得配分の公平化などの社会政策に着実に取り組もうとしている諸国の現実はまさに一陣の涼風ともいえる。

わが国が軍事大国への道を選ばないとの決意は不変だ。厳しい国際情勢の推移に照らし、わが国としても自衛力の増強に努めており、国民の安全保障問題に対する関心も高まっている。

しかし、わが国の国防の基本はあくまでも専守防衛であるとの方針を堅持する。これはわが国として過去の選択の重大な誤りに深く思いをいたした結果だ。日本が他国を脅かすような軍事大国にならないということは、わが国の国民の総意であり、何人もこれを覆せない。わが国に対して国際社会における軍事的役割を期待することは誤りであり、また、わが国の軍事大国化への憂慮は、全く当を得たものでない。

日本外交において、わが国は軍事的影響力を行使する意思は毛頭ない。わが国は経済的な力を平和的な国際環境づくりに一層役立たせたいと念願しており、同時に、国際平和、とくにアジアの安定のための政治的役割を着実に担っていきたい。政治、経済とともに調和のとれた東南アジアが安定し、発展することこそ、20世紀最後の20年間を通じ世界に平和をもたらす一つの重要なカギとなる。東南アジア、とくにASEAN諸国こそ、太平洋の時代といわれる21世紀において、経済の原動力として大きく飛躍するものと信じる。わが国はASEANにとって平和と発展を分かちあうパートナーであり続けたい[48]」。

右のくだりには、ハト派を任じる鈴木首相の立場がよく反映されている。しかし、鈴木首相がASEAN歴訪を無難に乗り切ったことに対して、野党からは「ASEAN諸国には、援助というおみやげ付きの外交をやったのだから、歓迎されないわけがない。あれが外交だと思ったら訪米などの際に鼻をへし折られる可能性がある」と、鈴木首相の初外遊の成果を冷ややかに受け止めるむきもあった[49]。

②鈴木首相と対米認識

1981年1月26日、第94通常国会が再開され、鈴木首相は、政権担当以来初の施政方針演説を行い、そして今後の日本の進むべき道、防衛、外交および日米関係についての認識を示した。

鈴木首相はまず、１９７０年代を経て、わが国の国際的地位は向上し、同時に世界に果たすべき責任も著しく増大したと切り出した。しかし、70年代に生じた問題の多くは、なお未解決のまま80年代に引きつがれていると し、わが国の未来を確実にするため、全力を傾けると強調した。

次いで、鈴木首相は防衛問題について、平和憲法のもと専守防衛に徹し、近隣諸国に脅威を与えるような軍事大国とはならないとしつつ、節度ある質の高い防衛力の整備との既定方針を繰り返し、その上で防衛力だけに頼らない「総合的な安全保障政策」の考えを改めて展開し、政府開発援助の倍増などを述べた。

一方、外交では、首相として初外遊となった東南アジア諸国連合（ＡＳＥＡＮ）歴訪を最初に取りあげ、わが国との関係は、今や成熟した関係の域に達していることを痛感したとの感想を述べ、ＡＳＥＡＮ諸国との関係に一層の深さと広がりを求めて努力するとの意欲を示した。

また、日米関係では、鈴木首相は、レーガン新政権のもと米国の強力な指導力の発揮への期待をあらわにし、国際問題の解決にあたって日米両国間の緊密な連帯のもとに、わが国に期待されている役割を果たすと積極的な姿勢をきわだたせた。そして、日米首脳会談への布石として、我が国が西側陣営の一員として積極的に政治的役割を担っていく態度を鮮明にした(50)。

次いで、訪米を一カ月後に控えた４月、鈴木首相は、来るべき日米首脳会談をにらんで次の様な対米認識と自らの決意を述べた。「今後の共同声明では、西側の総合力の結果、政治経済面での日本の十分な協力をうたって、あとの表現は日米がそれぞれの立場で述べたことを出せばいい、そうアメリカに遠慮することはない、対等にやればいいんだ。米側があまり防衛力のことで強いことを言ったら、こちらもハラを決めて言うつもりだ。そんなに言うなら元も子もなくしてしまうぞ。いまの日本の国情で、急激に防衛費を増やしたり、自民党がせっかくとった安定多数に対して、世論の批判が強まり、支持が社会党に流れる。そうしたら自民党政権自体が危うくなって、日米関係そのものがおかしくなる。

だいたい防衛庁長官経験者も、防衛庁も、それに外務省事務当局までが、56年度の防衛費で９・７％増が達成できなければ、日米関係がむずかしくなるようなことをいうから、日米関係がおかしくなるだってと叱りつけておいた。西独も経済面でおかしくなっている中で、アメリカは優等生の日本を一番頼りにしている。9・7%ができなかったといって、それじゃ日本と手を切るなんてできっこない。首脳会談だって同じだ[51]」。

また、前任者の大平首相が、カーター大統領をエンカレッジ（勇気づける）することで「西側の優位」や「日米関係」を世界に印象づけようとしたが、これに対して鈴木首相は「西側との協調と連帯」を重視しつつも、「できること、できないこと」を区分して、できないことまで米国側が口を差しはさむことは許さないとの態度でもって国内世論の理解を取り付けることに力点を置いた。

さらに、防衛構想について、鈴木首相は、「日本は力強いハリネズミになることだ。防衛庁はいままで何をやっていたんだ。高度成長時代にもっとやるべきことをやっておくべきだった」と防衛庁への不満をもらした。そして、後に訪米の折にナショナル・プレスクラブでの演説で問題となった、千カイリのシーレーン防衛について、鈴木首相は次の様に述べた。

「米国のいうグアム以西、フィリピン以北というのは、集団的自衛権の行使までを意味しない。米側の本当の狙いは、第7艦隊がソ連のウラジオストックに入らざるを得ない緊急事態が発生した場合、何があるかわからない状態で闇雲に入っていくのではなく、日本が水先案内として周辺海域のことはちゃんと調べておいてほしいとのことだ。面の防衛だけでなく、防衛の機能分担である。米側の希望は、周辺数百カイリ、航路帯にして千カイリという日本の努力目標とそう変わらない。グアム島まで50キロから百キロはみだす程度で、現在の警戒区域とそう変わらない。これはP３C（対潜哨戒機）を45機から60機ふやしても全面的にカバーできるわけではないが、ほぼ警戒はできるだろう[52]」。

ちなみにここでいうグアム以西、フィリピン以北の海域防衛を日本の自衛隊が役割分担してくれたら、従来この地域の配備についている米第七艦隊をペルシャ湾やインド洋にスウィング（転戦）できるというのが、これまでの米国側の対日要請であった。従って、問題は日本が平和憲法の枠内で、いかなる役割分担が可能であるかにあった。確かに、鈴木首相は再三にわたって、訪米の際には、できることとできないことをはっきり言うと繰り返していたが、しかしながら何ができることであり、何ができないことなのかの定義は必ずしも定かでなかった。

それでは次に、鈴木首相のソ連観について述べておこう。鈴木首相の場合、１９７７年５月、福田内閣時代の農相の時に、日ソ漁業協定を取りまとめた実績を持っている。ソ連に対して、次の様な認識を抱いていた。

「ソ連は今、経済的に弱っている。西側が総合的に結集すれば、まだまだ優位に立てる。ソ連にはヨーロッパと極東の両面で戦争を構える力なんてないさ。ヨーロッパが正面で、極東は裏木戸だ。ソ連の脅威といっても、アジアでは潜在的脅威であって、戦争は仕掛けてこないと思う」。そして「ソ連という国は、こちらが強く出ると譲歩し、弱く出るとなめてくる」。それと同時に、ナショナル・インタレスト（国益）という点で日本国民ががっちりと一本にまとまっていれば、領土問題もやがて展望が開ける日がくる、と述べた[53]。

それ故、ソ連のアフガニスタン侵攻後に米国が呼びかけた対ソ制裁措置に関して、大平首相の場合には、「たとえわが国にとって犠牲を伴うものであっても、それを避けてはならない」と述べた[54]。これに対して、鈴木首相の場合には、平和憲法、専守防衛、非核三原則といった「日本の守備範囲」を明確にし、「日本がなし得ることと、なし得ないことをきちっとして日本の立場で国際社会に寄与していく」ことを基本的スタンスとした[55]。

１９８１年５月１日、訪米を前にして鈴木首相は、内閣記者団との懇談の席で日米首脳会談にのぞむ基本的態度を明らかにした。その中で鈴木首相は、国際情勢認識について、デタント政策を放棄・崩壊させてはならないとの観点から、ＳＡＬＴ交渉は時間がかかっても再開継続してもらいたい。また、ベトナムからの撤退以来、米の軍事増強は、ソ連に比べ大変おくれをとった。レーガン政権は、強い米国を志向し、減税や政府支出削減の中で軍事費の大幅増をはかった。米国を中心とする西側の力を結集して、ソ連・東側に対抗できる水準にもっていく努力が必要と思うが、ある一定の水準で力の均衡のとれた段階でもって、軍備管理・軍縮に進まなければならない。

また、総合安全保障については、平和、安定、繁栄は軍事的側面のみでは達成できない。広い分野にわたる交流を通じての総合的な立場から、世界の平和と安定をめざす。日本は、軍事面では自らを守ることしかできない。専守防衛だ。丈夫な盾をつくる防衛努力はする。しかし外に向かって槍をくりだす役割はできない。日米安保体制が日本の防衛の柱となっている。防衛問題については、専守防衛で必要最小限の自衛隊を持つことだ。従って近隣諸国の脅威となる軍事力は持たず、非核三原則に徹したい。そして国民のコンセンサスを得ながら着実に進める、のが基本であると述べた[56]。

③首相と外務省の対立

すでに本論の2において詳しく述べたように、鈴木首相は、レーガン大統領と5月7日と8日の両日、日米首脳会談を行った。そして、これに先立って日米両事務局間で討議・準備された日米共同声明が8日に発表された。その際、日米両国間の公式文書で日米両国の結びつきが初めて「同盟関係」と表現され、また両国は、日本の防衛並びに極東の平和と安定の確保に適切な役割の分担を認めたのである。さらにわが国は日本の領域および周辺海・空域の防衛力の改善になお一層の努力を約束した。そしてこの共同声明によって、日米協力関係を日本の防衛努力が一歩前進し、日米関係は新たな段階に入ったとみられた。

事実、鈴木首相は、日米首脳会談終了後、ナショナル・プレスクラブ主催の昼食会に出席し、『新しい日米関係と日本の役割』と題する演説を行い、このあと会場からの質問に答えて「米第七艦隊がインド洋、ペルシャ湾に移動し、日本周辺海の防衛がおろそかになっている」という見方を示し、日本としては、「周辺海域数百カイリに範囲内とシーレーン千カイリを、憲法と照らし合わせ、我が国自衛の範囲内で守っていく政策を進めていく」と、海上自衛力の拡充に積極的な姿勢を示した[57]。

しかしながらその後で、鈴木首相は、日本人記者団との記者会見の席では一転して「同盟という表現には軍事的意味合いは全くない」と述べて、共同声明の軍事色を薄める発言を行った。さらに帰国後は、共同声明の内容が首相の意向を十分反映されていなかったこと、また共同声明の作成方法にも強い不満を表明したのである。

これに対して、伊東外務大臣が自民党の会合で、「日米安保条約もあり軍事問題が含まれるのは当然」と述べ、首相と外務省との間で、同盟関係の解釈をめぐって対立し、食い違いをみせた。そのため、政府は「新たな軍事的意味を付加したものでない」という統一見解を発表した。しかし鈴木首相は、その後も国会答弁および閣議において、重ねて日米共同声明の作成方法に不満を示したため、16日午後、伊東外相は政府部内の紛糾の責任をとって辞任し、また、高島外務次官も辞表を提出したのである。

日米共同声明の同盟関係および共同声明の作成方法をめぐって、今度の外相および事務次官の辞任劇について『朝日新聞』は、「社説：伊藤外相辞任のもつ重大性」の中で、鈴木首相外交とそのリーダーシップについて強く批判した。

「日米共同声明第1項の〝同盟〟の解釈をめぐる鈴木首相と外務当局との認識のずれは、ついに伊東外相の辞任、園田厚相の外相起用という事態に発展した。二国間で合意した共同声明について、双方のとらえ方が違うことはよくある。しかし、政府内で意見が対立し、その結果、外相が辞める事態は前例がない。

〝同盟〟という二文字の持つ外交・防衛政策上の重い意味が、政府・自民党内に潜在してきた平和理念に関する見解の相違を表面化させずにおかなかった、ということだろう。こんどの事態は、共同声明に対する批判に対して、鈴木首相が〝そこには私の発言が反映されなかった。同盟は軍事的なものを含まぬ〟と述べたことから始まった。（そして）外務当局が〝軍事的なものを含む〟と正面切って反論したのである。これは、意見の多様さを示すようでいながら、実は国際社会における日本のイメージを極度に傷つけかねない。首相が自分で調印した共同声明の内容に不満を述べるのは、世界の外交常識に反する。まして、その結果、外相と外務次官が辞意を表明するということは、日本外交の未熟さ、もろさを外国に印象付けるに違いない」。

その上で、「それにしても、日米会談から外相辞任にいたる過程での鈴木首相のリーダーシップの弱さ、指導者としての見識、責任感の乏しさは、あらためて問われなければならない。混乱を招いた原因を一つ一つつめてゆくと、最終的な責任は首相の肩にかかってくるのである。かりに首相が、本心から〝非軍事的な同盟〟を考えていたというなら、共同声明の作成過程で外務当局に指示し、第8項の防衛協力方針を含めて、日本の平和理念を実現させるよう努力すべきだった。それを官僚まかせにしておいて、あとから共同声明に真意が反映されていないとこぼすのでは、政治指導者としての見識に欠ける」[58]。

なお、この点について、内田健三氏は、「いうまでもなく共同声明は両国首相の最終責任において発表され、両国政府を制約するものである。作成の経過に連絡不十分や外務当局の独走のそしりがあったとしても、首相の言動には国際常識の無視、外交的無知といわざるを得ない点が多かった」と、鈴木首相の対応をこれまた強く批判した(59)。

それでは、このような批判に対して、鈴木首相自身はどのように考えていたのであろうか。この事件からおよそ10年後の1991年3月、雑誌『エコノミスト』紙上において、インタビューに答える形で当時のいきさつを次の様に語っている。少し長くなるが、鈴木元首相の真意を紹介しておきたい。

○共同声明の「同盟」騒動の顚末をぜひ聞かせてください。

○鈴木――これは大平君が前年米国へ行ったとき、普段会談その他で、同盟関係という言葉を使ってきた。それを今度は共同声明にわざわざ入れようというわけです。

○米国からの要請だったのですか。

○鈴木――だろうな。外務省はぜひいれたいとのことだったよ。大平君がそう言ってきたし、僕もそれでいいと思っているんだから、何もわざわざ共同声明に入れる必要はないじゃあないかと言ったんだ。大蔵省まで、これを入れないと共同声明に目玉がない、重みがない、こういうわけだよ。彼らは相当詰めておったわけだな、事務当局間で。伊東君も「これはひとつ大平総理も言われたことですし、共同声明の中に文書にしたからといって特別な意味があるわけではないんだからら」というんで、それじゃ入れようということにしたわけです。

○つまり、共同声明に盛り込もうという話が事務当局で事前に相当つめられていた、ということですね。

○鈴木――これははっきりしておかにゃいかんのだけれども、決して僕が行ったとき、レーガンさんから、日本に対して個々の問題で具体的にこうしてほしいとか、ああしてほしいと言われたわけでない。そのようなことは一言も出ないんだよ。ただ国際情勢の認識とか、分析とかをしただけなんだ。

○それは、例えばどんなことですか。

○鈴木――第一は、何といってもソ連の覇権主義、西側諸国は団結してソ連の覇権主義を阻止させにゃいかんと。それには各国がそれぞれ防衛力を整備して、ソ連に対抗せにゃいかんと、だいたいこういうことだな。

その認識の上に立って、政治についても、経済についても、あるいは科学技術についても、防衛はもとより、あらゆる分野にわたって西側の一員としての立場に立って連帯・協調・同一歩調をとってほしいということ。いままでずっと日米間で積み重ねてきたそういういろんな分野における厚みのある友好関係、これが要するに日米の同盟関係だと、こういうことなんだね。

○それだけだったら、問題にならなかった。共同声明に書き込んだのは、なにか特別な意味があるのではと報道陣は疑った。

○鈴木——首脳会談が終わって、同行記者団が私に質問をした。その冒頭質問が、「同盟関係を今度初めて共同声明にうたったけれども、これは何か軍事的な特別な意味があるんですか」だった。これは当然だわね。日本国民としては突如として、共同声明に「日米同盟関係」とうたいあげてくるわけだからね。日米安保条約を知らない国民はいないと思うが、その上に同盟関係とうたい出したから、何か軍事的な変わった意味合いがあるのか、と思うわね。

だから僕は「それはありません」と答えた。これは舌足らずだったな。僕はいまでも反省しているんだけれども。つまり、日米安保条約はあっても日本は個別自衛権しか持っていない。集団的自衛権というものは、憲法上みとめられていないし、規定もしていないと。だから、変わりはないですよ、同盟関係とうたってもいままでとはかわりませんよ、と言うべきだった。いや、そう言ったつもりだけれども、舌足らずだった。

記者諸君がこれを東京へ打電してきて、外務省はコメントを求められた。当時の高島外務次官がそれはおかしい、日米安保条約があるのに軍事的な意味はないなんてナンセンス、というようなことを言ったわけだな。これはわからんわけではない。外務省は一生懸命共同声明に「同盟関係」という表現を入れたくてやっと入れたわけだからね。

しかし、記者団が外務省に聞いているのは、安保条約のことではない。共同声明にとくに同盟関係をうたったんで、何か軍事的に変化があったのかと。そうでなけりゃ聞きっこないわな。それで政府内不一致ということでウワーッとなった。

○鈴木——それからもう一つ。首脳会談は2日間にわたって行われた。第1日目は主としてレーガンさんが1時間近くやった。2日目は僕が1時間20分にわたって日本の立場を説明した。同盟関係をうたっても日本はあくまで専守防衛に徹し、軍事大国になろうなどとは全然考えていない、というようなことをるる強調した。それは国民向けに、そしてアジアの近隣諸国に対して、これだけは言っておかにゃいかんという気持ちがあったからね。外務省の役人から言うと、何もレーガンさんに改めて1時間20分も言わんでもいい、すでに両国の外務当局ですり合わせやっているんだから、という気持ちはあったろうね。

ところが、第1日目の夜、共同声明がプレスに発表されてしまった。そうすると2日目はなんだったのか、ということになる。それで僕がこれからは首脳外交の時代だ。まだ半分しか日本の総理が所信を述べていないのに共同声明を出すのはどういうことか。外交は外務省官僚がやっているんであって、首脳会談はたんなる形式なんだということになってはいけない。頂門の一針を与える意味でも、「それはおかしい」と、こう言ったんですよ。[60]

なお、このインタビューの最後で、鈴木首相の退陣について、日米関係の気まずさも一つの原因ではなかったのではないかという質問に対して、鈴木元首相は次の様に語っている。

「それはないな。ただ米側には鈴木内閣が米国の言った通りに従順についていくようなこれまでの内閣とはちょっと違った人間だなというのはあったかもしれんな。僕には社会党の〝尾てい骨〟がまだ残っているという人もいたしな。僕はね、日本の外交はアジアの心というものを失ってはいけない、独自の外交というものをやらんといけないという信念をもっている。西側の一員としてただ米国についてまわったんじゃいけないと、そういう気持ちがあるもんだから、これも日米の関係からみるとあんまり長くやらなかったほうがよかったかもしれん、己を虚しゅうしてかんがえねば、ね[61]」。

4．おわりに―外交とリーダーシップ

信田智人氏は、『総理大臣の権力と指導力』という著作の中で、日本の内閣総理大臣のリーダーシップを政治資源の利用法の違いに基づき、次の4つに分類してい

る。すなわち、①安定基盤型、②ビジョン型、③新風特攻型、④優柔不断型。以下これらについて分説し、鈴木首相の外交とリーダーシップについて検討する。

①安定基盤型とは、与党内の支持基盤や官僚との深い関係など、内的資源が豊富な政治インサイダーをいい、佐藤、田中および竹下首相がこのタイプである。

②ビジョン型とは、内的資源を十分に持たないリーダーであって、国民やマスコミに訴えるビジョンを必要とする。このタイプは政権内の政治力が限られているので、世論の支持や政策実行が不可欠となる。吉田、池田、三木および中曽根首相がこのタイプに属する。

③新風特攻型とは、政権党内の支持基盤が弱体であって、世論の支持を得ることなしに重大な政権を実行しようとするリーダーである。従って、このタイプは政治の混乱を招き、退陣に追い込まれる場合が少なくない。岸および鳩山首相がこのタイプに属する。

④優柔不断型とは、自らのポストを犠牲にして政権実行を達成しようとするが、必ずしもすべての者がその覚悟を持っているわけでない。このタイプのリーダーは、政策決定の過程で政権与党に亀裂が生じると、党内抗争を恐れて政策を撤回する。鈴木、海部および宮沢首相がこのタイプに属する[62]。

信田氏は、鈴木首相のリーダーシップを「優柔不断型」に分類した上で、日米首脳会談で示した外交とリーダーシップについて次のように述べている。

「たとえば、鈴木善幸はこの典型的な例だろう。そもそも鈴木が首相に選ばれたのは、自民党が田中角栄派と福田赳夫派を中心とした激しい党内抗争に嫌気がさして、和の政治を標榜する鈴木に白羽の矢がたったためだ。ところが、日米首脳会談での共同声明に含まれた〝同盟〟という言葉に軍事的な意味を含まないと発言したことから、鈴木は日米関係をこじらせた。それに対して不安を感じた岸信介元首相らが、反鈴木運動を展開しはじめた。党内に不穏な動きがうまれているのを感じた鈴木は、政治生命をかけると言明した行政改革の道なかばで、退陣を表明した[63]」。

確かに、鈴木首相のリーダーシップを考える場合、最大の弱点は、自他ともに総理総裁を予測・期待したこともなく、宰相学の素養、蓄積に欠けていたことである。ことに、外相、蔵相の経験がなく、外交、財政政策はなかったに等しかった。しかし、鈴木政策の番頭役で政策通の宮沢官房長官にいわせれば、（鈴木元首相は）「長年の政治経験による動物的カンは抜群で、路線や政策の選択に当たって、危険な方向を察知し回避する本能的判断は、一国の最高指導者として貴重だ」と述べている。[64]

なお、『鈴木政権・863日』の著者である宇治敏彦氏は、鈴木政権の「功罪」を次の様にまとめている。功の一つとして、第4番目に次のことを挙げている。第4の功は、「西側の一員」との立場を堅持しつつも、レーガン流の「対ソ戦略」や自民党国防族の「防衛力強化—憲法第九条改正論」に全面的にコミットすることなく、総合安全保障官僚会議の発足や市場開放政策の推進など善幸さんらしいハト派感覚で、国内、国際世論とのバランスを維持したことである。

他方、罪の一つとして、第3番目に次のことを挙げている。第3の罪は、日米共同声明をめぐるゴタゴタで内外によけいな不信感を生んだことだ。これは首相自身のエラーに帰する部分が大きい。官邸—外務省間の意思疎通がもっと十分であったならば、別の展開をしていたと思われる。[65]いずれにせよ、鈴木首相の最も重視した日米首脳会議が、はからずも鈴木政権の屋台骨をゆるがすきっかけとなった点は否定しえない。その場合留意すべきは、訪米する歴代首相を通して、米国がふれるタカ派的見解は、決して日本の世論の大勢を代表しているわけではなく、防衛問題ではいまも深刻な国論の対立が存在するという事実を忘れてはならない。もちろん、米国側の論理からすれば、共同声明にもられた「同盟」には、たいした問題はないのかも知れない。だが日本側にとって、この「同盟」は単なる言葉の解釈以上にわが国の防衛力増強路線の是非をめぐる深刻な問題をはらむものであって、国内世論はもとより、政府・自民党内でも異なる意見がせめぎあっているのが現状であった。[66]

ロジャー・ベックレイ氏が指摘するように、「大規模な再軍備に関する一貫した米国の圧力と日本の世論の多くの戦争拒否態度との間に鈴木（首相）がまたがろうとする試みは、彼の包括的安全保障の概念の中にうまく示されている。鈴木首相は、日本が防衛上の側面からのみ安全保障を見てはならないと論じ、防衛負担に関する新しい強調点として、外交上および経済上の安全保障の視点を軽視することに対して警告を発した」ものだといえる。

しかし、本章で論述の対象とした、1981年5月の鈴木・レーガン首脳会談は、結果的にみれば、米国側＝レーガン大統領に鳴り物入りの大歓迎を受けてむしろ下手に出られた日本側＝鈴木首相が、これまでどこか割りきれなかった全面的な対米協力と西側の一員としての責任分担について、大胆な公約を受けいれさせられたものであると思える。そしてそのことが、次のいわゆる「ロン・ヤス関係」に象徴される〝日米軍拡路線〟強化の一つのステップにつながったこともまた否定できない事実である(67)。

注

（1）『わが外交の近況　１９８２年版（第26号）』（外務省、１９８２年）。29〜30頁。１９８１年5月7日と8日に行われた鈴木・レーガンによる日米首脳会談に関する文献としては、さしあたり以下のものが有益である。浅尾新一郎「日米首脳会談の真相」『世界経済評論』（１９８１年6月号）、10〜21頁、石川真澄・阪中友久「架空日米首脳会談」『朝日ジャーナル』（１９８１年5月22日号）、14〜22頁、石井一・宮崎吉政「日米首脳会談で何が話し合われたか」『自由』（１９８１年7月号）、31〜43頁、宇治敏彦、第Ⅳ「首相訪米へ渦巻く思惑」第Ⅴ章「日米同盟の真相」『鈴木政権・八六三日』（行政研究所、１９８３年）、杉浦正章「新湾岸条項に役割分担の芽」『世界週報』（１９８１年5月26日号）、12〜16頁、田中豊「日米同盟という名の高負担」『朝日ジャーナル』（１９８１年5月22日号）、10〜33頁、長岡継「米外交、勝利の一週間」『世界』（１９８１年7月号）、１８３〜１９３頁、中尾光昭「日米首脳会談の危険な選択」『エコノミスト』（１９８１年5月26日号）、42〜47頁、藤本一美「新同盟関係構築へ第三の出発点」藤本一美・浅野一弘著『日本首脳会談と政治過程』（龍渓書舎、１９９４年）、５８６〜５９７頁、森永和彦「日米会談の裏表」『自由』（１９８１年7月号）、44〜49頁、森永和彦「能動的創造者への第三の出発」『世界週報』（１９８１年5月19日号）、4〜5頁、「日米関係、質的転換期に」『世界週報』（１９８１年5月19日号）、6頁、「日米首脳会談とその後の日米関係」『国防』（１９８１年7月号）、55〜59頁、「戦後日米首脳会談、第九回〝同盟関係に固執した外務省〟」『エコノミスト』（１９９１年3月12日号）、82—87頁、Martin E. Weinstein, "Japan's Defense Policy and the May 1981 Summit", in *Journal of Mortheast Asian Studies* (March. 1982; Vol.1, No.1), pp. 23-23; Roger Buckley, *U.S-Japan Alliance Diplomacy 1945-1990* (Cambridge Univ. Press, 1991), pp. 140 -143.

(2)『朝日新聞』、1981年5月9日(夕)。

(3) 右同じ、1981年5月13日(夕)、ちなみに一般的に〝同盟〟とは、「特定の国家もしくは国家集団に脅威を感じる複数の国家が、条約によって一定の政治的共同行動を約し、相手の行動を抑止し、またはその攻撃を防御しようとする伝統的外交手段」をいう(『現代政治学事典』[ブレーン出版、1991年]、726頁)。

(4)『朝日新聞』、1981年5月13日(夕)。

(5) Weinstein, *op. cit.*, "Japan's Defense Policy and the May 1981 Summit", p.27; Buckley, *op.cit., U.S-Japan Alliance Diplomacy 1945-1990*, p.142. 具体的にいえば、対外政策と防衛政策に対する「タカ派」=対米協調主義と「ハト派」=憲法尊重主義の枠組みと、また、リーダーシップでは、積極型と慎重型の枠組みである。

(6)「1981年の世界」『朝日年鑑　1982年版』(朝日新聞社・1982年)、69頁。すでに、カーター政権はその末期に、対ソ強硬路線に転じており、日本側に対しても、防衛予算の増額を強く求めていた(Weinstein, *op.cit.*, "Japan's Defense Policy and the May 1981 Summit", p.24)。

(7) さしあたりレーガン政権の政策の特色については、藤本一美編『アメリカ政治の新方向―レーガンの時代』(勁草書房、1990年)、序文以下を参照されたい。

(8)『朝日新聞』、1981年1月30日(夕)。

(9)「国際情勢」、前掲書、『朝日年鑑　1982年版』、72頁。

(10) 右同じ。なお、その後レーガン政権は、1983年および1984年度の国防費見積もりをやや減額し、82年度分として総額2000億ドルを超す史上最高の国防費予算を連邦議会に上程し、ほぼ原案通り可決された。この中には、次期戦略核ミサイルMXや新戦略爆撃機B1の開発費などが経常されており、レーガン政権の軍備拡大計画はその一歩を踏み出した。

(11) 長岡、前掲論文、「米外交の勝利の一週間」、190頁。要するに、米国側の立場は、まず同盟関係の基礎を固めた上で対ソ政策を展開するという、レーガン外交の基本的姿勢の上に立つものであって、そのことは、同盟国関係を尊重する建前から、まず鳴り物入りの歓迎ぶりで、鈴木首相の訪米に最大の礼をつくす。そして会談の下準備、記者団へのPRなど、米国側が最新の配慮をもって今回の日米首脳会談のお膳立てに取り組んだ点からも明らかである。なお、ワインスタインによれば、米国側は今回の日米首脳会談で、「日本の防衛上の役割について、実質的な拡大を精力的かつ一貫して推し進め、首脳会談を目標にして最低限度の同意に到達することをめざしていた」と、指摘している（Weinstein, *op. cit.*, "Japan's Defense Policy and the May 1981 Summit", p.25）。

(12) 藤本、前掲書、「新同盟関係構築への第三の出発点」、590～591頁、宇治、前掲書『鈴木政権・863日』13～14頁。鈴木首相誕生の経緯については、さしあたり、内田健三「第70代　鈴木（善）内閣」林・辻編『日本内閣史録　6』（第一法規、1981年）、457～459頁を参照。この中で内田氏は、「後継者選定過程が徹頭徹尾、党内平和の論理と派閥間の力学によって進められ、次期政権が直面するであろう内外の困難な課題を処理すべき総理総裁の適格条件は何か、政権担当者たるべき人物の識見、政策、能力などがほとんど論議の対象とならなかった事実」を指摘している（右同じ、459頁）。

(13) 宮沢喜一『戦後政治の証言』（読売新聞社、1991年）、206頁。

(14) 『朝日新聞』、1980年10月3日（夕）。

(15) 右同じ、1981年7月17日。

(16) 「政治」前掲書、『朝日年鑑　1982年版』、202頁。

(17) 宇治、前掲書、『鈴木政権・863日』、112頁。

(18) 右同じ、142頁。

(19) 右同じ、127頁。

(20) 『朝日新聞』、1981年1月20日。

(21) 宇治、前掲書、『鈴木政権・863日』、140頁。

(22) 右同じ、141頁。

(23) 右同じ、152頁。

(24) 杉浦、前掲論文、「新湾岸条項に役割分担の芽」、12頁。なお、鈴木首相はレーガン大統領との首脳会談に先立って5月6日ニューヨークの日本協会において演説し、次の様に述べて、西側陣営の一員としての役割を積極的に果たしていく姿勢を打ち出した。「日本は、ペリーの来日で第一の出発をした。敗戦とアメリカの援助で、わが国は第二の出発をした。今、日本は、世界の平和と強化のため、レーガン大統領の新たな出発とともに、国際社会における受動的享受者から能動的創造者へ、第三の出発をする」（森永、前掲論文、「日米会談の裏表」、44頁）。

(25) 『朝日新聞』、1981年5月8日（夕）。

(26) 『朝日新聞』、1981年5月9日。防衛費について外務省や防衛庁は、対米配慮の観点からシーリングで認められた9・7％を強く主張していた。しかし、「9・7％増を達成しなければ日米関係にヒビが入るという考え方は間違いだ。日米関係はもっと基礎がしっかりとした幅広い協力関係にある」とした鈴木首相の裁定で防衛費は7・6％増で決着した（田中善一郎「鈴木善幸─権力が求めた政治家」渡辺昭夫編『戦後日本の宰相たち』［中央公論社、1995年］、322頁）。なお、防衛費をめぐる日米間の対立については、Weinstein, *op.cit.*, "Japan's Defense Policy and the May 1981 Summit," pp.23-24. を参照されたい。

(27) 宇治、前掲書、『鈴木政権・863日』、186頁。

(28) 『朝日新聞』、1981年5月9日。

(29) 右同じ、1981年5月9日。

(30) 右同じ、1981年5月9日（夕）。

(31) 右同じ、1981年5月10日。

(32) 右同じ、1981年5月9日。

(33) 右同じ。

(34) 右同じ。

(35) 右同じ、1981年5月13日。

(36) 浅尾、前掲論文、「日米首脳会談の真相」、19頁。なお、外務当局は、今回の首脳会談にあたって、二つの点を重視した対米事前根回しをしたといわれる。「一つは、首脳会談で米側、とくに大統領から露骨な形でわが国の防衛力増強を持ち出させないこと、その代わり6月の安保事務レベルや大村長官訪米の際に具体的に応じるというものである。他の一つは、共同声明には本音の部分を織りこむことにも応じるという」というものであった（杉浦、前掲論文、「新湾岸条項に役割分担の芽」13頁）。

(37) 『朝日新聞』、1981年5月13日。

(38) 右同じ。

(39) 『第94回国会　参議院会議録、第17号』（1981年5月13日）、514頁。

(40) 『朝日新聞』、1981年5月13日（夕）。

(41) 右同じ、1981年5月14日。

(42) 右同じ。

(43) 右同じ、1981年5月15日（夕）。

(44) 右同じ、1981年5月16日（夕）。

(45) 『第93回国会、衆議院会議録、第3号』（1980年10月3日）、21頁。

(46) 右同じ。

(47) 宇治、前掲書、『鈴木政権・863日』、142頁。

(48) 『朝日新聞』、1981年1月19日（夕）。

(49) 宇治、前掲書、『鈴木政権・863日』、145頁。

(50) 『朝日新聞』、1981年1月26日（夕）。

(51) 宇治、前掲書、『鈴木政権・863日』、164～165頁。

(52) 右同じ、165～167頁。

(53) 右同じ、１３７～１３８頁。
(54)『第91回国会、衆議院会議録、第2号(3)』(１９８０年1月25日)、１１６頁。
(55)『第94回国会、参議院予算委員会会議録、第18号』(１９８１年3月28日)、４頁、６頁。
(56)『朝日新聞』、１９８１年5月2日。
(57)『読売新聞』、１９８１年5月9日（夕)。
(58)「社説：伊藤外相辞任のもつ重要性」『朝日新聞』、１９８１年5月17日。しかしながら、冷静に日米関係をみた場合、日本の首相が米国に対してこれほどズケズケと物を言った例も少ないし、米側の首脳会談重視の姿勢は、すでに述べたように、これまでにない大歓迎ぶりであった。その意味で、今回の首脳会談そのものの目的は十分に達成されたし、内容的にも大成功であったといえる（杉浦、前掲論文、「新湾岸条項に役割分担の芽」16頁、参照)。
(59) 内田、前掲書、「第70代　鈴木（善）内閣」、４６６頁。なお、ワインスタインは、今回の日米共同声明と鈴木首相の発言で、他方でより一層の論議のため、責任分担の的確な本質と時期を不明確にしておいた」もので、むしろこの文章は、「とりわけ鈴木首相の要望にとって都合のよいものであった」と。ただ、記者会見の席で、鈴木首相が「一時的に誤ちをおかしたのだ」と指摘している。そして鈴木首相は、「国内の政治的経験と直観に基づいて話をした。彼は、日本のほとんど至る所にいる選挙区民に演説を行う保守党の国会議員候補のように話をしたのだ」と述べている (Weinstein, *op.cit.*, Japan's Defense Policy and the May 1981 Summit", p.26, p.28)。
(60) 前掲論文、「戦後日米首脳会談、第９回〝同盟関係に固執した外務省〟」、83～84頁、ワインスタインも、日本の外務省と防衛庁の高官たちが「アメリカの勢力を再構築するために、レーガン政権が努力することを望んでいたし、また日本がアメリカの支援と保護に値する同盟国であることを示すよう望んでいた」と指摘している (Weinstein, *op.cit.*, Japan's Defense Policy and the May 1981 Summit", p.25)。鈴木・レーガン会談の場合、実際の話し合いの内容と共同声明の調子に距離がありすぎたことは否定できない。今度の訪米は、日米の外交事務当局が共同声明を事前に作り上げた段階で実質的にカタがつき、首脳会談は添え物ないしセレモニーに過ぎなかった面もある（森永、前掲論文、「日米関係、質的転換期に」、６頁)。
(61) 前掲論文、「戦後日米首脳会談、第９回〝同盟関係に固執した外務省〟」、87頁。なお、鈴木元首相は外務省の態度について、「でも、実態は、外務省が外交はわれわれがやるんだという思い上がった気持をもっているんだ」と強く批判している（同上、85頁）。

(62) 信田智人『総理大臣の権力と指導力』（東洋経済新報社、1994年）、178〜182頁。

(63) 右同じ、181頁。

(64) 内田、前掲書、「第70代　鈴木（善）内閣」470頁。鈴木首相の場合、対外政策と防衛政策では明らかに「ハト派」＝憲法尊重派であり、またリーダーシップでは、優柔不断型＝慎重型である。鈴木首相は最初は、なかなか意中を明らかにせず、慎重にかまえてはいるものの、ひとたび一つの方向に進み始めると、周囲の人々を驚かすほどの積極性を示したといわれる（森永、前掲論文、「能動的創造者へ第三の出発」、5頁）。

(65) 宇治、前掲書、『鈴木政権・863日』、412頁、414頁。

(66) 『朝日新聞』、1981年5月17日。外務当局はこれまでも故大平首相がカーター大統領との会談で使用したことのある「同盟国」という言葉を、米側の主張を入れて、あえて共同声明に盛り込んだ最大のねらいは、世界の潮流に比較して〝おくて〟といえる日本国民の防衛意識喚起にあった（杉浦、前掲論文、「新湾岸条項に役割の芽」、14頁、Weinstein, *op.cit.*, "Japan's Defense Policy and May 1981 Summit", p.25）。

(67) 森永、前掲論文、「日米会談の裏表」、45頁、Buckly, *op.cit., U.S-Japan Aliance Diplomacy 1945-1990*, p.141, p.143. なお、外国のマスコミが今回の首脳会談とその後のいきさつをどうみていたかについては、前掲論文、「日米首脳会談とその後の日米関係」、56〜57頁が参考となる。

＊本章は、1998年5月17日、東洋英和女学院大学で行われた『国際政治学会』部会Ⅳ「日米関係の展開」での筆者による報告に修正・加筆したものである。

第４章　村山内閣の歴史的位置
―〈革新的〉側面と〈保守的〉側面

１．はじめに―問題の所在

１９９４年６月23日、１９９４年度予算が参議院で可決・成立した。これを受けて、当時野党であった自民党は、羽田孜内閣が少数与党で民意を反映していないこと、また、二重権力構造と強権的政治手法で支えられ民主主義に背く内閣であるとして、羽田内閣不信任決議案を衆議院に提出し可決された。これに対して、羽田首相は、衆議院の解散は政治的空白を招くとともに、中選挙区制の下での総選挙は政治改革の趣旨に反するとの立場をとり、６月25日、臨時閣議において内閣総辞職を決定した。越えて６月29日、衆議院および参議院の本会議が開かれ、羽田首相の後継を決める首班指名投票が行われた。しかし、第１回の投票では過半数を制するものがおらず、村山富市社会党委員長と新生党の海部俊樹元首相との決戦投票となり、自民党、社会党および新党さきがけが擁立した村山社会党委員長が新生党の擁立した海部元首相を破って、第81代、52人目の首相に選出された。社会党首相の誕生は、１９４７年６月１日に成立した片山哲内閣以来、実に47年ぶりのことであった。

いわゆる「１９５５年体制」の下で、かつて激しく敵対し合ってきた自民党と社会党が手を結ぶことができたのは、何よりも、両党の分断による新たな多数派工作を展開した新生党代表幹事の小沢一郎への反感＝〈反小沢〉という契機に他ならない。自民党は、社会党と新党さきがけを取り込めば、衆議院において再び過半数の議員を確保できて与党に返り咲くことができると考えたのである。一方、社会党は、統一会派「改新」結成の時点ですでに連立政権を離脱していたものの、落ちこぼれを気にしながら党の分裂をさけるために自民党との連携にかけたのである。こうして、反小沢で一致した内閣であるとか、また、各党の基本的政策の相違をあいまいにした「野合」政権であるとの批判を受けながらも、６月30日、ここに社会党の村山委員長を首班とする「自社さ」連立政権が発足したのである。(1)

村山内閣は、成立の契機からも明らかなように、「総選挙を経てかち取った政権ではない」[2]。新たな連立政権は、新党さきがけが作成した「新しい連立政権の樹立に関する合意事項」に社会党が同意を与え、それに自民党が乗った形をとっており、村山内閣は、自民党および自民党から分裂した新党さきがけの支援で実現したというのが事実である。こうして発足した村山内閣は、副総理・外相に河野洋平自民党総裁を、そして蔵相に武村正義新党さきがけ代表を配し、衆議院では自民党が２２３議席、社会党が70議席、新党さきがけが13議席で合計３０６議席を擁し、また、閣僚の数では自民党が13、社会党が5、そして新党さきがけが2という布陣であった。つまり、村山内閣は議席数では、自民党が社会党の約3倍と絶対的多数を占め、しかも重要閣僚は自民党が独占したという点で、実質的には〈自民党主導〉の政権であったといってよい。こうして自民党は、ほぼ1年たらずでもって与党＝政権への復帰を果たしたのである[3]。

社会党と長らく対立していた自民党が新党さきがけと一緒になって村山富市社会党委員長を擁立したのは、既述のように、何よりも政権復帰への強い願望と反小沢という契機であり、ここに、いわゆる「１９５５年体制」が実質的に終わりを告げたといえる。しかし、その背景として留意すべきは、日本を取り巻く国際的環境が大きく変化したことを忘れてはならない。すなわち、１９８９年以降の「米ソ冷戦体制」の崩壊がそれである。こうして、自民党と社会党との間には決定的な対立・争点がなくなったのである。したがってある意味で、細川政権の下で社会党が新生党など自民党から分離した政党と連立を組んだ１９９３年8月の時点で、すでに日本の政治は大きな歴史的曲がり角をこえていたのかもしれない[4]。

村山首相は、内閣の発足にあたり初閣議の席で次のような首相談話を発表した。「戦後長きにわたった保守政治を虚心に見つめ直し、連立政権発足によってもたらされたこの一年の政治の変化について反省すべきは反省する。……政策決定過程の透明な、開かれた民主的な政治体制の確立をめざす。そして新内閣は、人々の心を映す政治を基本とする」[5]。

7月1日、村山首相は初めて記者会見を行い、その中で外交を中心にこれまで政府がとってきた政策を継続する姿勢を強調し、極力無難さを印象づけることに努めた。それは、47年ぶりの社会党政権誕生に対する内外の不安感を払拭する必要があったからに他ならない。村山内閣に対する不安は、何よりも40年近くにわたり対立・抗争を繰り返してきた２つの政党が１つにまとまって果たしてうまく機能するのかという疑問であり、そしてまた、「野合」という批判もそこから生じてきたのである。

これらの批判に対して、村山首相は、「自民党と社会党の対立を永遠のものとみるのは誤りだ。自民党も変わろうとしているし、社会党も変わらなければいけない。その中で協力できるところは協力すればよい」と答え、また、野合批判に対しては「理念や政策が違っても、当面の課題について合意して成り立つのが連立政権だ」と述べて、まず、新党さきがけとの間で政策協議を煮詰め、「新しい合意事項」に自民党からもおおむね合意できるとの回答を得た上で連立に踏み切った、と強調した。

なお、村山首相は退陣後、インタビューに答える形で社会党中心の連立政権の歴史的意義について、次のように語っている。「社会党委員長の私が総理になったのは、ひとつの歴史的役割があってのことだろう。その役割とは何か、どういう任務を背負わされているのか、をつねに念頭に置きながら、総理の職務を遂行してきた。そのひとつは、この政権でなければ解決できない問題は何か、ということだ。自民党単独政権では成し得なかった問題解決に、連立政権の良さを生かして突っ走ろうと考えた[6]」。

本章の目的は、以上の認識に立って、47年ぶりに誕生した社会党中軸の村山内閣が遂行した主要な政策を取り上げて、その歴史的評価を試みようとするものである。その際、分析枠組みとして、村山首相が決断し遂行した政策の中で、〈革新的〉側面と〈保守的〉側面との両方に焦点をあてて、その総合的評価を行い、戦後日本における「民主主義」の成熟の度合いを検討してみたい。なお、ここでいうところの革新的とは、「戦後民主主義」の文脈の中で〈進歩的〉な政策のことを指し、また、保守的側面とは「戦後民主主義」の文脈の中で〈後退的〉な政策のことを指している。

２．村山内閣の〈革新的〉側面

①村山内閣と戦後処理の姿勢

１９９４年７月18日、第１３０臨時国会が召集され、村山首相は、初めて所信表明演説を行い、次のように内閣の基本的姿勢を明らかにした。「冷戦の終結によって、思想やイデオロギーの対立が世界を支配するといった時代は終わりを告げ、旧来の資本主義対社会主義の図式を離れた平和と安定のための新たな秩序が提案されています。このような世界情勢に対応して、わが国も戦後政治を特色づけた保革対立の時代から、党派を越えて現実に直面した政策論争を行う時代へと大きく変わろうとしています。

この内閣は、こうした時代の変化を背景に、既存の枠組みを越えた新たな政治体制として誕生いたしました。今、求められているのは、イデオロギー論争ではなく、情勢の変化に対応して、闊達な政策論議が展開され、国民の多様な意見が反映される政治、さらにその政策の実行される政治であります。これまで別の道を歩んできた三党派が、長く続いたいわゆる55年体制に終止符を打ち、さらに一年間の連立政権の経験を検証する中から、より国民の意思を反映し、より安定した政権を目指して、互いに自己変革を遂げる決意の下に集結したのがこの内閣であります。これによって、国民にとって何が最適の政策選択であるかを課題ごとに虚心に話し合い、合意を得た政策は、責任を持って実行に移す体制が歩き始めました。私は、この内閣誕生の歴史的意義をしっかりと心に刻んで、国民の期待を裏切ることのないように懸命の努力を傾けたいと思います。

我々が目指すべき政治は、まず国家あり、産業ありという発想ではなく、額に汗して働く人々や地道に生活している人々がいかに平和に、安心して、豊かな暮らしを送ることができるかを発想の中心に置く政治、すなわち、人にやさしい政治、安心できる政治であります[7]」。

村山首相の初めての所信表明演説に続いて、22日までの5日間、衆参両議院の本会議において、各党の代表質問が行われた。周知のように、一連の質疑・応答の中で村山首相は、①自衛隊は合憲、②日米安保体制を堅持する、③非武装中立はその政策的役割を終えた、④日の丸、君が代を国旗、国歌として容認する、と次々に従来の社会党の「政策転換」を表明し、連立政権の維持を最優先させた。このような村山首相の答弁は、社会党にとってはもちろんのこと、戦後の日本の安全保障論議にとって歴史的な転換点となった[8]。とくに自衛隊の合憲について、村山首相は、「現実に3つの自衛隊の最高指揮官になったわけだから、違憲では、首相を辞めざるを得ない」と語り、首相という立場を重視した答弁であったことを強調した[9]。

さらにその後多くの批判にさらされ、苦渋の中で選択し決定した政策転換について、村山首相は退陣後、次のように述べている。「冷戦構造が崩壊し、サミットに出かけていくと、あれだけ敵対してきたロシアの大統領が同じテーブルについて議論する時代になった。社会党が自民党と同じテーブルにつくのはおかしい、というのはバカげている。そんな時代のなかにあって、国民的なコンセンサスが得られたものについては、常識的に判断して政策を転換していくのは当然だ。社会党がこれまで持ってきた理念は変えないが、情勢の変化に対応して柔軟に政策を変えていくのは当たり前のこと。私が総理になって、社会党の政策転換を積極的に図ったことに後悔はあまりない[10]」。

ところで、村山内閣は、ちょうど戦後50年の節目に直面した内閣であった。そのため村山首相は、「戦後処理の問題を日本自身のけじめの問題である」と位置づけて、自民党単独政権でははかどらなかった戦後処理問題について、積極的に取り組む姿勢を示した。村山内閣が手がけた主な戦後処理として、さしあたり、次の点をあげることができる。

①1994年9月、「戦後50年に向けての首相談話」―10年間で1000億円の事業となる「平和友好交流計画」を1995年度から開始することを発表、②1994年12月、「被爆者援護法」の成立―原爆投下直後から1969年の葬祭料創設以前に亡くなった被爆者の遺族のうち、自身も被爆者である人に1人10万の特別葬祭給付金を支給、③1994年12月、台湾の「確定債務」返却方針を決定―未払い給与、軍事郵便貯金など一律120倍の計352億円の返却を決定し、10月から5年間受けつける、④1995年3月、サハリン残留韓国人永住帰国支援―帰国受け入れのための療養院と集団住宅建設に32億円の支出を決定、⑤1995年6月、「戦後50年の国会決議」―世界の近代史上における数々の植民地支配や侵略行為に思いをいたし……などとした決議を衆議院が採択、⑥1995年7月、「女性のためのアジア平和国民基金」発足―元従軍慰安婦への一時金の支給などの償いの事業をする任意団体で、政府も基金を通じて福祉や医療面での支援事業に拠出する[11]。

村山内閣の下で実現された主な戦後処理は、そのいずれも自民党単独政権がやり残した「負の遺産」であった。自衛隊や日米安保などで基本政策を転換した社会党内閣にとって、戦後処理の問題は、いわばその代償として独自色を発揮できるテーマであったといってよい[12]。こうした状況の中で、戦後50年の敗戦記念日にあたる1995年8月15日、村山首相は、次のような談話を発表した。「わが国は遠くない過去の一時期、国策を誤り、戦争への道を歩んで国民を存亡の危機に陥れ、植民地支配と侵略によって、多くの国々、とりわけアジアの諸国の人々に対して多大な損害と苦痛を与えました。私は未来に過ち無からしめんとするがゆえに、疑いべくもないこの歴史の事実を謙虚に受け止め、改めて痛切な反省の意を表し、心からお詫びの気持ちを表明いたします。また、この歴史がもたらした内外すべての犠牲者に深い哀悼の念を捧げます[13]」。

この談話は本来なら、村山首相が計画していた政府主催の集会で読み上げられるはずであった。しかし集会は、自民党の反対で先送りされたのである。このような状況の中で、その内容を閣議決定＝内閣の方針という形で歴史に残すことができたのも、やはり社会党の首相をいただく連立政権であったからであろう[14]。

次に、戦後50年間も積み残されてきた「負の遺産」の中で、村山内閣が一気に処理した重要な戦後処理の問題、すなわち、被爆者援護法、元従軍慰安婦対策および水俣病未確認患者の救済を取り上げ、これらの政策遂行を村山内閣の「革新的側面」と位置づけて、その意義と問題点を検討することにしたい。

②被爆者援護法の制定

1994年12月9日、これまでの原爆医療法と被爆者特別措置法を一本化し、新たに特別葬祭給付金を加えた形で、被爆者援護法が成立し、それは、1995年7月1日から施行された。この被爆者援護法の最大のポイントは、①埋葬料制度（1969年度以降の死亡者に部分適用、1974年10月から全面適用）の対象となる以前に死亡した被爆者の遺族（ただし、その遺族も被爆者であること）に対する特別葬祭給付金（10万円）の支給（対象者20万人以上、必要経費200億円以上）、②相談事業や居宅生活支援事業などの福祉事業の法定化、③所得制限の完全撤廃、などを内容とするものであった。被爆者援護法は、1994年8月以来、連立与党間で調整が難航しており、ようやくその内容が11月に入り固まったものである。後述するように、それは、自社両党がお互いに譲れない一線だけは守りながら、しかし、連立の枠組みを崩したくないという理由で歩み寄った結果の「政治的妥協の産物」であった[15]。

被爆者援護法案について、これまで被爆者団体や社会党が求めてきたのは、戦争の国家責任を明確にして謝罪と補償を行い、将来の不戦の誓いを込めた国家補償法の制定であって、それに基づいた被爆死亡者への弔慰金の支給だった。これに対して、今回の与党合意案は、国の不法行為責任、賠償責任を認める趣旨ではなく、放射線による健康障害という特別の犠牲者につき、結果責任として被害相応の補償を認めるという、従来の考え方の域をでていなかった。したがって、給付金も死亡者への弔意ではなく、あくまでも生存者対策の一環としたのもそのためであり、確かに国の責任はうたっているものの具体的な戦争責任論や謝罪などはみられなかった。こうして、最終局面では「国家補償の精神に基づく」という文言を入れることで国の戦争責任を明確化するよう求めた社会党と、「国家の責任で」との妥協案を示し、戦争責任に触れたがらない自民党との対立が先鋭化し、社会党はこれまでの持論を展開したものの、結局主張を全面的に通すことはできなかった。そのため、法律成立の意義は大きいと評価する一方で、広島や長崎をはじめ、各地で批判が噴出した[16]。また、今回の合意案については、政権運営上の思惑から「早期決着」を優先しようとする村山首相と、党の独自色発揮に比重を置いた社会党との間に距離感が際だった[17]。

支給の対象者は、厚生省によると、被爆者手帳を持つ人の7―8割にのぼる23万人から28万人といわれる。だが、被爆直後から現在の葬祭料が支給された1969年以前に死亡した30万人―35万人の遺族の中には、例えば被爆者でない人が被爆者と結婚しその後遺族となった事例もあり、こうした遺族には給付金は支給されず、その人数について厚生省は把握していないという。

村山内閣の戦後処理政策の一環として、被爆者援護法が制定された背景には、次のような事情があった。まず、最後まで調整のつかなかった弔慰金について、積み上げ方式による政策決定ではなく官邸が提示した政府案を三党がそのまま丸のみする形で収拾したが、それは、三党間で基本的な立場や理念を詰めることのないまま支給対象を増やすやり方であった。このように、いわば支持組織への配慮を最優先する旧来の政治方式に対して、当然のことながら、与党内からも自社両党の古い体質が出たとの批判の声があがった。しかし、社会党は、被爆者援護法の制定を「従軍慰安婦問題などの戦後処理、水俣病と並ぶ三大課題」と位置づけ、党の悲願であるとしてこれまでに見られなかったような強硬な姿勢を貫いた。それは、先に述べたように、自衛隊の合憲、日米安保の是認など基本政策の転換により、社会党政権らしさを急速に失いつつあるという危機感が働いたのは否めない。つまり、村山内閣も発足して4ヶ月が経過し、翌1995年の統一地方選挙、参議院選挙および衆議院の総選挙を控えて、何らかの形で自民党側の譲歩を引きだす必要があったからである。その意味で、長らく反核運動に取り組んできた社会党としては、野党時代に16回も法案を提出した被爆者援護法は格好のテーマであったといえる。

なお、被爆者援護法の前文には「国の責任において、原爆投下の結果として生じた他の戦争被害とは異なる原爆放射能による健康被害という特殊の被害にかんがみ」との表現を盛り込み、空襲などによる一般戦災者と区別した。村山首相は、被爆者援護法をめぐる政府の調整案で与党が合意したことについて、「いろんな角度から検討してもらって出した案だし、今やらないとできないことだから、そりゃ不満はあるだろうけど、いい案をまとめてくれたということだ」と語った。[18]

村山首相は退陣後、被爆者援護法制定の意義について、次のように語っている。「自民党単独政権では成しえなかった未処理の問題を、この政権で片をつけられるものについては解決していくことが、私に課せられた歴史的役割であり、任務だと思った。その一つが被爆者援護法の問題であった。被爆者援護法は、広島、長崎の被爆者を中心に、核をなくそうという国民的な悲願もあって、制定が求められてきた。社会党が野党の時の1974年以来、衆参両院で計16回も法案を国会に提出してきたのだが、そのたびに自民党に反対され廃案にされてきた経緯がある。それをなんとか結実させようと与党三党にお願いをし、いろんな議論をしていただいたり、広島、長崎の皆さんの意見も充分に聞いて制定した。国家補償を前提にしてほしいという強い要請に、100%応えることはできなかったが、それなりのけじめと決着がつけられたのではないか[19]」。

③元従軍慰安婦問題対策

第二次世界大戦中、日本軍がアジアへ侵攻の際、占領地での強姦防止や性病による戦力低下を防ぐという名目でもって、兵士の性欲処理を目的とした従軍慰安婦を戦地に配した。１９３８年に上海郊外に開設された陸軍娯楽所は、その最初のものである。従軍慰安婦の数は、8万人とも20万人ともいわれる。問題なのは、一部の慰安婦が強制連行によるものだったということである。そこで１９９５年7月、政府の音頭とりで、従軍慰安婦問題に関する民間募金の受け皿である任意団体＝「女性のためのアジア平和基金」が発足した。しかし、１９９６年5月、その呼びかけ人の一人である三木睦子（故三木武夫元首相夫人）は、政府の取り組みが不徹底だ、個人賠償が必要であるとして辞表を提出するなど、その後平和基金の運営は必ずしも計画通り進んでいない。

村山首相が熱意を見せた戦後処理問題の中で、最大の焦点は何といっても元従軍慰安婦問題への対応であった。実際、村山内閣が発足して2ヶ月後の１９９４年8月31日に発表した談話の中でも、村山首相は、「政府の計画とあいまって、この気持ちを国民のみなさまにも分かち合っていただくため、幅広い国民参加の道をともに探求していきたいと考える」と表明するなど、元従軍慰安婦問題に対する日本政府と社会党出身の村山首相の前向きの表現となっていた。また、村山首相は民間募金による元慰安婦への「見舞金」構想実現への意欲を示し、これは政府が直接関与しない形での事実上の「個人補償」の実現の道を探るものであり、一部で苦し紛れの方策であるとの批判も聞かれた。しかしながら、この構想が実際に動き出せば、戦争責任という国家の抱える問題の解決に向けて政府だけでなく、国民や企業・団体が幅広く参加するという新しいタイプの方法に結びつく可能性もあり、かなりの注目を集めた[20]。それはまた、いわゆる「やさしい政治」を標ぼうする村山首相と社会党にとって、元慰安婦への個人補償は過去の戦争責任への反省とともに、社会党中軸政権としての特色を外交面で打ち出せる分野であった[21]。

越えて翌年の１９９５年6月14日、政府は元従軍慰安婦に対する償いのための事業を進める任意団体＝「女性のためのアジア平和国民基金」の事業内容を取りまとめ、それは五十嵐広三官房長官から発表された。与党間の事前調整で意見が対立していた「政府による個人補償」は見送られたものの、新たに福祉や医療面での支援事業を盛り込み、基金を通じてこれらの事業に資金を拠出することで政府としても一部責任を担う形となった。

五十嵐官房長官は、記者会見の中で「戦後50年にあたり、私どもは、我が国の過去において、アジアなど内外の人々に耐え難い苦しみと悲しみをもたらしたことを、あらためて深く反省するところであります。とりわけ、従軍慰安婦の問題は、多くの女性にいやしがたい苦痛を与え、女性としての名誉や尊厳を深く傷つけたものであり、私はこの機会に心からお詫びを申し上げるしだいであります」と謝罪し、そして国民の参加と政府の責任のもと償いと反省の気持ちを込めて事業を行うと述べて、基金構想が政府による個人補償に極めて近いことをにじませた。また、支給にあたっては国としての反省とお詫びの気持ちを表明するとして、村山首相の謝罪の手紙を一人ひとりに出すことを検討していることを明らかにした[22]。

この段階では、募金の目標額や一回に限って支給される一時金の額、政府が拠出する支援事業の中身は固まっていなかったとはいえ、政府内では10億円以上の募金を目標に、韓国、フィリピン、中国など最大千人にのぼると見られている元従軍慰安婦に対し、一人あたり数百万円を贈ることが検討された。

既述のように、元従軍慰安婦問題は村山内閣の最大懸案事項の一つであった。それだけに、連立与党内部では大きな意見の対立が見られた。すなわち、政府による個人補償を主張する社会党に対して、国家間の賠償問題は決着済みとして個人補償には慎重な自民党や新党さきがけと意見が対立し、また、政府内でも大蔵省や外務省は、いったん個人補償を認めてしまえば、際限なく広がるとして政府が積極的に関与することに難色を示し構想づくりが難航していた。一方、元慰安婦本人や支援団体の中には、民間の募金に頼ることを政府の責任逃れだと反発する声もあった。こうした事情を背景に、政府は一時金は民間、基金の運営費と支援事業は政府持ちとする玉虫色で決着させたのである。

このような状況の中で、村山首相は社会党内部を取りまとめ、自ら政権基盤を固めるため、元慰安婦問題で社会党らしさを出す必要があった。そこで1995年8月15日、村山首相の挨拶文をそえて政府は、各新聞社の紙面を通じて「女性のためのアジア平和国民基金」に拠出金を呼びかけた。そして、具体的行動として、①慰安婦制度の犠牲者への国民の償いのための基金設置への支援、②彼女たちの医療、福祉への政府の拠金、③政府による反省とお詫びの表明、④本問題を歴史の教訓とするための歴史資料整備、というのがその柱であった[23]。

村山首相は退陣後、元従軍慰安婦問題について、次のように語っている。「従軍慰安婦の問題もあれだけ問題にされ、いろいろ運動も起こっているのに、手つかずのままにされてきた。国家賠償という声もあったのだが、それはサンフランシスコ講和条約や二国間条約などで片がついている面もあり、それはなかなかできにくかった。だからといって、そのままにしておいていいものではないし、議論に日時を費やしていては、彼女たちの年齢を考えると、そう長くは待てない状況だった。そこで、国民的な基金をつくって国民全体で償いをするのがベストではないかと考え、女性のためのアジア国民基金を設置した。そして、原文衛参議院議長に基金の理事長をお願いして、運動を展開しているところだ。償いをする際には、個々の方々にお詫びの手紙を出そうと思っていた[24]」。

④水俣病未確認患者の救済

水俣病とは、熊本県水俣湾周辺で発生した有機水銀中毒症のことである。１９９５年４月末の時点での認定患者は、２９４９人（内死亡者１４４３人）であり、国、県、加害企業（現チッソ）を相手どった各訴訟では和解勧告が出され、熊本県とチッソは交渉の席についたものの、国は長い間和解を拒否してきた経緯があった。

しかし、村山内閣になってから１９９５年６月の与党三党の合意を受けて、９月に原因企業のチッソは、一時金として救済対象者に一律２６０万円、主な５つの被害者団体に総額50億円の団体加算金を支払う。また、国と県はチッソに対する金融支援策として県が新たにつくる基金を通じて２６０億円融資するという「水俣病政治決着」がようやくまとまったのである。

一方、新潟水俣病では、１９９５年12月７日、新潟水俣病共闘会議と原因企業の昭和電工が直接交渉し、昭和電工が救済対象者に一時金として一律２６０万円、新潟水俣病被害者の会に４億４０００万円の団体加算金を支払う。新潟県に対し、県と被害者が協力して始める「水俣病の教訓を生かした公害撲滅のための事業」に２億５０００万円を寄付するなどの内容を盛り込んだ協定書に合意したのである。

１９９５年12月15日、政府は水俣病の未確認患者の救済問題について、最終解決策を正式に決定し、村山首相は次のような談話を発表した。「公害の原点ともいうべき水俣病問題が、その発生から40年を経て、多くの方々のご努力により、今般、当事者の間で合意が成立し、その解決をみることができました。解決にあたり、私は、苦しみと無念の思いの中で亡くなられた方々に深い哀悼の念をささげますとともに、多年にわたり筆舌に尽くしがたい苦悩を強いられてこられた多くの方々のいやしがたい心情を思うとき、まことに申し訳ないという気持ちで一杯であります。水俣病問題は、深刻な健康被害をもたらしたばかりでなく、地域住民のきずなを損なわれるなど広範かつ甚大な影響を地域社会に及ぼしました。私は、この解決を契機として、水俣病の関係地域の方々が、一日も早く、ともに手を取り合って、心豊かに暮らすことができるよう、心から願うものであります[25]」。

こうして、公害の原点ともいわれた水俣病未確認患者の救済問題がようやく決着した。周知のように、水俣病は、1万人以上の被害者を出し、戦後日本の公害の最大事件であった。その悲惨さは、報道写真などを通じて世界に知れわたっていた。すなわち、工場排水に含まれていた水銀が海に流され、食物連鎖で魚に濃縮し、それを食べた人間が中毒になった。複雑な仕組みと汚染の広りとあいまって、これまで人類が経験したことのない規模の公害事件であった。

しかし、その解決に40年以上もの年月を要したということは、社会や国の制度に大きな欠陥のあることを明らかにしたものといえる。しかも、司法による救済も十分に機能せず、被害者らは差別を受けながら地域社会の中で放置されてきた。それは何よりも、国が責任を曖昧のまま処理してきたからに他ならない。政府がどの段階でどのような手を打てば水俣病の拡大が防げたのか。何故これまで政府は、適切な行動をとってこなかったのであろうか。

村山首相は、この点について、「段階段階で、もう少し企業も行政も手を打っていれば、これだけ拡大せず、繰り返すこともなかった」と初めて政府の責任について言及した。しかしながら、この表現は後の首相談話からはすっぽりと抜け落ちていた。それは、組織の体面を守ろうとする官僚の抵抗が極めて強かったことを物語っている。村山内閣が戦後処理の一環として解決に臨み、一部を除き決着にこぎつけたことは評価してよいと思われる[26]。ともあれ、水俣病問題の解決は、自民党単独政権時代では年月を重ねても実現が困難な面もあっただけに、被爆者援護法の制定や戦後50年の首相談話の発表とともに、村山首相としては社会党首班政権を強くアピールできた形となった。

村山首相は退陣後、水俣病未確認患者の救済について、次のように語っている。「水俣の問題も、未解決のまま40年近く放っておかれてきた。そのため、自分の人生を台無しにされてしまった方々がたくさんおられる。単に熊本という一地域の問題、新潟という一地域の問題としてとらえるのではなく、公害の防止と環境の保全というものを、日本国民全体が問い直す意味も含めて解決に当たった。これもまた１００％満足のいくものではないが、なんとか決着をつけることができた(27)」。

以上、村山内閣の下で実行された一連の戦後処理について、まず、村山首相の基本的認識を紹介し、その上で、被爆者援護法の制定、元従軍慰安婦問題対策および水俣病未確認患者の救済について、村山首相が、自民党および新党さきがけといった連立与党の中で、社会党の政治的姿勢を貫き、かつ他の党との政治的駆け引きを行いつつ政策遂行を決断し、それを積極的に推し進めた「革新的」側面を見てきた。

3．村山内閣の〈保守的〉側面

村山首相は、１９９６年1月1日の年頭所感において、日本の戦後の発展を支えてきた社会構造に「制度疲労」が生じていると述べた。確かに、今日の日本が対面している厚い壁を打ち破るには、これまでの枠組みにとらわれない政治および行政などの面で新しい発想や広い分野で構造改革に取り組む姿勢が求められていた。

１９９４年6月、「自社さ」の連立政権が新たに発足した際に、国民がこの政権に期待したのは、何よりも自民党長期政権下でさびついた社会構造そのものの洗い直しであった。しかし、村山首相が自民党に支えられ、政権に座る期間が長くなるにつれて、平和、軍縮および社会的公正を理念として掲げてきた社会党らしさや村山首相の持ち味が消えていったのは否定できない。そして、一面で政権維持が自己目的化しかねない状況の中で政治的難問に遭遇するたびに、村山首相が示す「苦渋の選択」は、多くの場合、首相の立場や党の理念を犠牲にする形となって現われた(28)。本節では、村山首相が、決断と実施を余儀なくされた、消費税５％への引き上げ、新防衛計画大綱の決定、破壊活動防止法の適用および住専への公的資金の投入についてその経緯を紹介し、村山内閣が遂行した政策の保守的＝〈後退的〉側面を検討してみたい。

①消費税5％へ引き上げ

1994年9月22日、政府は税制改革大綱を決定し、現行3％の消費税が1997年4月から5％へと引き上げられることになった。社会党は、消費税率の引き上げ幅を税制改革大綱に明記することに難色を示していたものの、最終的に、福祉施策の拡充などを条件に一体処理を受け入れた。その背景として、減税の恩恵が薄い低所得者層などへの福祉施策の上積みが認められたことに加えて、自民党と新党さきがけが一体処理で固まっている中で、もし社会党があくまでも分離処理にこだわった場合、連立与党内に亀裂を生み村山政権の存立にも響きかねない、と判断したからに他ならない。しかしその結果、村山首相が今回の税制改革の前提としていた税負担の公平化や行財政改革の推進は不十分のままに終わった。だが、村山首相は、三党連立政権の政策調整で最も高いハードルといわれた税制改革問題を一応決着させ、当面の懸案処理のヤマをこした形となった。[29]

今回、与党三党が合意した税制改革の主な内容は、次の通りであった。①現行3％の消費税を1997年4月から5％に引き上げる。税率は景気の動向などに応じて見直す、②今年度（1994年）実施している3兆5000億円の所得税・住民税減税を95年度も続ける。1995年度の減税は、税率区分の見直しによる恒久減税3兆5000億円と、暫定的な定率減税2兆億円を組み合わせた「二階建て」方式とする、③消費税と所得税・住民税減税は、一体のものとして税制改革関連法案に盛り込む、④消費税率引き上げ分の一部を福祉の財源と位置づけ、ホームヘルパーの充実を柱とする高年齢者介護対策を1995年度からスタートさせる、⑤福祉財源を増やすため、現在は消費税が非課税となっている新設法人にも課税し、中小企業特例を減少する、⑥都道府県の自主財源として地方消費税を創設し、消費税5％の中に含める、ただし、徴収は国が代行する。[30]

村山首相は、9月22日夜、政府の税制改革大綱の決定を受けて、記者会見を行った。そして、消費税に一貫して反対してきた社会党の党首である村山首相が消費税5％への引き上げを決断したことについて、「連立政権樹立の合意事項を守る立場から、社会党の中で真剣な議論を積み重ね、苦渋の選択をした。政権を担う立場から国民に対して責任ある決定をした」と述べて、理解と協力を求めた。また、大綱が新たな消費税率５％を景気動向などに応じて見直すという点について、村山首相は「税体系全体の改革や高年齢者福祉の要請など総合判断して結論を出す」との姿勢を示した。そして、可能な限り今の税率を据え置くよう努力すると述べ、当面は再引き上げを行わないことを明らかにした。これに関連して村山首相は、資産課税などの検討やできれば総合課税方式を目標にして公平な課税をしていくことが一番大切だとして、金持ち優遇税制との批判がある現行制度の根本的な改革に取り組む意欲を示した。

一方、肝心の消費税の引き上げについて村山首相は、「財政健全化という立場からも経済全体のために必要ではないかと考えて厳しい議論をしてきた結果だ、ご賢察いただきたい」と国民の理解を求めた。なお、消費税導入時に強く反対した社会党の首相として批判されることについて、村山首相は先に指摘したように、「苦渋の選択だった。しかし、党内の真剣な議論を踏まえて連立政権を担う立場から責任ある選択をした」と述べた。他方、老齢福祉年金受給者への一時金支給に対する「バラマキ福祉」批判について、村山首相は、「それは見方による、消費税率増は減税の恩典を受けない方々には重い。したがって政治として配慮するのは当然だ」と述べた[31]。

今回、村山内閣が消費税を５％に引き上げたことについて、『朝日新聞』は、「社説：財源探しで易きにつくな」の中で社会党の態度を評価した上で、財政当局を次のように批判した。「社会党が抵抗していた消費税の増税を受け入れたことは、減税財源にも責任を持つ現実的な対応に転じたことを意味する。将来の税制改革や財政運営に、新しい展望を開くものといえよう。財政当局者には、これで今後、財源を安易に消費税の引き上げに求めることのないように、釘をさしておきたい。そもそも消費税は、痛税感が薄いことから、税率が安易に引き上げられがちだという欠点を持っている。今回の税制改革で、消費税は89年の導入以来、初めて引き上げが決まったわけで、その意味は重大である。細川政権の国民福祉税騒ぎを持ち出すまでもなく、財政収支のつじつま合わせを優先した税率引き上げには、国民の理解が得られるものではない。税率明記に執念をもやした財政当局はこのことを肝に銘じるべきである。財源探しで易きについてはならない」。また、『日本経済新聞』は、「社会党委員長である村山首相は22日、社会党の主体性を捨て、政権維持の道を選んだ。……首相の歯切れの悪さは、政権維持と一体を成す社会党の組織維持に確信をもてないからだろう」と批判した[32]。

村山首相は退陣後、消費税の引き上げについて、次のように語っている。「消費税が定着し、国民の消費税に対する違和感もなくなってきた。それに、高齢化社会を迎えるに当たって、社会福祉や老人介護に力を注いでいかなければならない。ウンとカネがかかるその財源をどうするかが大問題となってくる。従来通り、所得税だけに依存するとなると、サラリーマンにより大きな負担がかかることになる。ここは、国民全体が高齢化社会を支えていく以外になく、国民全体が責任を持つことが必要だ。それには、消費税アップもやむを得ない。ただ、消費税は逆進性が強い。高所得者にも低所得者にも同率の税がかかるためできるだけ逆進性を解消しようと、例えば食料品などは非課税にできるような措置がとれないものかと検討した。しかし、技術的には大変むずかしく、低所得者には歳出の面で配慮してお返ししていく必要があるのではないかと考え、消費税アップによる財源は、社会福祉や介護手当に回すよう配慮した上で決定した。税率をきめなくてもいいのではないかという声もあったのだが、河野洋平自民党総裁、武村正義新党さきがけ代表との最終的話し合いの場で、税率を決めないのは無責任だ。責任の所在を明確にしたほうがいいと、私がそうすることを決断した[33]」。

②新防衛計画大綱の決定

1995年11月28日、政府は臨時閣議を開き、米ソ冷戦後の防衛力整備の指針となる新防衛計画大綱（以下、「新大綱」と略す）と、今後の防衛力の具体的規模を示す「別表」を決定した。それは、最小限の防衛力を保持するという「基盤的防衛力構想」を旧大綱から継承する一方で、他方で日米安全保障体制の維持・強化を明記していた。また、冷戦後、自衛隊の活動への期待が高まっている新分野として、大規模災害やテロリズムへの対応、国連平和維持活動（ＰＫＯ）への参加などを挙げていた。さらに、自衛隊の定数を３万５０００人減らすなど自衛隊の定数や装備の削減は、別表の方に盛り込まれた。もともと、防衛問題については、とくに自民党と社会党との間では基本的な主張が異なっていた。そのため、調整は難航した。最後までもめた武器輸出三原則や核廃絶の扱いでは、「原則を維持」するという社会党の主張が通ったものの、社会党は防衛力の実質的中身を示す別表にはほとんど反対せず、自民党と防衛庁が実をとった形となった。結局、自民党と社会党が折り合ったのは、連立政権を壊してはならないという抑制が働いたからであった。また、新大綱をめぐる与党内協議が決裂しながら一転してまとまったのは、村山首相が「指導力」を見せたからだといわれる。村山首相は、これまで政府・与党が大きな政策決定をする場合、連立与党三党の合意を粘り強く待つ、というのが基本的パターンであった。しかし今回、新大綱の決定を支持して村山首相が指導力を発揮したのは、防衛問題で与党三党間、さらに政府・与党間の亀裂が拡大する印象を与えたくない、という判断が働いたためであった[34]。

新大綱は、1976年に決定された旧大綱と別表を19年ぶりに見直したものであり、その骨子は次の通りである。①現行憲法の下、専守防衛に徹し、軍事大国とならないとの基本理念に従い、日米安保体制を堅持し、文民統制を確保し、非核三原則を守るという基本方針を堅持する、②独立国として必要最小限の防衛力を保守する基盤的防衛力構想を旧大綱から踏襲する、③防衛力は合理化、効率化、コンパクトをはかる一方で、適切な弾力性を確保する、④日米安保体制は我が国の安全にとって不可欠であり、周辺地域の安全保障環境の構築にとっても重要な役割を果たす、⑤核軍縮の国際的努力の中で、積極的な役割を果たしつつ、米国の核抑止力に依存する、⑥大規模な自然災害、テロリズムにより引き起こされた特殊な災害など各種の事態に際して、適時適所に所要の行動を実施する、⑦国際平和協力業務を通じ、国際平和に寄与し、安保対話・防衛交流を推進し、軍備管理・軍縮にも協力する[35]。

周知のように、冷戦後の日本は、ソ連という格好の敵役を失った形となった。そこで、我が国の防衛力のあり方を国民にどのように分かりやすく説明するのか、新大綱の焦点は実はこの点にあったといってよい。防衛庁が採用した基本理念は、先に述べたように、日本が力の空白となって地域の不安定要因とならないように必要最小限の防衛力を保有するという基盤的防衛力構想にあった。

新大綱によれば、日本周辺の国際情勢について、①朝鮮半島における緊張が継続するなど不透明・不確実な要素が残る、②同時に、地域的な安全保障対話の動きも始まっている、③日米安保体制が引き続き重要な役割を果たすと分析し、特定の脅威認識をなんら示していない。したがって、突出した軍事力で周囲を刺激する必要はないというのが、基本的防衛力の考え方であると思われる。後述するように、日米安保体制について、維持・強化を打ちだしたのも今回の新大綱の大きな特色であった。また、既に述べたように、新大綱は、自衛隊が今後取り組むべき分野として、①大規模な自然災害やテロリズムなどへの対処、②PKOへの参加、③安保対話・防衛交流の推進、④軍備管理・軍縮分野での協力などを盛り込んでいたが、それは一言でいえば、防衛力削減と併せて、脱冷戦時代の「新自衛隊」像を印象づけようとしたものに他ならない。

規模の縮小については、「別表」に示されており、それによれば、①陸上自衛隊の定数を現行の18万人から、現役自衛官による常備定数で14万5千人まで削減する、②4個師団と2混成を6旅団とする、など全体としてスリム化を図る、③戦車や戦闘機など主要装備を削減するなど、現体制を見直している。

新大綱について、『朝日新聞』は、「社説：新大綱は時代に耐えられるか」の中で、次のような批判的見解を述べた。「旧大綱と新大綱の決定的な違いは、日米安保体制の役割の重心が、旧大綱の我が国に対する侵略の未然の防止や侵略への日米共同対処から我が国周辺地域の平和と安全の維持とそのための米国の関与と米軍の展開を確保する基盤へと移ったことである。……地域的紛争に対処するため日米の軍事的協力が強まることは、集団的自衛権の行使を禁じた憲法との間に緊張を生む。ここにこそ新大綱がはらむ基本的問題がある。……だからこそ村山首相は、集団的自衛権についての憲法解釈をあくまで貫くことを、官房長官談話ではなく新大綱に明記すべきだった。日米の物品役務相互融通協定をはじめ、集団的自衛権にからむ課題が控えているとき、必要なのは政治の明確な意思の表明だったはずだ[36]」。

新大綱を含めて防衛問題について、村山首相は多くを語っていない。ただ、自衛隊合憲との関係で、防衛費の削減に努めており、軍縮は世界の潮流であるという認識を示していた。この点について、村山首相は退陣後、次のように語っている。「日本が率先して軍縮をおこなっていくという立場を明らかにするためにも、防衛費をどうしても削減したかった。正面装備をみても、これだけ化学兵器の技術が進むと、性能の高いいいものに代えていきたいという欲求が強まってくる。平和憲法を持っている日本は、軍縮の流れに逆行すべきでない、と頑張ったのだが、なかなか抵抗が強くて簡単にはいかなかった。それでも、1995年度予算で前年度並の0・9%増か、それ以上の伸び率をという自民党と折衝を重ね、対前年度伸び率を0・855%に抑えた」[37]。

③破壊活動防止法の適用

1995年12月14日、政府はオウム真理教に対して破壊活動防止法（以下、破防法と略す）に基づく団体規制（解散の指定）を適用する方針を決め、その手続きに着手した。破防法が適用された場合、オウム真理教関係者は、個人的には教義を信仰することはできるものの、信徒の勧誘や資金の調達など教団の維持、発展のために行う行為は一切禁止されることになる。

12月14日午後、村山首相は宮沢弘法相と会談した。その際宮沢法相は、オウム真理教に対する破防法の適用について、「法と証拠に基づいて慎重に検討したい」と述べ、「オウム真理教はサリンという無差別大量殺人物質を使って多数の生命を奪った。今なお、教祖の麻原彰晃被告に対する絶対的に帰依する体質に変化はなく、多数の信者と資金力を持ち、将来再び事件を起こす危険性は明白だ」と指摘し、解散指定に向けて手続きを開始する必要があるとの判断を報告した。

これに対して、村山首相は「国民の不安感を除去し公共の安全を確保する観点から、破防法の手続きに入ることはやむをえない」と述べ、「破防法は国民の基本的人権に重大なかかわりを持っており、その適用と運用に際しては個人の信教の自由などを不当に制限することのないよう十分配慮をしてほしい」と求めた。なお、破防法の団体規制—解散指定の初めての適用に向けた手続きを開始したことについて、村山首相は、今回の判断がオウム真理教という特異な集団を対象とした、極めて限定的なものであることを強調した。しかしながら、村山首相は、事務的な準備を積み重ねてきた法務省当局に詰めよられる中で、憲法が保障する基本的人権を侵す可能性など破防法が有する「負」の側面への十分な検討をしないまま、押し切られた形となったことは否めない[38]。村山首相は当初、適用に慎重な姿勢を見せていた。しかし、臨時国会の最大の課題であった改正宗教法人法が成立し国会運営上の障害がなくなったことやオウムに対する国民の不安感が依然として強く、オウムに限って破防法を発動しても批判は少ないと判断したものと思われる[39]。

これまで社会党は、破防法の適用には強く反対してきた歴史的経緯があった。そのため、村山首相や野坂浩賢官房長官はことあるたびに、破防法の生い立ちと目的にこだわっていた。というのも、破防法は米ソ冷戦という時代的背景のもとで、とくに極左活動の抑止を狙いにつくられ、戦前の治安維持法の復活につながりかねないとの批判が根強く、これまで一度も行使されてこなかったからである。

それにもかかわらず、村山首相が破防法の適用を決断したのは、右で述べたように、法務省が膨大な資料をもとに強調した「将来の危険性」という根拠が説得性のあったことと、また、これまで慎重な姿勢をとっていた自民党が破防法の適用に積極的になったという政治的状況の変化も無視できない。もちろん、村山首相にとって、破防法の団体規制の適用に自らが道を開くことについて、大きな抵抗感があったといわれる。村山首相は社会党幹部たちに、「できれば適用したくない。しかし、適用せずに再び凶悪犯罪が起こるようなことがあれば取り返しがつかない」と迷いの心境を打ち明け、最後は苦渋の選択だったと、野坂官房長官が村山首相の胸中を説明した[40]。

法務省と公安庁側は、「現在もなお800人の出家信徒と7500人の在家信徒をかかえ、釈放や執行猶予を受けた者の多くが教団に復帰している」という事実を述べ、将来同様の行動に出る危険性が明白であるとの認識に達したという。しかも、オウム教団が起こした事件の凶悪さからして、破防法の適用を許容する世論の動向も無視できない要因であった。こうして、村山首相は、行政の最高責任者という立場から、法務当局の主張を受け入れざるを得ないと判断したものと思われる。しかし、オウムへの破防法発動で懸念されたのは、何よりも末端信者への社会的差別を助長し社会復帰の機会を失わせるのではないか、という「人権問題」であった。残念なことに、この面で村山首相が破防法の適用回避のために指導力を見せたとは、必ずしもいえなかった[41]。

破防法の適用について、『朝日新聞』は「社説：破防法の適用は疑問だ」の中で、政府の姿勢を次のように批判した。「オウム真理教に対し、破壊活動防止法の団体規制（解散の指定）の適用へ向けて手続きが始まることになった。法務省と公安調査庁の適用の方針を、村山首相が了承したためである。私達は、オウム真理教への破防法の適用について、疑問点を指摘し、慎重な対応を求めてきた。これらの疑問は解消されたとはいえない。適用の必要性はむしろ弱まっているのではないか」。

確かに、「教団の犯罪活動を徹底的に抑え込むべきなのは当然だが、長年棚の上に放置されてきた〝劇薬〟を使って対処しなければならないほどの事態が続いているのか。治安当局はそれほど自らの力に自信をもてないのか。そういわざるを得ない」。もとより「政治の最大の任務は、国民の安全をまもることだが、だからといって、どのような手段も許されるわけでない。戦後の日本は、どんな思想や信条をもつのも自由であることを基本としてきた。オウム真理教の凶悪犯罪に目を奪われるあまり、築き上げてきたこの人権の重みを忘れては元も子も失ってしまう[42]」。

村山首相は退陣後、破防法の適用について、次のように語っている。「私自身、破防法反対闘争もやった時代もあった。それは思想団体を弾圧しようという法律であり、結社の自由、思想、信条の自由を保障している憲法にも反する、と国民の多くが反対したいわくつきのものだった。そのため、適用する際には組織的、政治的な目的が明確であることなど、厳しい条件がつけられた。このため、余程のことがない限り適用できず、制定以来40年以上も封印されてきた法律だった。オウム真理教に適用されることになれば、第1号となる。適用せずに済めばそれに越したことはない。しかし、オウム真理教という宗教法人は解散されても、宗教団体として様々な活動はできる。いまだ逃亡している幹部が捕まらない状況からして、組織的な背景がなければできないようなテロの再発も予想される。いまだオウム真理教を信じている信者がいることだ。その限りでは、何をしでかすかわからないし、何もしないという絶対的な保証もない。もし仮に何かあった場合には、あのとき破防法を適用しておけばこんなことにならなくて済んだ、悔いが残る。どちらの道を選ぶか、ということになれば、政府としては安全な道を選ぶのが当然だ[43]」。

④住専への公的資金の投入

いわゆる「住専問題」とは、総額８兆円を抱える不良債権で問題化した住宅金融専門会社のことであり、日本住宅金融や住総など８社がそれである。これらはもともと、銀行などの住宅金融機能を保管するために設立されたノンバンクである。それが、地価抑制策として政府が行った不動産向け融資の総量規制の枠外に置かれたため、農協の資金などが住専を通じて不動産業界に大量に注ぎ込まれていたのである。

1995年12月20日、政府は、住専の不良債権処理のため6850億円の財政資金を支出することを決定し、村山首相はこれに関して20日未明に首相官邸で記者会見を行った。この中で、村山首相は「民間企業がしでかした不始末であり、企業自身が解決しなければならない」との原則を示し、そして「日本の金融秩序に対する内外の信頼を回復するため、また景気対策からもこれ以上先送りすれば傷口を大きくし、金融界の混乱を大きくする。ぎりぎりの苦渋の決断として、多額の公的資金を投入せざるを得ない」と述べて、国民の理解を呼びかけた。

村山首相の記者会見の内容および記者団との主なやり取りは、次の通りであった。まず村山首相は、「住専7社のバブル後の総不良債権をどうするか、春頃から関係団体、企業、政府与党で真剣に検討と協議を今日まで続けてきた。我が国の金融システムについて国内外の信頼を回復する。同時に景気対策上からも、これ以上先に延ばしたら、傷口を大きくし、金融界の混乱を招く。最終的にぎりぎりの苦渋の決断として多額の公的資金を投入せざるを得ないという結論に達したことに、国民の理解をいただきたい」と述べた。これに対して、記者団から「民間企業が倒産している。なぜ、農協系金融機関だけに財政資金をだすのか」という質問があった。この点について、村山首相は「そういう怒りがあるのは当然だ。民間がしでかした不始末は自分で処理すべきだろう。しかし、日本の金融システムが国際的に問われている。景気もある。これ以上先延ばしはできない」と述べた。

次に、「農協に対する優遇措置ではないか。なぜ破綻してはいけないのか」という質問には、「農協系金融機関は零細な農家の上に作られており、能力の限界がある。それなりにぎりぎりの負担を求めての結論だ」と述べた。また「選挙を意識してのことか」という質問には、「選挙というより、安定した資源を供給している産業だ。(破綻させないのは) 混乱を大きくさせたくないためであり、農政上の問題だ」と述べた。(44)

当初政府は、19日夜の臨時閣議で住専処理策の決定にあたり、金融当局や住専、関係金融機関の責任追及が必要とする政府声明を決定することにしていた。しかしながら、閣議に先立つ経済対策閣僚会議において、橋本龍太郎通産相らが声明に対し、「この文面では、国民に（村山首相の）気持ちが伝わらず、理解が得られない」などと述べた。このため、与党三党首らで対応を協議した結果、声明の決定を見送ったのである。そして先に述べたように、結局声明に代えて、村山首相が20日未明に苦渋に満ちた記者会見を行った。これは、多額の国民負担を強いる処理策を、首相としても自ら率先して理解を求める必要があると判断したからである。だが、政府声明であれば、閣議決定を経て「後世にも残る」公式文書だっただけに当初のもくろみは外れ、とりまとめにあたっての村山首相の指導力のなさを改めて露呈する形となった[45]。

住専への公的資金の投入について、『朝日新聞』は、「社説：こんな住専処理はゆるさない」の中で、次のような批判的見解を述べた。「政府・与党が、住宅金融専門会社（住専）を処理するために来年度当初予算で6850億円、その後の負担も合わせると1兆円を越す財政資金の支出を決めた。民間会社の整理に政府と与党が介入し、その請求書を国民にまわすことが許されていいはずがない。財政の節度を越えた暴挙である」。今回の場合、「大蔵省は信用秩序の維持を理由にしている。しかし、この処理案はそんなものではない。不良債権になった住専向け融資を償却できる能力もする気もない、農協系金融機関の救済が目的である。その背後には、農協組織を守ろうとする農水省と農林族議員の圧力がある。……この問題は、私たちが繰り返し主張してきたように、破産や和議のような法的手続きによる処理に委ねるべきである。法的根拠が不十分な行政指導によって住専を処理すれば、将来に禍根を残すことを、銀行経営者は忘れてならない[46]」。

村山首相は退陣後、住専への公的資金投入問題について、次のように語っている。「景気対策の中で、一番気掛かりだったのが、金融機関が抱える不良債権の問題だった。景気回復の足を引っ張るだけでなく、障害にもなりかねないものだ、と考えた。住専を筆頭とする不良債権問題は、単に金融秩序を乱すだけではなく、景気回復に対して足かせとなるものだった。そういう意味でも、なんとしても解決しなければならないと考えていた。同時に、日本の経済規模がこれだけ大きくなっているだけに、金融不安は日本だけにとどまらず、国際的にも影響を与えかねないものだった。G7でも、日本の不良債権の始末をどうつけるかを注目していた」。その上で、「この不良債権問題にもっと早く手をつけておけば、こんな大きな問題にはならなかったし、国民負担が6850億円と、これほど大きくはならなかったと思う。しかし、そんなことをいっても始まらない。金融秩序の安定、景気回復、さらに国際的な日本の金融のあり方などを考えた場合、時間的余裕はなくギリギリの選択を迫られた。そこで、1995年の暮れも押し迫ったときに、これ以外に始末のしようがないということで、6850億円の公的資金導入を含む住専スキームを決めた。バブルを煽ってきた大蔵省、日本銀行、政治家の責任もあり、一概に民間企業の問題ということで片づけるわけにはいかなかった[47]」。

4．おわりに―村山内閣と「戦後民主主義」

1994年6月に発足した村山内閣は、三党首を中心とする「ハト派」―リベラル的内閣の印象を前面に強く打ちだした。そして「この三人は、その思想的背景において ある種のリベラル性を持つという点で共通していた。この政権は、三党体制であると同時に、村山富市、河野洋平、武村正義の三者体制でもあった[48]」。

しかしながら、こうして発足した村山内閣は、現実には自衛隊の承認、日米安保体制の維持、日の丸・国旗の容認などに見られたように、歴代政権が促進してきた〈保守的〉な政策遂行に終始してしまったものも少なくない。その後村山内閣は、1995年1月に発生した阪神・淡路大震災への危機管理対応の遅れや、7月の参議院選挙での自社両党の敗退など、幾度か危機的な状況に直面した。だが、そのつど、連立与党内に村山内閣を支えようとする「政権維持」の求心力が働いた。村山首相は、首相としての指導力に欠ける、思い切った政策展開ができないといった批判を浴びながらも、命脈を保持し続けたのである。しかしながら、1995年後半の11月に入ると沖縄の米軍基地問題、12月のオウム真理教への破防法の適用および住専への巨額の公的資金の投入など、社会党委員長としての村山首相にとって苦しい選択・決断が続いた。そして、年が明けた1996年1月5日、ついに退陣を表明したのである。

村山内閣が発足した当初は、中継ぎ的な短命内閣と見られ、半年持てばいいほうで、1年と持つまいと見られた。しかし、「不安定の中の安定」といわれながらも、実際には561日と約1年6ヶ月も持ちこたえたのである。その理由として、旧連立政権時代の教訓が生かされたこともあったが、何よりも、村山首相の明確な〈歴史認識〉と〈ハト派的立場〉によるところが大きかったのではないかと思われる[49]。村山首相は退陣後、村山内閣時代を振り返って、「社会党委員長の私が総理になったことに、歴史的必然性を感じ、歴史的課題に取り組めといわれているような気持ちを持った。そして、戦後50年の節目に総理になった私の任務は、自民党単独政権が積み残してきた問題に果敢にけじめをつけることだと考えた。それは被爆者援護法であり、従軍慰安婦問題であり、水俣病問題であった。それらの問題は、100％満足のいくものではなかったが、けじめをつけることができ、それなりに任務は果たせたと思っている」と語っている[50]。

最後に本章の結びとして、村山内閣の歴史的位置と政策決定過程の特色を総括しておきたい。何よりも村山政権は、多くの制約条件をつけられていたことを忘れてはならない。まず第1に、村山内閣は社会党、自民党および新党さきがけの三党の「連立政権」であったという事実である。そして、当然のこととはいえ、連立政権には連立に伴う限界があり、連立政権の中で政策を決定するには自ずと限界があったということである。つまり、重要な政策決定については、常に連立した他の二党との協議を必要とし、かつ自党内の調整をはからねばならなかった。

第2に、連立を構成する三党の中で、自民党の議席が233議席と圧倒的に多く、村山首相を出した社会党の議席は70議席しかなく、しかも閣僚の配分でも自民党が13に対して、社会党は5であった。つまり、政策遂行の節目節目で自民党が主導権を行使し、多くの場合社会党が押し切られる場面も少なくなかった。「憲政の常道」からすれば、相対的多数の議席を持っている政党から首相をだすべきなのに、自民党は時期尚早とみてそれをしなかった。

そして第3に、村山内閣は遂行する政策に社会党らしさを生かすことができず、しかも党の主張を100％実現できない連立政権の複雑な事情を抱え、自民党との妥協の仕方が「全面的譲歩」と映る場面が少なくなく、かつ党内の反発―分裂的要因を常に抱えていたことである。

したがって、村山内閣の歴史的役割を一言で述べるなら、それは過渡的な政権であって、自ずとできることには限界点があったということである。実際、村山首相はこの点について、次のように語っている。「衆院でわずか70名程度しか議席を持っていない社会党の委員長の私が総理になったことには、それなりの歴史的役割がある。そのひとつは、過渡的な政権としての役割を担うということだ。社会党の諸君は違ったようだが、私は、自分でそう考え、自分なりに村山政権は過渡期の政権と位置づけてきた。そうだとすれば、自分自身の持つ力量も含めておのずから限界がある。その判断を必要とするときは、キチッとすることが大事だと思ってやってきた[51]」。

次に、村山内閣の下での政策決定過程の特色を述べておきたい。本論でも指摘したように、一般的には、村山内閣の政策決定の多くは、理念重視というよりも足して2で割る妥協が多く、仮に村山首相が自ら信じる政策を打ちだそうとしても、与党内および社会党内部の調整がすんなりと進む状況になかったことは確かである。しかし、他方で、村山首相は政府・与党が重大な政策決定をする場合、連立与党三党の合意を粘り強く待つというのが、基本的パターンであった。「自・社・さ」の連立政権の下での政策決定過程について、村山首相は退陣後、次のように語っている。

「連立政権を維持するに当たって重要なのは、民主的な運営をすることだ。私の政権下では、与党政策調整会議、与党国体委員長会議で政策・国会運営について調整をはかり、与党院内総務会で議論をつくし、そして、与党の最高意思決定機関として与党責任者会議、さらに三党首会談の場を定例で開くこととした」。

その上で、「生まれも育ちも違うのだから、当然、理念も政策も違いがある。まずその違いをそれらの協議機関でおたがいが明らかにする。おたがい、自分の政党が決めている政策が一番いいと思っている。政策について遠慮し、妥協し合うのでなく、どんどん主張し合う、おたがいが真剣な議論を尽くしたうえで合意点を見いだしていくという努力をするなかから、信頼関係も生まれてくる。それをやればやるほど、連立政権の基盤がさらに強固になり、安定してくる。私はそう考えて、政権の維持に心掛けてきた[52]」。

これまで日本ではマスコミなどを中心に、総じて、村山内閣が実施した政策の評価について、その「負」の部分に焦点をあてて、ややもすれば批判的に評価する傾向が見られた。例えば、沖縄での米兵による少女暴行事件への対処や米軍基地の強制使用をめぐる政府と沖縄県との対立をめぐる評価がそれである。しかし、村山内閣が実施した政策的位置を「戦後民主主義」の文脈の中で検討する場合、当然のことながら、その「正」の部分にも目を向け相対的に判断する必要があるように思われる。本論の前半部分で論じたように、村山首相が社会党の委員長であったが故に、実行された〈革新的〉な政策も少なくない。もちろん、「ハト派」を標ぼうした村山内閣がその後、自衛隊、日米安保、非武装中立、日の丸・君が代などの問題をめぐって後退した政策もあり、それは本論の後半部分で指摘したように、いわゆる「戦後民主主義」の文脈からすれば、連立政権が抱える保守的側面を露呈したものといわねばならない。ただ、こうした批判について、村山首相は退陣後、「国際情勢がかわったら、それに対応できる政策運営をするのは当然の話だ。情勢がどう変わろうが政策は不変だ、といっているほどバカな話はない。それでは政治にならない」と明確に反論している。(53)

1996年1月5日、村山首相は退陣した。『朝日新聞』は、「社説：それでもやはり退陣だ―村山退陣と次期政権」の中で、村山政権を批判した上で、次のように積極的に評価している。「もちろん村山政権にもよい点もあった。戦後50年の首相談話に代表されるように、謙虚な姿勢で敗戦50年を迎え、アジアの信頼関係に意を用いたり、戦後処理を進めようとしたりした。被爆者援護法の成立や、水俣病の和解など、歴代政権が手をつけなかった成果は特筆される。そしてスキャンダルと突出した権力行使とも無縁の、その意味で安心できる首相だった。村山首相の名が残るとすれば、何をおいても〝自民党と社会党の連立〟を可能にしたという事実だろう(54)」。

要するに、村山内閣の最大の功績は、戦後政治の対立に終止符を打ち、実現可能な政治空間を作り上げたことであろう。しかし、村山内閣は、国の将来にかかわる「大政治」について何ら確固たる指針も展望も示さなかった。この点について、山口二郎氏は、次のように述べている。「村山政権は、戦後の繁栄の陰で置き去りにされてきた問題を、落ち穂拾いするように、解決することが課題であった。その意味で誠実に取り組んできたと評価できる。しかし、この政権は未来に向けた政策の面では何ら展望を示せなかった(55)」。

〈資料〉――「新しい連立政権の樹立に関する合意事項（1994年6月27日）」

新しく発足する連立政権は、昨年7月29日の「連立政権に関する合意事項」及び「8党派覚え書き」を継承発展させ、以下の重点政策の実現に取り組む。新しい連立政権は、現行憲法を尊重し、幅広い国民の支持を基盤に、生活者のための政治の実現と地球規模の環境保全と軍縮を促進する。また、新政権はこれまで進めてきた政治改革をさらに徹底し、経済改革、行財政改革、地方分権、福祉の充実、男女共同参画型社会の実現などに取り組み、政治に対する国民の信頼に基づく。新しい連立政権与党の運営については、別紙で当たることとする。

一、政治改革の継続推進
一、行政改革と地方分権の推進
一、経済改革の推進
一、農林漁業新興の推進
一、高齢社会と税制改革
一、外交・安全保障・国連改革
一、戦後50年と国際平和
一、朝鮮民主主義人民共和国の核開発への対応
一、教育の充実と男女共生社会の創造「別紙」
一、連立与党内の運営

「別紙」
一、連立与党内の運営

新政権は、政策決定の民主性、公開性を確保し、政党間の民主的な討論を通じて、政策決定の透明度をより高め、国民にわかりやすい政治の実現に努める。このため、与党の政策決定・意思決定について、政策幹事会で審議の上、与党院内総務会の論議と承認に基づき、与党最高意思決定会議で決定する。与党党首会談を定例化し、政権の基本に関わる事項等について、協議・決定する。

注
(1) 金森和行『村山富市が語る天命の561日』(KKベストセラーズ、1996年)、31頁。
(2) 高橋市男「戦後政治の一断面―村山政権誕生の背景」『ポリティーク』No.2、1996年3月、3頁。
(3) 村山富市（辻元清美インタビュー）『そうじゃのう』(第三書館、1998年)、188頁。
(4) 村山富市「私の履歴書」『日本経済新聞社』、1996

年6月、五十嵐仁「村山内閣成立についての当事者の証言」『大原社会問題研究所雑誌』、№.460、1997年3月、参照。

(5)『朝日新聞』、1994年7月1日。

(6)金森、前掲書、『村山富市が語る天命の561日』、12頁。

(7)『第130回国会・衆議院会議録』、第1号（1）、1994年7月18日、2頁。

(8)『朝日年鑑　1995年版』、237頁。

(9)『朝日新聞』、1994年7月21日。

(10)金森、前掲書、『村山富市が語る天命の561日』、72～73頁。

(11)『朝日新聞』、1995年8月15日。

(12)野坂浩賢『政権—変革への道』（すずさわ書店、1996年）、6頁。

(13)『朝日新聞』、1996年8月15日（夕）。

(14)野坂、前掲書、『政権』、119～120頁。

(15)「社説：援護法案を機に核廃絶を」『朝日新聞』、1994年11月3日。

(16)『朝日年鑑　1995年版』、243頁。

(17)『毎日新聞』、1994年11月3日。

(18)『朝日新聞』、1994年11月2日（夕）。

(19)金森、前掲書、『村山富市が語る天命の651日』、69～70頁。

(20)『朝日新聞』、1994年9月1日。

(21)『日本経済新聞』、1994年9月1日。

(22)五十嵐弘三『官邸の螺旋階段』（ぎょうせい、1997年）、158～159頁。

(23)『朝日新聞』、1995年8月15日。

(24)金森、前掲書、『村山富市が語る天命の561日』、70～71頁。

(25)『朝日新聞』1996年12月15日（夕）。

(26)「社説：水俣病から何を学ぶか」『朝日新聞』、1995年12月16日。

(27)金森、前掲書、『村山富市が語る天命の561日』、70頁。

(28)「社説：政治にけじめをつける時」『朝日新聞』、1996年1月3日。

(29)『朝日新聞』、1994年9月22日（夕）、『読売新聞』、1994年9月23日。

(30)『朝日新聞』、1994年9月22日（夕）。

(31)右同じ、1994年9月23日（夕）。

(32)「社説：財源探しで易きにつくな」『朝日新聞』、1994年9月23日、『日本経済新聞』、1994年9月23日。

(33)金森、前掲書、『村山富市が語る天命の561日』、68

〜69頁。
(34)『毎日新聞』、1995年11月29日。
(35)『朝日新聞』、1995年11月29日。
(36)「社説：新大綱は時代に耐えられるか」『朝日新聞』、1995年11月30日。
(37)金森、前掲書、『村山富市が語る天命の561日』、65頁。
(38)『朝日新聞』、1995年12月15日。
(39)『毎日新聞』、1995年12月15日。
(40)『朝日新聞』、1995年12月15日。
(41)『毎日新聞』、1995年12月15日。
(42)「社説：破防法の適用は疑問だ」『朝日新聞』、1995年12月15日。
(43)金森、前掲書、『村山富市が語る天命の561日』、86〜87頁、村山、前掲書、『そうじゃのう』、98〜99頁、村山、前掲論文「私の履歴書(28)」。
(44)『朝日新聞』、1995年12月22日。
(45)『読売新聞』、1995年12月20日。
(46)「社説：こんな住専処理はゆるさない」『朝日新聞』、1995年12月20日。
(47)金森、前掲書、『村山富市が語る天命の561日』、17〜18日。
(48)五十嵐、前掲論文、「村山政権成立についての当事者の証言」、62頁。
(49)曽根泰教「自社連立政権は長続きする」『諸君』、1994年9月号、71頁。
(50)金森、前掲書、『村山富市が語る天命の561日』、1頁、村山、前掲論文「私の履歴書(27)」。
(51)金森、前掲書、『村山富市が語る天命の561日』、34〜35頁。
(52)右同じ、28〜29頁。
(53)右同じ、69頁。
(54)「社説：それでもやはり退陣だ—村山退陣と次期政権」『朝日新聞』、1996年1月6日。
(55)『朝日新聞』、1996年1月6日。

第5章　衆議院の「解散・総選挙」
―解散の特色と「類型」

1．はじめに―問題の所在

衆議院の解散権を行使できる小渕恵三首相は、「現在、解散というようなことが念頭にあって、ことに処するということは出来かねる[1]」と述べていた。しかし、衆議院議員の任期は、２０００年10月19日までとなっており、任期満了まで1年をきっていた。そのため、与野党の議員たちの関心は、もっぱら衆議院の解散・総選挙の時期にあることはいうまでもない。ここでいう解散とは、要するに「衆議院議員全体に対して、その任期満了以前に議員たる資格を失わせる措置」であって、日本の国会では、衆議院にのみ解散制度が認められている[2]。

ところで前回の解散場合には、第１３７臨時国会召集日の冒頭の１９９６年９月27日、橋本龍太郎首相の下で、衆議院の解散権が行使された。そして、第41回衆議院総選挙は、10月８日に行使され、同20日に投票が実施された。１９９３年７月18日の宮沢喜一首相の下での総選挙以来3年以上経過し、その間に何と細川、羽田、村山および橋本と4代の内閣が政権を担ってきた。だが、国民の信を問う解散・総選挙も行われないままに、永田町の「政治的」駆け引きの中で政権交代が繰り返されてきたのである。

村山内閣の後を襲って自民党、社会党（その後「社民党」に党名変更）、新党さきがけの3党連立政権を引き継いだ橋本首相は、１９９６年１月に召集された第１３６通常国会では、住宅金融専門会社（住専）問題をめぐって野党・新進党の攻勢をかわしながら慎重に衆議院の解散のタイミングを推し測っていた。当初、衆議院の解散・総選挙については、１９９６年の年末から１９９７年1月の通常国会召集冒頭の間が有力視されていた。しかしながら、橋本首相は、１９９６年８月下旬に中南米訪問から帰国後に解散の前倒しを決断した。それは、「沖縄問題」にひとまず収拾のめどが立ったからに他ならない。すなわち、９月10日、橋本首相は、大田昌秀沖縄県知事と会談し、その結果、大田知事が13日に至り、懸案となっていた米軍用地の強制使用に必要な公告・閲覧手続きの代行を応諾すると表明した。ここに衆議院解散の環境は、一応整ったのである。

こうして、先に述べたように、９月27日、衆議院は解散され、10月20日に総選挙が実施されたのである。この総選挙は、いわゆる「小選挙区比例代表並立制（定数＝小選挙区３００、比例代表２００の計５００）によって行われた最初の選挙であった。そのため、「民意を正しく国政に反映し、課題を機動的に処理できる政治の基盤をもたらす仕組みかどうか。激しい議論があった選挙制度の当否が試されることになった[3]」。

選挙戦の争点は、消費税率５％への引き上げと行政改革が中心となり、総選挙の結果、自民党が２３９議席（選挙前２１１議席）、新進党が１５６議席（１６０議席）、民主党が52議席（52議席）、共産党が26議席（15議席）、社民党が15議席（30議席）、さきがけが２議席（９議席）、無所属・その他が10議席となった。自民党は、単独過半数には届かなかったものの、選挙前の勢力を上回る議席を確保した。これに対して新進党は、選挙前の議席を割り込み、また、社民党とさきがけは、惨敗に終わった。その中で、共産党が健闘したことが目につい

表１　戦後の解散・総選挙一覧

通称	解散日	投票日
GHQ解散	1945年12月18日	1946年4月10日
新憲法解散	1947年3月31日	1947年4月25日
なれあい解散	1948年12月23日	1949年1月23日
抜き打ち解散	1952年8月28日	1952年10月1日
バカヤロー解散	1953年3月14日	1953年4月19日
天の声解散	1955年1月24日	1955年2月27日
話し合い解散	1958年4月25日	1958年5月22日
安保解散	1960年10月24日	1960年11月20日
ムード解散	1963年10月23日	1963年11月21日
黒い霧解散	1966年12月27日	1967年1月29日
沖縄解散	1969年12月2日	1969年12月27日
日中解散	1972年11月13日	1972年12月10日
ロッキード選挙	任期満了	1976年12月5日
増税解散	1979年9月7日	1979年10月7日
ハプニング解散	1980年5月19日	1980年6月22日
田中判決解散	1983年11月28日	1983年12月18日
定数是正解散	1986年6月2日	1986年7月6日
消費税解散	1990年1月24日	1990年2月18日
政治改革解散	1993年6月18日	1993年7月18日
連立政権解散	1996年9月27日	1996年10月20日

た。こえて11月７日、衆参両院における首班指名投票で橋本首相が再選され、同日発足した第二次橋本内閣は、社民党とさきがけの両党が閣外協力にまわったために、ここに３年３カ月ぶりに自民党単独内閣が再現したのである。

さて本章では、第二次世界大戦以後の衆議院の解散・総選挙をめぐる政治過程を取り上げる。論述は、まず最初に戦後の衆議院解散を踏まえて、解散権論争と「合理的」解散の類型を検討する。次にケーススタディーとして１９９６年９月の橋本内閣の下での解散を取り上げて、その政治的背景と総選挙の結果を分析する。そして最後に、１９９６年９月の解散の類型化を試み、衆議院解散の制約条件と問題点を指摘してみたい。

２．解散権論争とその意義

現在、民主主義的議会制を採用する国家において、米国など一部を別とすれば、多くの国家で議会＝国会の解散が広く認められている。我が国の場合も衆議院に限って、解散が憲法の上で認められている。周知のように、衆議院の任期は、正式には４年である。しかし、任期満了に至っての総選挙はまれであって（現行憲法下では、１９７６年12月５日、三木内閣のときのみ）、衆議院の解散は任期満了以前に行われており、平均するとおよそ２年９ヶ月というところが衆議院議員の「実質的」任期である(4)。

一般に衆議院の解散については、憲法解釈の上では内閣不信任決議案の可決または信任決議案の否決を受けて行う場合と、それ以外に首相が解散権を行使する場合との二種類に大別できる。まず前者の場合、日本国憲法第69条では「内閣は、衆議院で不信任の決議案を可決し、又は信任の決議案を否決したときは、10日以内に衆議院が解散されない限り総辞職しなければならない」と定めており、これを根拠とするものである。

一方、後者の場合、憲法第７条の「天皇の国事行為」の一つとして、天皇が内閣の助言と承認により、第３号の「衆議院を解散すること」と定めている条文を根拠にしており、内閣の決定を受けて天皇が〝解散詔書〟に署名して解散となる。ただし、天皇は儀礼的、認証的な意味で国事行為を行うだけなので、実質的には内閣＝首相に解散権があると解釈されている。後述するように、第二次世界大戦以後の解散の多くは（19回のうち18回）

は、首相の解散権行使による「第7条解散」であった。

権力分立制の立場からすれば、沿革的には憲法69条でいう、衆議院での内閣不信任決議権に対応するものとして、内閣による衆議院の解散権が認められたものと思われる。現行憲法下において、内閣不信任決議案の可決を受けて解散した事例としては、１９４８年12月の第二次吉田内閣、１９５３年3月の第四次吉田内閣、１９８０年5月の第二次大平内閣、そして１９９３年6月の宮沢内閣の都合4回の事例がある。

このなかで、１９４８年12月の解散については、その解釈をめぐって憲法第69条によることを主張した連合国総司令部（ＧＨＱ）側と、国政運営がうまくいかなかったために憲法第7条による解散を主張した日本政府側との間で見解が分かれ、その結果、解散詔書には「憲法第69条及び第7条により衆議院を解散する」と記載されていた。しかし、それ以降の解散については、１９５２年6月に国会の両院法規委員会から憲法第7条解散が法的に可能であるとの報告書が出され、また、１９５４年9月には東京高裁でこの見解が確認される等、〝7条解散説〟が一般に受け入れられる契機となった。直近の事例では、宮沢内閣の下での解散の場合、実質的には「憲法第69条解散」であった。だが、政府はそれまで前例に従い、解散詔書では形式上「憲法第7条による」解散としたのである[5]。

ところで、いわゆる「１９５５年体制」の下での自民党一党支配の時代には、初代の自民党総裁であった鳩山一郎から宮沢喜一まで、15名が政権を担当してきた。だが、自民党歴代首相のなかで「伝家の宝刀」といわれる解散権を行使できたのは、宮沢首相を含めて8人にすぎない（なお、連立政権下の橋本首相の解散を含めれば9人）。

7年8ヶ月も続いた佐藤内閣や田中内閣の時代までは、自民党が比較的安定多数の議席を確保していたこともあり、また、概して歴代内閣の在任期間も長く、従って時の首相は解散権をほぼ狙い通りに行使できた。しかしながら、１９７６年12月の総選挙において与野党「伯仲国会」が生じ、しかもその後、自民党の党内抗争の激化などもあって首相の在任期間が短くなり、そのため解散権の行使も思うにまかせなくなっている。

例えば、三木首相の場合には、「ロッキード事件」の徹底究明を掲げて自民党の最大派閥である田中派と激しく対立し、これを乗り切るために１９７６年秋に臨時国会を召集して、衆議院の解散を断行し国民の信を問う道を目指した。だが、反三木派の「挙党協体制確立協議会」に属する閣僚の反対もあって、解散権を行使する道を封じられ、最終的には任期満了の総選挙に追い込まれた。そして三木首相は、この選挙における敗北の責任をとって退陣を余儀なくされたのである。[6]

福田首相の場合も、衆議院の解散をこころざしながら、これを行使できなかった。福田首相は、自民党の総裁任期が切れる１９７８年の秋に衆議院を解散し、再選を確実なものにすることを狙っていた。しかし、これを阻止しようとする当時の大平正芳幹事長と激しく争い、結局、総裁予備選挙に突入して福田首相は敗北を喫し、政権の座を大平氏に明け渡した。

また、大平首相の突然の死去により首相となった鈴木善幸の場合は、政権に就く直前に「衆参同日選挙」で自民党が大勝利し、このため政権担当中、ついに衆議院の解散問題は浮上しなかった。さらに、１９８７年に政権の座に就いた竹下登首相は、消費税やリクルート事件の対応に追われ、しかも自らもその政治責任をとって退陣した。そのため、最後まで衆議院解散の機会をつかむことができなかった。このほかに、石橋湛山首相、宇野宗佑首相および羽田孜首相は、その在任期間の短さの故に、衆議院の解散には縁がなかった。

すでに述べたように、今日では事実上、いわゆる「第7条解散説」が支配的であり、それはいわば国会の慣行としても定着した観がある。しかも、解散権の主体が内閣―首相（天皇が形式的宣布権を有する）であって、憲法第7条に基づく自由な解散権が認められており、憲法第69条による衆議院の内閣不信任または信任拒否の決議のある場合に拘束されなくなっているのが現状である。[7]

しかしながら、留意すべきは、解散と総選挙とは本来一体のものであって、解散とは要するに総選挙の実施の決定に他ならない。とするならば、内閣―首相の行使する衆議院の解散権についても、一定の制約条件があってしかるべきであるとする見解が当然生じてくる。

この点に関しては、１９７９年3月に明らかにされた元衆議院議長の保利茂氏の遺稿＝「解散権について」という見解が記憶に新しい。いわゆる「保利見解」は、衆議院議長時代に、衆議院法制局の意見も参考にして作成された、実質的に〝議長見解〟に相当するものである。この見解の骨子は、次のようなものであった。すなわち、現行憲法下における衆議院の解散は、「内閣に解散権があるといっても、明治憲法下のように内閣の都合や判断で一方的に衆議院を解散できると考えるのは現行憲法の精神を理解していないので、適当なものではない」として、解散権の乱用はゆるされないとの観点から、断行もやむを得ないと考えるケースを2つ挙げていた。その第1は、内閣不信任決議案の可決に至らなくとも、予算案や国の行方を左右する重要法案が否決されたり、審議未了になったりしたとき、第2は、その直前の総選挙で各党が明らかにした公約や政策とは質の異なる重要な案件が登場し、国民の判断を求める必要が生じたとき、である。(8)

保利見解を踏まえて、佐藤功氏は、衆議院解散の要件として次の四つの場合を限定的に列挙して、憲法第7条による解散はこれらの場合に限られるべきだとしている。現状にかなり合っていると思われるので、紹介しておきたい。

①69条にいう不信任決議案の可決または信任決議案の否決という典型的な形でなくとも、予算案や内閣の重要案件が否決されたり、審議未了となったりした場合—実質的には不信任決議案の可決などと同一視してもよい場合。

②長期の審議ストップなど、国会の機能がマヒした場合。

③党利党略などで不信任決議などが提出されないままで、国会・国政が渋滞を続ける場合。

④前回の総選挙の争点とはなっていなかった重大案件が提案され、あらためて国民の判断を求めるのが当然であるとされる場合。(9)

ところで、1984年10月の東京高裁判決—違憲の不均衡定数配分規定を是正しないままで、内閣は衆議院を解散し総選挙を実施できるのか—は、内閣の解散権を事実上制約するものとして、大きな話題を呼んだ。これに対して、当時の中曽根康弘首相は、定数是正の問題だけで衆議院の解散権について「違憲判断をするのはいかがなものか」と批判的な見解を示し、「内閣不信任の時は、解散か総辞職かという生きた政治の流れの断面であり、政治家が勝負をかけるような統治行為」だと指摘して定数是正が実現されないことを理由にして、衆議院の解散権は制約を受けないとの見解を明らかにした。(10)

ちなみに、最高裁判所は、衆議院の解散に関する違憲審査について、いわゆる〝統治行為論〟に依拠して、その判断を回避している。いわく「衆議院の解散は、衆議院議員をしてその意に反して資格を喪失せしめ、国家最高の機関たる国会の主要な一翼をなす衆議院の機能を一時的とはいえ閉止するものであり、さらにこれに続く総選挙を通じて、新たな衆議院、さらに新たな内閣成立の機縁を為すものであって、その国法上の意義は重大であるのみならず、解散は、多くは内閣がその重要な政策、ひいては自己の存続に関して国民の総意を問わんとする場合に行われるものであって、その政治上の意義もまた極めて重大である」から、「極めて政治性の高い国家統治の基本に関する行為である」と述べて、「裁判所の審査権の外にありといわねばならない」としている。[11]

3．戦後衆議院の解散とその類型

①戦後衆議院の解散

第二次世界大戦以後、我が国においては、19回に及ぶ衆議院の解散が行われ、その多く（18回）が、内閣―首相の解散権行使による憲法第7条による解散であった。確かに、解散は、憲法第7条第3号で天皇の国事行為となっているものの、実際には内閣の助言と承認が欠かせないことから、今日ではそれは事実上首相の専権事項となった観がある。しかしながら、いわゆる「占領時代」には、連合国総司令部（ＧＨＱ）の〝指令〟による衆議院の解散が行われた経緯があったことを忘れてはならない。

まず、戦後第一回目の解散は、１９４５年12月18日、幣原喜重郎内閣のもとで行われた。ＧＨＱが帝国議会の解散を幣原首相に指令したもので、それは「ＧＨＱ解散」と称された。この時には、公職追放により前議員（解散前の現職議員）の大半が立候補資格を失い、また、婦人参政権が初めて認められた。選挙戦では、新憲法の性格、天皇制に対する態度、食糧、生産再興、インフレ問題が争点となった。総選挙は、１９４６年４月10日に実施された。

第二回目の解散は、１９４７年３月31日に吉田茂内閣のもとで行われ、それは「新憲法解散」と称された。今回も新憲法の施行を前にしてＧＨＱが吉田首相に指令したもので、帝国議会最後の解散となった。総選挙は、中選挙区制単記制を導入して、１９４７年４月25日に行われ、その結果社会党が第一党となり、民主党と国民協同党の連立により片山哲内閣が発足した。選挙戦では経済復興、失業、インフレなどが争点となった。総選挙は、

1947年4月25日に実施された[12]。

他方、現行憲法のもとでの解散は17回あり、その中で実質的には「憲法第69条」によるもの、つまり、衆議院の内閣不信任決議案の可決を受けての事例が4回ある。以下では、簡単にこれらの事例について述べておこう。

①1948年12月23日の解散。これは一般に「なれあい解散」と称されている。というのは、少数単独内閣であった第二次吉田内閣が安定勢力の確保のために解散をねらう一方で、他方でGHQが中にはいって事前に野党との間でもって解散の方式を話合い、野党提出の内閣不信任決議案が可決されたかたちで解散されたからである。選挙戦では、昭電疑獄の背景、物価、計画経済のあり方および生産再興が争点となった。総選挙は、1949年1月23日に実施された。

②1953年3月14日の解散。これは世にいう「バカヤロー解散」といわれるものである。衆議院予算委員会において、当時の吉田首相が質問中の右派社会党の西村栄一議員を〝バカヤロウ〟と叫んで議場は大混乱となり、これに対して野党が内閣不信任決議案を提出して可決された。そこで吉田首相は、解散に打ってでたのである。選挙戦では、再軍備、政党再編、スト規制および税制などが争点となった。総選挙は、1953年4月19日に実施された。

③1980年5月19日の解散。第二次大平内閣の時に、自民党内の抗争から、全野党が足並みを揃えて内閣不信任決議案を提出した。これに自民党の「反主流派」が同調して欠席したため不信任決議案が可決され、これに対して大平首相は解散に打ってでた。この時の解散は、予想外の出来事であったことから、「ハプニング解散」といわれた。なお、選挙運動期間中に大平首相が急死し、また、初の衆参同日選挙となった。選挙戦では、金権・腐敗政治と政治倫理が問われるべきであった。しかし。自民党の争点隠しで、〝単独か連合か〟が主な争点となった。総選挙は、1980年6月22日に実施された。

④1993年6月18日の解散。これは一般に「政治改革解散」といわれている。海部内閣以来、宮沢政権の下でも政治改革関連法案の成否は、大きな焦点となっていた。しかし、宮沢首相は、最終的に政治改革案を先送りすることを決定した。これに対して、社会党、公明党および民社党が政治改革が挫折した責任を問う内閣不信任決議案を提出した。これに自民党から羽田派などを中心

に造反者がでて、不信任決議案が可決された。そこで宮沢首相は、直ちに衆議院の解散を決定したのである。解散と同時に、自民党から離党者が続出し、羽田派は新生党を結成し、武村正義は新党さきがけを結成し、政局は先行き不透明となった。総選挙は、７月18日に行われ、自民党は過半数を大きく割り込み、細川政権が誕生し自民党は下野した[13]。

ちなみに、「伝家の宝刀」といわれる首相の解散権が初めて明確なかたちで行使されたのは、第二次吉田内閣の時の１９５２年８月28日の解散の時であった。すなわち、１９５２年４月28日、サンフランシスコ条約が発効し日本が独立して再び国際社会に復帰した。吉田首相は、党内の主導権の確立を狙って、この年の８月28日、突如衆議院の解散に踏み切った。この解散はＧＨＱの影響を受けない、内閣による初の〝自主的な解散権〟の行使であった。しかし、これは国会召集後わずか３日目であったことから、「抜き打ち解散」と称され、吉田首相の解散権行使は恣意的だと大きな批判を呼んだ。この解散はまた、憲法第７条による最初のものであり、選挙戦の争点は、サンフランシスコ平和条約や日米安保条約の是非をめぐるものであった。総選挙は、１９５２年10月１日に実施された。そして、これ以降の衆議院の解散はすべて、形式的には憲法第７条に基づく解散のかたちをとっている。

②「合理的」解散の類型

深瀬忠一氏は、第二次世界大戦以後の衆議院の解散を振り返りながら、「合理的」な解散権行使のモデルとして以下の三つの事例を挙げている。その見解は、首相が衆議院の解散権を行使する際に、大いに参考となるものと思われるので紹介しておきたい[14]。

一つは、新政権の担当者が政綱を掲げて有権者の信を問うものであり、例えば、鳩山一郎内閣の下における、１９５５年１月24日の解散＝「天の声解散」がこれにあたるという。すなわち、１９５４年12月、造船疑獄事件や民主党結成の影響で自由党が分裂して吉田内閣は総辞職し、これに代わった鳩山首相が「解散は天の声」と述べて、通常国会の再開直後に衆議院の解散を断行とした。この時には、民主党と左右両社会党の三役が早期解散・総選挙について共同発表し、与野党が足並みそろえての解散となった。選挙戦では、憲法改正、失業、米の統制および中ソ貿易などが争点となった。総選挙は、

１９５５年２月27日に実施された。

二つは、「沖縄返還・安保再検討」といった重大な争点を掲げて有権者の選択を問う解散である。例えば、１９６９年12月２日に行われた、いわゆる「沖縄解散」がそれにあたる。この時には、佐藤栄作首相が米国のリチャード・ニクソン大統領との間で、〝沖縄の核抜き本土並みでの返還〟に合意し、その外交成果を問うものであり、併せて１９７０年の日米安保条約の再検討が最大の争点となった。総選挙は、１９６９年12月27日に実施された。

三つは、前の衆議院解散から３年以上たち、任期満了に接近した時期に与野党が話し合い合意の上で解散するものである。例えば、１９５８年４月25日の解散の場合は保守合同、社会党統一の実現で解散気分が高まっていた。そこで、岸信介首相と鈴木茂三郎社会党委員長が話し合った上で、予算成立後に、衆議院は解散された。選挙戦では、中国・アジア政策、再軍備、自衛隊のあり方が論議の対象となった他に、所得税、雇用、中小企業政策などが争点となった。総選挙は、１９５８年５月22日に実施された。

以上において、戦後の衆議院の解散を踏まえて、衆議

図１　衆議院議員の在職日数

解散日	内閣	通　称	衆院議員の在職期間（日）
1945.12.18	幣　原	GHQ 解散	
47. 3.31	吉　田	新憲法解散	356
48.12.23	吉　田	なれあい解散	609
52. 8.28	吉　田	抜き打ち解散	1314
53. 3.14	吉　田	バカヤロー解散	165
55. 1.24	鳩　山	天の声解散	646
58. 4.25	岸	話し合い解散	1154
60.10.24	池　田	安保解散	887
63.10.23	池　田	ムード解散	1068
66.12.27	佐　藤	黒い霧解散	1133
69.12. 2	佐　藤	沖縄解散	1039
72.11.13	田　中	日中解散	1053
任期満了	三　木	（ロッキード選挙）	1461
79. 9. 7	大　平	増税解散	1002
80. 5.19	大　平	ハプニング解散	226
83.11.28	中曽根	田中判決解散	1255
86. 6 2	中曽根	定数是正解散	898
90. 1.24	海　部	消費税解散	1299
93. 6.18	宮　沢	政治改革解散	1217
96. 9.27	橋　本	連立政権解散	1168
	小　渕		1095

（3 年）

（1999 年 10 月 19 日，現在）

（出典）『毎日新聞』，1999 年 10 月 19 日，2 面。

院解散の要件と合理的解散の類型を検討してきた。そこで次に、ケース・スタディーとして１９９６年の橋本内閣の下で実施された解散・総選挙の政治過程を検討したい。

4．橋本内閣と衆議院の解散・総選挙

①橋本内閣と衆議院の解散

１９９５年8月21日、自民党の総裁選挙は、橋本龍太郎通産相が出馬声明したことで事実上スタートした。小渕派を支持母体とする橋本通産相は、「選挙に強い新総裁」を期待する自民党内のムードに乗って、派閥横断のグループを結成した。そのため、再選を期した河野洋平自民党総裁は、8月28日、突然不出馬を表明した。9月10日に告示された党員選挙では、総主流派体制に異議を唱える小泉純一郎郵政相が立候補し、郵政事業民営化などの争点で論戦を盛り上げたものの、9月22日の開票の結果、橋本通産相が圧倒的な勝利をおさめ第17代の自民党総裁に選ばれた。

越えて１９９６年1月5日、自民党、社会党および新党さきがけの三党連立に支えられていた村山首相は、辞任を表明した。村上首相は、１９９５年の戦後50年問題処理などに一応の区切りを付けたという思いから退陣の決意に至ったと語った。村山首相の退陣表明を受けて、連立三党は、後継首相に村山改造内閣で副総理・通産相をつとめた橋本自民党総裁を推すことで一致した[15]。

第１３５臨時国会が1月11日に召集され、橋本自民党総裁は、同日開かれた衆参両院本会議において新憲法下で第38代、22人目の首相に選出された。発足した橋本内閣は、「改革創造内閣」をめざし、１９９６年を「構造改革元年」と位置づけた。橋本内閣では、社会党と新党さきがけの両党首は閣外に去り、社会党から党書記長だった久保亘が副総理・蔵相として入閣した。また、内閣官房長官には梶山静六が就任した。『朝日新聞社』の世論調査によれば、橋本内閣発足直後の内閣支持率は61％、不支持率が20％であり、村山内閣発足直後の支持率35％を大きく上回った[16]。

こうして発足した橋本政権は、2つの政治基盤に支えられていたと言われる。一つは、梶山官房長官や中曽根康弘元首相を中心とする潮流であり、もう一方は、加藤紘一幹事長、野中広務幹事長代理、亀井静香組織広報本部長を中心とする潮流である。前者は、もともと社会党

および新党さきがけとの連立を解消し、新進党の一部との連携をにらむ「保・保連合」や「保・個々連合」が持論であった。一方、後者は、社会党および新党さきがけ両党との連携を堅持していく立場であった。橋本首相は、こうした自民党内の2つの潮流のバランスに乗るとともに、現実には数の上では社会党や新党さきがけ両党の協力がなければ、政権の運営がままならないことを十分に認識していた。従って、「自民党らしさ」を強調することは極力避け、自らの歴史認識や政治信条を前面に提示することはしなかった。

橋本首相にとって、最大の政治的課題は、早期に衆議院を解散して総選挙を実施し、過半数の議席を獲得して自民党を勝利に導き、自らの総裁選での勝利あった。しかし、実質的に自民党主導の強まった橋本内閣の発足に際して、経済界などから「選挙管理内閣」に徹し、衆議院の早期解散に踏み切って連立ではなく自民党を軸とした本格政権をめざすべきだとする「総選挙待望論」も出た。だが、村山内閣以来の懸案事項となっていた住宅金融専門会社（住専）の不良再建処理や、沖縄県の米軍用地の強制使用問題を打開することが、さしあたり内閣の最優先課題となったため、橋本首相は懸案事項の処理に全力を注ぎこまざるを得なかった。

橋本内閣成立直後の1月22日に召集された第１３６通常国会では、住専処理に６８５０億円の財政支出を決めた村山内閣の処理策が大きな焦点となった。金融機関、借りたての会社、大蔵省そして政治家がそれぞれの責任問題をめぐって対立・紛糾した。こうした状況の中で、予算委員会の部屋の封鎖を続けて論戦を深めることができなかった新進党の国会戦術のまずさもあって、波瀾万丈の末政府提出の住専処理法関連6法案はようやく6月18日に成立し、6月19日までの国会会期のほとんどが住専問題に費やされた。

およそ5ヶ月におよんだ「住専国会」の底流を流れていたのは、衆議院の解散をめぐる与野党の駆け引きであったといってよい。これまでのような、１９５５年体制下の〈自社なれあい国体政治〉の時代とは異なり、自民党と新進党という政権交代可能な二大勢力による国会での攻防は、そのまま政権争奪に直結しており、そのため両党での妥協の余地はかぎられたものであった(17)。

こうした状況の中で、新進党は、政府・与党を早期解散に追い込むために、一連の揺さぶりをかけた。例えば、国会召集前には、新進党全員が議員辞職するという戦術を検討したし、また、衆議院の予算委員会での審議の終盤には、２週間にわたってピケをはり、予算案の採決を阻止した。だが、それも言ってみれば住専予算の削除要求という側面よりも、衆議院の早期解散狙いの色彩が濃厚であったといえる。そこにはまた、１９９５年末の新進党党首選以来、羽田孜元首相グループとの確執を抱える小沢一郎党首ら執行部にとって、党内引き締めを図るために解散・総選挙に進むのが最も近道だという判断が存在したといわれる。

他方、与党にとって、とくに社民党や新党さきがけの両党は、早期解散・総選挙のシナリオを強く警戒していた。それは、社民党と新党さきがけがめざす、新しい政治勢力の結集までには時間が必要であって、このまま準備不足の状況で解散・総選挙に突入すれば、破滅的な敗北を喫する恐れがあったからである。また、自民党にとっても、住専処理への世論の批判を考慮に入れれば、最もワリを食うのが自民党であるという判断から、解散・総選挙を回避すべしという立場が大勢を占めた。

さらに、こうした政治的状況に複雑に絡んでいたのが、前述した自民党内の「自社さ連立維持派」と「保・保連合派」との間の確執であった。すなわち、自社さ重視派の加藤幹事長は、自らの証人喚問を避ける意味から、社民党と新党さきがけ両党の立場を尊重した。これに対して、梶山官房長官は、橋本首相と小沢党首との「一龍関係」の政治的含みをみせて、話し合いを通じての住専予算の凍結・修正の可能性を探る姿勢を示した。

しかしながら、社民党と新党さきがけがもし凍結・修正に応じた場合、住専処理の枠組みを決めた村山前首相（社民党党首）と武村前蔵相（新党さきがけ代表）の責任問題に発展すること、また、自民党と新進党が手を組み、早期解散や「保・保連合」に踏み出すことへの警戒感から、これらの要求を一貫して強く拒否した。

一方、新進党の場合も、住専への公的資金の導入をめぐって、農協系の保護を求める農林族議員と、法的処理を主張する都市部出身議員との対立があり、明確な態度を示すことができず、結局ピケ解除は腰抜けの国会対策となった。

こうして、第１３６通常国会中の衆議院解散はさけられたものの、この国会は、加藤幹事長の証人喚問要求と池田大作・創価学会名誉会長の証人喚問要求との相互牽制などに見られたように、国会は与党と新進党との「ネガティブ・キャンペーン」の場となり、総選挙に向けての前哨戦の様子を呈した(18)。

通常国会終了以降、政府・自民党内部で沖縄問題に区切りをつけた上で衆議院の解散のタイミングを探る動きが強まり、橋本首相が中南米歴訪から帰国した8月末には、その流れが急速になった。そして、9月上旬に入ると、10月8日公示、同20日の投票で橋本首相が意向を固めたという情報が走り、そのため首相自身が「誰が易者なんだ」と不快感を示した。橋本首相は、一貫して解散の時期をはぐらかしたものの、効果はなかった。

他方、沖縄の米軍基地問題では、橋本首相が強制使用のための代理署名を拒否した大田沖縄県知事を訴える3件の行政訴訟に発展していった。そして、代理署名訴訟では、8月28日、最高裁は「沖縄代理署名訴訟」の上告を棄却した。こうした状況の変化の中で、橋本首相は、大田知事との会談にのぞむ「対話路線」に転換した。9月10日、橋本・大田会談において県が国の取り組みに一定の評価を示して歩み寄り、そして13日に至り、大田知事が公告・縦覧の代行に応じ、強制使用手続きを進める考えを表明した。これを受けて、橋本首相も残る職務執行命令訴訟を取り下げたのである。

こうして橋本首相は、住専国会を乗り切ったことに加えて、政権が背負わされていたもう1つの難題であった沖縄米軍基地問題が打開・発展したことを踏まえて、衆議院の解散・総選挙を決断したのである。衆議院を解散するための第137臨時国会は、9月27日に召集され、橋本首相は所信表明演説や各党の代表質問を一切省略し、召集日冒頭の解散となった。橋本首相は午前の閣議で、「本日をもって解散する決意だ。変革の流れの中で、明日に向かってこの日本をどう作り上げて行くか、国民の信を問う時がきた」と述べ、午後0時すぎ、土井たか子衆議院議長が「憲法第7条により衆議院を解散する」との詔書を読み上げた。連立政権時代に入っての総選挙は、10月8日に公示され、20日に投票が実施されることになった。

すでに述べたように、戦後の衆議院の解散は、今回で19回目であり、解散なしの任期満了であった1976年の「ロッキード選挙」を加えて、衆議院の総選挙は20回目となる。また、国会召集日に即日解散するのは、1966年「黒い霧解散」と1988年「衆参同日選挙」に次いで3回目となった。さらに、法案審議をしない会期冒頭の解散は10回目であり、解散は国会の会期中でなければ行わない慣例になっているため、今回を含め解散のために国会を召集した例がほとんどである。なお、政府演説と与野党の代表質問を経て解散した事例は５回である。そして、10月の総選挙は、１９５２年、１９７９年に次いで３回目となった[19]。

１９９３年７月18日に行われた前回の総選挙以来３年３ヶ月、また、小選挙区比例代表並列制という新選挙制度が実施されてからも既に１年９ヶ月が通過した。この間、必ずしも国民の付託を受けたとは言えない連立政権も生まれ、日本の政治自体が混迷を続けてきた。そのことを考えれば、今回の解散・選挙は遅きに失した感は否定できない。その意味で、今回の総選挙は、混沌とした時代の下での民意がどこにあるのかを示す重要な意味を有する選挙であった。実際、前回の選挙が「米ソ冷戦構造」の崩壊を受けて、自民党と社会党を基軸とした「１９５５年体制」に幕引きをした選挙であったとするならば、今回の総選挙は、それに代わる新たな政治的枠組みを形成することができるかどうかが大きなカギとなるものと思われた[20]。

②第41回総選挙の結果

第41回衆議院総選挙は、10月20日に実施され、即日開票された。今回の総選挙は、有権者にとって戸惑うことの多い選挙であった。何故なら、前回の１９９３年の総選挙後、「非自民」連立の細川内閣と羽田内閣、「自社さ」連立の村山内閣および橋本内閣という４つの政権が誕生し、政党や政治家の合従連衡と離合集散が繰り返されてきたからである。そして今回の総選挙は、連立政権時代に入ってから初めての総選挙であって、とくに連立時代３年余りに至る各党のあり方と新しい政権の枠組が問われるはずであった。しかし、選挙戦では自民党と新進党の両党は「単独過半数をめざす」と唱える以外には、総選挙以後の政権のあり方について明確な青写真を示さなかった。一方、社民党は、党首交代に伴い「消費税を白紙から論議し直す」と訴えるなど、自民党と距離をおく姿勢を打ち出した。また、政局のキャスティングボードを握る立場にいた民主党も、めざすべき政権像を明確にしなかった。

他方、政策面では、住宅金融専門会社（住専）の不良債権問題、薬害エイズ問題、「官官接待」などで官僚に対する国民の批判が強まるなかで、各党とも中央省庁の再編成などを中心とする行政改革を公約に掲げた。しかし、各党の主張は同じような内容であり、選挙の大きな争点とはならなかった。また、選挙制度が変更されたことに伴い選挙運動のやり方も変わったものの、政策の上での対決はみられず、それは総花的なものであって、新制度がめざした政党中心の政策本位の選挙とはほど遠いのが実態であった[21]。

今回の総選挙では、選挙制度の改革により、定数1の小選挙区300と、全国11ブロックで総定数200の比例区を組み合わせた「小選挙区比例代表並列制」が初めて実施された選挙であった。その結果は、すでに本論の冒頭で述べたように、自民党は過半数（251）の議席には届かなかった。しかし、選挙前の議席（211）を上回る239議席を獲得して、第1党の座を守った。

第2党の新進党は、政権の奪取をめざしたものの、結局4議席減の156議席にとどまった。選挙公示前に社民党や新党さきがけを離党した議員を中心に結成された民主党は、台風の目となった。しかし結果は、選挙前と同じ52議席であった。これに対して、共産党は11議席増やして、36議席へと躍進した。一方、選挙前に分裂した社民党は、30議席から獲得議席が15議席となり、第5党へと転落した。また、新党さきがけは選挙前の9議席から、わずか2議席になった。こうして、村山内閣から橋本内閣へと続いた「自社さ」連立時代の2年4ヶ月は、結局のところ自民党の復調と社民党および新党さきがけ両党の崩壊をもたらしたことになったといえる。

今回の総選挙では、有権者の政治不信の高まりによる「しらけ気分」に加えて争点の不確実さ、新しい選挙制度のわかりにくさもあって、投票率は戦後最低の59・65％（小選挙区分）だった。それまで最も低かった前回（67・26％）を更新し、すべての都道府県で前回を下回った。

今回の総選挙の結果生じた主な特色としては、次の点をあげることができる。

第1に、小選挙区の導入により、小選挙区ごとの投票率の「でこぼこ現象」が見られたことである。選挙区数が倍増したため単純にはいえないが、同じ都道府県内で選挙区ごとのばらつきが10ポイント以上あったところは、前回の8都道府県から27都道府県に増えた。例えば、最も開きの大きかったのは愛知県であり、県内の最高が73％で最低が49％であった。これは、選挙区ごとの事情が色濃く反映されたともいえる。

第2に、小選挙区と比例区の重複立候補が認められたため、小選挙区で落選し、比例区で「復活当選」するという現象が相次ぎ、復活当選者が84人にのぼったことである。復活当選は、比例区で各党の得票数に応じて議席を配分した後で、比例名簿で一定の順位に入っていれば当選となる仕組みである。重複立候補による復活当選の制度は、どちらかといえば中小政党の候補者にとって「救済策」となった面が大きかったといわれる[22]。

第3に、小選挙区の導入により、投票した候補者が落選して結果的に議席に結びつかず、いわゆる「死票」が大幅に増えたことである。例えば、小選挙区に限れば、自民党は得票率39％でもって、56％の議席を獲得したからである。一方、共産党は、小選挙区で得票率は13％であったものの、議席占有率は1％足らずに終わった。

第4に、今回は、小選挙区と比例区の「2票制」が取り入れられたことである。朝日新聞社が実施したアンケート調査によれば、およそ2割から3割の人が小選挙区と比例区で投票先が異なる「クロス（異党派）投票」を行っていた。なお、クロス投票した人たちの支持投票を見ると、「支持政党なし」の無党派層と自民党支持層が多かった[23]。

5．おわりに

それでは、1996年9月27日、橋本内閣のもとで行われた衆議院の解散は、第二次世界大戦後の解散を踏まえれば、いかなる「類型」の解散に相当するであろうか。先に紹介したように、深瀬忠一氏は、「合理的解散」の事例として、①新政権の担当者が政綱を掲げて有権者の信を問うもの、②重大な争点を掲げて有権者の選択を問うもの、③前の解散から3年以上たち、任期満了に接近した時期に与野党の話し合いの上でのもの、を挙げていた。今回の場合、いろいろな経緯はみられたが、しかし類型的には③に近かった。

すなわち、前の解散（1993年6月18日）から3年以上たっており、確かに与野党の話合いはなかったものの、それに近い状況が存在していたものと思われる。さらに、解散権行使の要件としては、同じく佐藤氏が「保利見解」を基に展開した諸説の中で、「前回の総選挙の争点とはなっていなかった重大な案件が提案され、あらためて国民の判断を求めるのが当然とされた場合」に該当するものと考えられる。

いずれにせよ、衆議院の解散・総選挙をめぐる決定過程には、当然のこととはいえ、党利党略、派利派略が激しくぶつかりあい、各政党および各派閥とも総選挙において1議席でも多く獲得しようと自党（派）に最も有利な時期を選び、そのための政治的環境づくりに懸命となる。確かに、衆議院の解散権を握っているのは、時の内閣—首相であるといっても、そこには多くの制約条件がふさがっているのもまた事実である。そこで解散のカギとなるのは、解散のための名目、時期、派閥力学、国会運営の動向などである。そして首相が「伝家の宝刀」を振りかざすには、首相自身の党内リーダーシップと併せて、党内実力者や有力閣僚の協力などが不可欠の要因となる。なお、最も注目される衆議院の解散の時期であるが、これまでの経緯をみると、12月の解散が4回と最も多く、また、2月と7月に衆議院の解散が行われたことはない[24]（図2参照）。

信田智人氏は、その著作の中で、衆議院の解散権について次のように指摘している。「衆議院の解散は、与野党、政権与党内のグループのバランスに変化をもたらし、しばしば日本政治の構図を塗り変える。政策の是非を問うために行われた解散なら、その傾向は特に強い[25]」。その意味で、今日、機能不全に陥った政治が回復するために、立法府、すなわち、国会における各会派の勢力関係を築き直し、新たな政権の枠組みを示すのが衆

図２　戦後の衆議院解散時期の分布

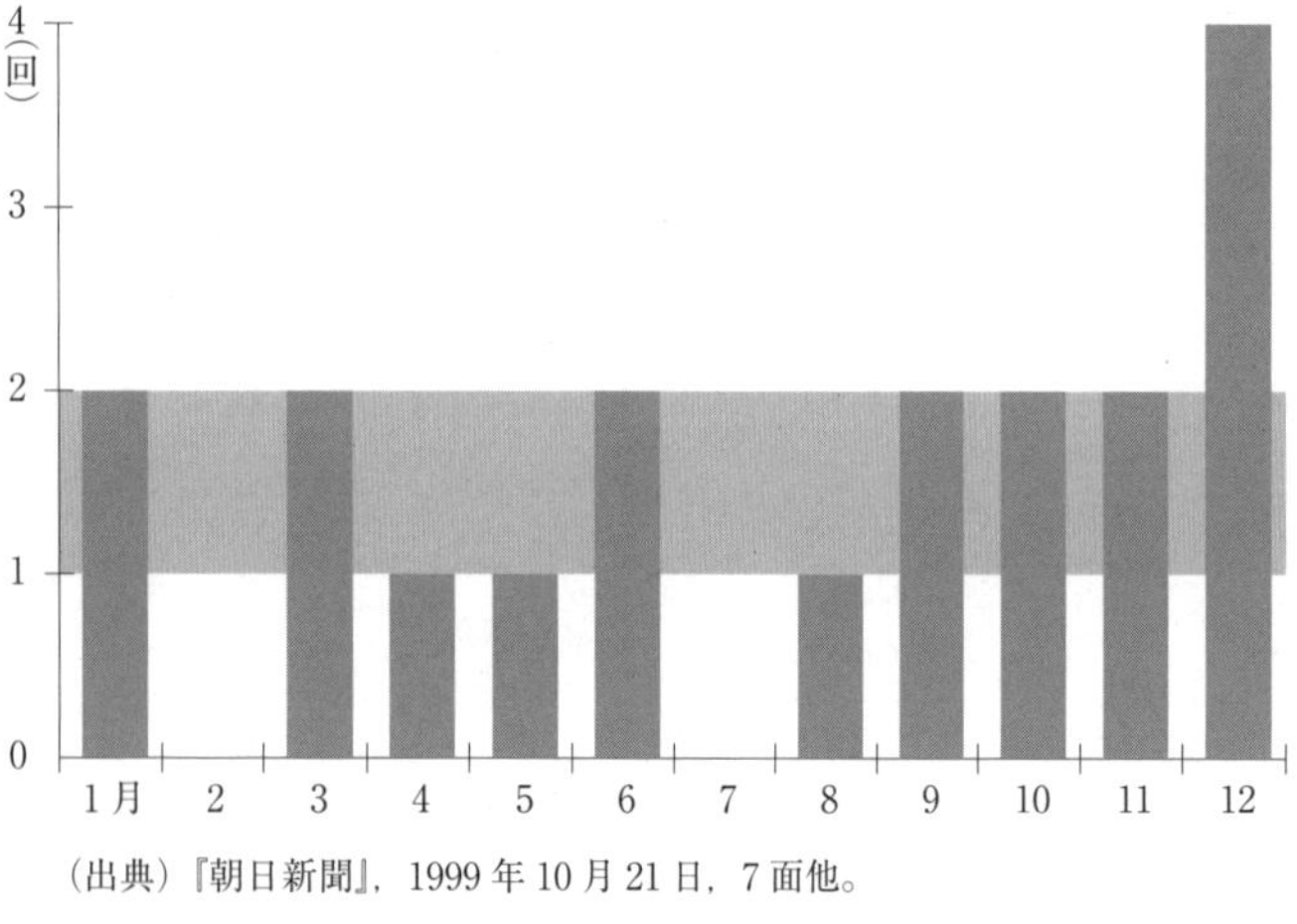

（出典）『朝日新聞』，1999年10月21日，7面他。

議院解散の意義だと言える。

注

（1）『朝日新聞』、１９９９年10月21日。
（2）宮沢俊義・芦部信喜『全訂　日本国憲法』（岩波書店、１９８８年）、１１５頁。
（3）「社説：骨格となる政策示せ」『朝日新聞』、１９９６年９月28日。
（4）『毎日新聞』、１９９９年10月19日。
（5）『朝日新聞』、１９９３年６月19日。
（6）藤本一美『解散の政治学―戦後日本政治史』（第三文明社、１９９６年）、１５７頁以下。
（7）佐藤功『ポケット注釈全書・憲法（下）』（有斐閣、１９８４年）、８４６頁。
（8）『毎日新聞』、１９７９年３月21日。
（9）佐藤功『続・憲法問題を考える』（日本評論社、１９９３年）、８～９頁。
（10）『読売新聞』、１９８４年11月２日、参照。
（11）「苫部地事件」『最高裁大法廷判決』、１９６０年（昭和35年）６月８日、大審院、最高裁判所民事判例集、参照。
（12）藤本、前掲書、『解散の政治学』、第２章および第３章参照。
（13）『解散の政治学』、第３章、第５章、第15章および第19章参照。
（14）深瀬忠一「解散権問題と定数違憲法判決」『ジュリスト』、１９８５年２月15日号、60頁。
（15）藤本一美「村山内閣の歴史的位置」『専修法学論集』、第77号、１９９９年12月、29頁。
（16）『朝日年鑑　１９９７年版』、１８１頁。
（17）右同じ、１７５頁。
（18）右同じ、１７５～１７６頁。
（19）『日本経済新聞』、１９９６年９月27日、（夕）。
（20）『読売新聞』、１９９６年９月27日、（夕）。
（21）『朝日年鑑　１９９７年版』、１６９頁。
（22）右同じ、１７０頁。
（23）右同じ。
（24）藤本、前掲書、『解散の政治学』、19頁。
（25）信田智人『総理大臣の権力と指導力』（東洋経済新報社、１９９４年）、88頁。

第6章「ドブ板選挙」の実態
―浦安市議会議員選挙始末記

１．はじめに

第15回統一地方選挙の前半戦と後半戦が展開された。平成15年（２００３年）４月27日（日）、私が住んでいる千葉県浦安市でも、市議会議員選挙が実施された。浦安市の市議会議員の定数は21名で、これに現職議員、元議員および新人ら37名が立候補した。私は今回女性候補である、遠藤和（えんどう　かず）さん〈無所属新人・35歳〉を応援した。彼女は７５７票を獲得したものの、21番目の当選者の得票が１１３６票で、これに遠く及ばなかった[1]。

本章では、東京のベッドタウンとして急激に発展し、東京ディズニーランドを抱える富裕な都市として知られる、浦安市の市議会議員選挙を取り上げ、選挙運動に参画した体験を踏まえ、いわゆる「ドブ板選挙」の実態の一面を報告したい。

２．浦安市の発展と課題

浦安市は、三方を海と河川に囲まれ、かつては陸の孤島と呼ばれていた。度重なる災害や苦難に遭い、その後漁業権の放棄、また、海面埋め立てなどの激動期を経て、現在、都市の成長率では、全国一にまで発展した。平成15年3月現在、浦安市は14万３００８人（男性が７万３１５９人、女性が６万９８４９人）の人口を擁し、世帯数は6万１６４６である。浦安市は、東京湾の最奥部である、「三番瀬」に隣接し、半径２キロメートルと大変小さな市である。しかし、「東京ディズニーランド」と豊富な蔵書を誇る「市立図書館」を有し、また高齢化率は８・１％と全国一若い元気な市でもある[2]。

「浦安（うらやす）」という地名、それは明治22年時に命名されたもので、「浦（海辺を指すやまと言葉）安かれ（災害に強いまち）」との願いが込められ、一漁村にすぎなかった村の安泰を祈願する意味で名付けられた。浦安村は、明治42年（１９０９年）９月の町制施行で浦安町となり、昭和56年（１９８１年）３月には市制がしかれた。この間、昭和44年（１９６９年）３月に都心と結ぶ地下鉄東西線が開通し、また昭和62年（１９８７年）12月には、ＪＲ京葉線が開業し、東京駅に乗り入れた。一方、人口は昭和50年（１９７５年）に３万人を、昭和54年（１９７９年）に10万人を突破し、平成15年（２００３年）には、14万人を数えた。

行政面積は、昭和40年（１９６５年）第一期埋め立て・土地造成、また昭和47年（１９７２年）からの第二期埋め立て・土地造成により、４・43平方キロメートルから16・98平方キロメートルと約４倍へと拡大した（ちなみに筆者の住む団地は、後者の埋め立て地域に建てられたものである）。

浦安市の平成14年度の予算規模は、一般会計が４９７億円で、前年度に比べて15・３％増大し、また、国民健康保険や公共下水道事業、介護保険などの７つの特別会計を加えた予算総額は、６９２億３１３０万円で、12・５％増大した。平成14年度予算のうち、市税や諸収入などの自主財源は３８７億９３１４万円で全体の78・１％を、また自主財源の中で市税が68％を占め、前年度に比べて45億２９８０万円（15・５％）の増である。

浦安市は、東京に勤務する多くのサラリーマン、また拡大する東京ディズニーランドを抱えていることなどもあって、財政的には、比較的豊かな市である[3]。

順風満帆の中で発展してきた浦安市で、２００２年11月、松崎秀樹市長に対して業者から３０００万円の資金提供が発覚し、八千代市長の汚職・逮捕に連動して、松崎市長にも贈賄疑惑が生じた。以来、連日のように新聞報道が展開された。このため市議会では、疑惑の解明を求めて「百条委員会」を設け、６回にわたり関係者を呼んで審議を行なった。しかし、松崎市長の答弁はあいまいで、疑惑はむしろ深まった。その後も八千代市のゴミ処理施設をめぐる汚職事件で贈賄側とされた「泰成」（本社・東京）と松崎市長との関係が明るみにされた。東京ディズニーランド関連の商業施設「イクスピアリ」がビル管理会社選定に際し、松崎市長が「泰成」を紹介したという。

こうした一連の疑惑に対して、松崎市長は、妻と共同名義の「オフィス松崎」への資金提供は、民間プロジェクトの受注による対価として受け取ったもので、何ら問題ないと弁明した。こうした状況の中で４月27日、浦安市議会議員選挙を迎えることになった。

3. 市議会議員選挙の結果

平成15年の3月末、突然、環境ジャーナリストの遠藤昌明氏から、「妻の和が市議会議員に立候補するので応援してくれないか」との依頼をうけた。遠藤氏は、私の趣味であるスキューバダイビングの仲間で、同じ団地に住んでいたことがあった。また私自身、以前に若いママさん達の代表として市議会議員に立候補して、市議会に新風を送ってはと、和さんに勧めた経緯もあり、選挙運動を手伝うことになった。

和さんは、1967年、広島県福山市に生まれ現在35歳で、2歳の男の子の母でもある。和さんの父親は地元の歯科医である。広島大学付属高校を卒業して、和さんは、津田塾大学に進学され、国際関係論を学んだ。

津田塾大学を卒業後、リクルートに入社し、「とらばーゆ」のメディア企画や商品企画に携わった。長男出産後、リクルートを退社し、「キャリアカウンセラー」の資格を取得。現在では、各自治体のコンサルティング事業のほか、個人のキャリア相談や中高年の再就職、大学生や高校生のキャリア・デザインプログラムなどに従事している。ちなみに、和さんは身長170センチもある爽やかな印象を与える女性である。

米国政治を専攻する私は、大統領選挙、連邦議員選挙、州知事選挙および市長選挙について分析したことはあるものの、実際に選挙運動に参加したことはなく、その意味でまったくの素人にすぎなかった。

「遠藤和と元気な浦安を創る会」が作成した選挙用のビラには、次のように和立候補の公約がうたわれていた(私が参画した時にはすでに出来上がっていた)。

浦安元気印!! 元気に働くママ、がんばる!!

○女性が輝く町が元気な町―女性のキャリア支援(仕事・ライフ支援)、働く子育て世代の支援を通じて、家族や未来世代が生き生きと暮らせる町を目指します。

○子供の未来が輝く町―子供が親の職場を訪ねる「子供参観日」など、小・中・高校での職業教育の充実、社会経験の豊かな住民が学校教育に参加する「コミュニティ・ティーチャー」の導入など、教育先進都市を目指します。

○水と緑が光輝く町―水の文化を活かし、水と緑が輝く「世界に誇れる町」を目指します。
○安全で人にやさしい町―行政と住民が密に連携し、浦安ならではの高齢者福祉問題、住宅問題の課題を真摯に受けとめていきます。

以上要するに、和候補が浦安市の有権者に訴えようとした点は、働く女性、子供の教育、水と緑の町づくり、そして安全でやさしい町であり、選挙運動を展開する過程では、働く者の味方、働く女性の味方および働くママの味方―それが遠藤和の特色で、和候補の若さ（今回の立候補者の中では乾昭一候補の31歳に次いで、２番目に若い）を前面に押し出し、新しい町には、新しい人材が要求されていると訴えた。

20代の市会議員を育てる「若者政治家養成塾」の代表である中根一幸氏によれば、市会議員の場合でも、立候補するにあたっては普通1年前から本格的な活動をしなければ、当選はおぼつかないという[4]。

しかし、和候補の場合、投票日のわずか２ヶ月前に立候補を決意し、準備不足は否めなかった。実際、現職議員たちは、再選をねらって1年前から組織を固め、支持者の拡大に努めていた。

「戦術会議」に出席した私は第一に、電話依頼によるローラー作戦の実施、第二に県会議員との相乗り協力を主張した。第三に「朝立ち」人員の確保、第三に「朝立ち」人員の確保。しかし「選対本部長」とは折り合いがつかず、その多くは受け入れられなかった。また陣営内部で、選挙運動のやり方をめぐって、若者と年配者との意見の対立も生じた。

私は結局、和候補のため午前6時30分から8時30分までの2時間、和候補と一緒に浦安駅を中心に「朝立ち」を手伝うことにした。

４月に入って都合10日間、私と和候補は、ＪＲ新浦安駅の北口、南口、西口、東口、舞浜駅および東西線の浦安駅前で朝立ちを行ない、前半はビラ配りをし、そして後半はあいさつと連呼を繰り返した。また、選挙運動も後半に入ってから、大学のゼミの学生を動員し、「政治学教育」の一環として、和候補の選挙事務所を訪問し、街頭での「辻説法」につきあった。

ビラの配布に際しては、10名のうち一人でも受け取ってくれれば良い方で、連呼をしている時には、出勤途中のサラリーマンたちからいやな顔もされた。

４月27日に実施された選挙の結果は、既述のように遠藤和候補の得票は757票にとどまり、見事に落選であった。ちなみに次点は1105票で、少なくともあと400票は足りなかったといえる。

有権者数10万9393人中、投票総数は、4万5925人（男性が2万1989人、女性が2万3936人）で、投票率は43％、前回の46・62％を3・6ポイント下まわった(5)。

最高得票者は、3325票獲得した無所属新人で38歳の内田悦嗣さんであった。当選者の内訳をみると、現職議員が13名、無所属新人が7名、そして元議員が1名で、現職は3名が落選し、およそ3分の1が入れかわった。

既成政党では、公明党と共産党の候補者がその強力な組織力を背景に各々3名当選した。また、無所属の新人でも上位得票者はいずれも保守系で、何らかの組織をバックにして当選した人たちであった(6)。

4．おわりに

選挙戦の過程では不思議なことに、松崎市長の贈賄疑惑の問題がほとんど争点とならなかった。わずかに、共産党が、この問題を正面から取り上げた点が目に付いた。今日、日本全体の景気が悪い中で、浦安市は財政的に豊かであって、これも争点とはならなかった。もちろん、浦安市にも課題がないわけではない。例えば、近隣する東京都の江戸川区に比べて貧しい医療施設、ディズニーランド周辺の交通網の整備および将来の高齢化対策など、早急に取り組むべき事項は山積している。

浦安市は、いわゆる「旧浦安」と「新浦安」とに分かれて、住民層、人情および考え方などに違いがあり、しかも古い住民と新しい住民との対立もみられた。

遠藤和候補は新浦安に属し、新しくかつ若い世代を代表する立場にあった。しかし選挙での準備不足もあって、現職員および新人候補の「組織の壁」を破れず、あてにした無党派の風はついに生じなかったといえる。

今回、選挙運動を手伝って感じたことは、多数の有権者たちに、短期間の訴えのみで支持する候補者の氏名を投票場で書いてもらうことの難しさであり、学問だけでなく選挙運動でも、日常の活動の重要性を深く考えさせられた次第である。

注

（1）『毎日新聞』、2003年4月28日。
（2）『浦安市市勢要覧二〇〇三年』（浦安市役所、2003年）、46頁。
（3）右同じ、「浦安市のプロフィール」。
（4）中根一幸『地方議員に転職する方法』（三省堂、2003年）、12頁。
（5）『毎日新聞』、2003年4月2日。
（6）右同じ。

第7章　「臨床政治学」の提唱と発展
―岡野加穂留氏の学問的足跡

1．はじめに―〝臨床政治学会〟の発足

２００６年６月７日、明治大学元学長の岡野加穂留氏が亡くなられた。享年76歳であった。岡野氏は、明治大学を代表する「顔」そのものであり、政治学者として著名であったのみならず、政治評論家としてテレビなどで幅広く活躍され、また晩年にはいわゆる「臨床政治学（Clinical Politics）」を提唱し、臨床政治学会を立ち上げるなど、新しい学問体系の構築に貢献された。

私自身、臨床政治学会の発足を手伝った経緯もあり、岡野氏の母校である明治大学政経学部の一後輩であり、また、現在米国政治および政治学を研究している一学徒である。以下では、岡野氏が提唱したいわゆる「臨床政治学」の目的、内容および業績を紹介し、合わせて岡野氏が残された学問体系を検討することにより、臨床政治学会理事長への追悼の言葉に代えたいと思う。

2．「臨床政治学」の提唱

２００３年４月５日、専修大学神田校舎13―A教室において日本臨床政治学会の設立総会が開かれ、岡野加穂留氏（明大名誉教授）の記念講演「臨床政治の目的と課題」のほかに、共通論題として、〝臨床政治の展開〟の研究会が行われた。研究会の司会者は、藤本（専修大学）が務め、報告者とその題目は次の通りであった。石井貫太郎氏（目白大学）「臨床政治の方向性」、大島寛氏（共同通信社）「ブッシュ政権の光と影」、飛矢崎雅也氏（明大大学院）「大杉栄論」。また、討論者は丹下剛氏（国際医療福祉大学）にお願いした。なお、当日の参加者は40名で、理事長に岡野加穂留氏が就任した。

本節においては、岡野氏の発言および業績によりながら、「臨床政治学」の目的と内容を紹介する。岡野氏は「日本臨床政治学会　ニューズ・レター（№.１）」（２００３年４月10日発行）の座談会「臨床政治学の課題」の中で、司会者である藤本の問題提起、すなわち

「臨床という言葉は医学用語でよく聞くのですが、基礎医学に対して病理の診断をしていくという意味がありまして、後者のほうが臨床という言葉に当てはまると思います。先生のご業績を拝見すると、臨床政治学というものは、いわゆるマスコミの〝客観主義〟、〝現場主義〟、そしてもう一つにはアカデミズムの〝客観主義〟、この間を取り結ぶものであるというふうに理解できると思います[(1)]」。これに対して、岡野氏は臨床政治学の目的について次のように答えている。

「アカデミズムとジャーナリズム、ないしマスコミュニケーションとの接点、つまりマージナルなところで政策や理論を擦りあわせて、政治を組み立てていく。政治というものは、研究室で横文字を翻訳することとか、先人の先輩方の功績を客観的に評価するのは当然ですが、それに振り回されてはいけないのではないかと思います。対談で寿司屋に居るからいうのではないのですが（笑い）、学問の材料を東京の魚河岸の市場で選ぶのではなく、魚河岸の市場に来る魚をちゃんとポイントを決めて現場で捕る、そうした現場で釣った魚を食べてみよう、ということです。……自分で綱を下ろして素材を採集する必要があるのではないか[(2)]」。

右の岡野氏の発言を受けて、座談会の対談の相手であった東京大学医学部助教授の丹下剛氏は、次のように医学者の立場から、臨床学の内容を的確に指摘されている。

「それは、政界、ジャーナリズム、アカデミズムを一緒に擦り合わせていくと同時に、境界領域で考えていくという、つまり別の言葉に言い換えますと、現場を重視しようということだと思います。ここで、〝現場〟という言葉を取り上げてみたいと思うのですが、医学の場合、臨床というのは医学の出発点というふうに皆さん考えています。臨床の床、つまりこれはベッドです。ベッドに臨む、患者に接するというのが医学の原点です。そのすべてが患者に接して、患者を先ず診て、症状を聞いて容体がよいか悪いかということから、どんな病気か、治療は出来るのか。出来るとすればどのような治療法が一番適切かということを考えていく、それが臨床なんですね[(3)]」。

ところで岡野氏はこの座談会以前にすでに、書物などで臨床政治学の基本的構想を提唱されていた。まず、現代臨床政治学叢書第２巻、『比較政治学とデモクラシーの限界―臨床政治学の展開』（東信堂、２００２年）の

〝まえがき〟において、次のように新しい学問体系を構築する意義について言及されている。

「現代政治の実態を判りやすく市民に説明する方法として、臨床政治的研究といったものが確立できないかと長い間にわたって試行錯誤してきた。臨床政治学の意味については、現段階で私が考えている内容を第二巻で説明しておいた。医学の世界では、常識的に使用している〝臨床〟という名称をあえて使ったのは、学問研究の名で、パターン化した伝統社会の価値転倒を図り真の学問研究の分野の覚醒を引き出したいというところに狙いがある。因習的な研究方法の型を破ると、新しい別の世界が拓けてくるものだ。研究者の〝自〟と、研究対象の〝他〟を、媒介物無しに、自他の統一をして第三の概念の構築をしたいと思っていた。人から聞いたことや、誰かが書き上げたものや、マスコミの報道を基に概念構成をするという方法は、そこに既に〝何か〟が、つまり〝自〟と〝他〟の間に、意図して造られた〝もの〟が介在してしまう。たとえそれが決して偏ったものではないように思われても、〝自分で得たもの〟でない事だけは確かである」と。従って、「学問の姿勢として普段は目に見えぬものを見、耳に聞こえぬものを聴くという態度が必要なのだ。つまり、又聞きではなく、想像でもなく、自分で体験して手に入れた材料を、学問する研究姿勢を呼び起こすための科学者としての緊張感である」と看破している。[4]

続いて岡野氏は、「〝臨床政治（Clinical Politics）学〟の覚え書」『明大政経論叢』（第68巻、２０００年3月、後に『比較政治学とデモクラシーの限界』に収録）において、既成の政治学の限界と問題点を次のように述べて、臨床政治学の必要性を強調している。

まず「伝統的な、または、時によっては高踏主義的なアカデミズムと、リアルな現実主義のジャーナリズムの接点を超えて、重なりあう対象分野の客観的な研究取材の領域に踏み込んで、対象物を分析する方法の確立が是非とも必要であり、そのための研究接近の方法としての、〝臨床（Clinical）〟の概念を伝統的な政治学に組み込んでみたい願望に駆られたのである」と述べた上で、「従来からの社会科学の研究分野で展開されてきたいわゆる方法論には、アカデミズムの伝統という観点から、時には、陳腐とも思われる科学主義への極端な傾斜や拘り、または、ひたすら抽象的な方法を論じる方法論に埋没して、一向に埒のあかない悪循環に落ち込む危険性があった。……さらに、学問の理想や、それを極めるための体系化を思念する基本的問題を提起する研究を、頭から非現実的と非難する立場、つまり〝現実主義（リアリズム）〟と称するものが陥る欠陥がある」。また「日本のジャーナリズム（特に政治報道の分野）には、デモクラシーの理念による先駆的な取材報道姿勢は、ごく僅かの例外を除いて今もみられず、〝インテリ野次馬のロマンチシズム〟をふりかざす情緒的な姿勢を脱却できずにいる」。そこで、「ジャーナリズムの本来的特性である大衆性と、世論の波に抵抗して本質的に孤高性の強いアカデミズムとの接点における融合を思考することによって、学問研究から得た成果を社会的に還元する道を開拓したいのである」と、結論を下している(5)。

3．「臨床政治学」の発展

本節では、前節で述べた岡野氏の主張する臨床政治学の提唱を踏まえて、具体的に岡野氏の主要な業績を取り上げ、その特色を述べながら、臨床政治学の発展を辿ることにしたい。

①『多党制政治論』（経済往来社、１９６８年）

本書は岡野氏の処女作である。序章のモーリス・デベルジェの概念を使用した政党分析の枠組みを検討した論考に続いて、東京都中央区の地方議会が分析の対象となっている。敗戦になって、どのように経済復興をとげ、その結果、いかなる形で社会的緊張関係が生じたのかを調査したものである。東京の中心に位置する中央区においても、戦前と戦後とでは地方議会の構成員が大きく変化したが、それが社会構造自体の変容に影響を与えたことを克明に実態調査に基づいて分析しており、政治社会学的な手法を援用した先覚的な業績であるといえる。そこでは、臨床政治学の手法、つまり「現場主義」＝自ら資料を集めて分析する姿勢がかい間見られる。

②『光の国と闇の国―比較政治学的分析』（経済往来社、１９７４年）

本書は、岡野氏のライフワークとなった北欧諸国とインドネシアなどアジア諸国とを比較分析した労作である。岡野氏はわが国におけるスウェーデン政治研究の草分けであるが、地理的には暗いが政治的には光の国であるスウェーデンと、太陽が輝くものの政治的には闇の国であるインドネシアを中心にデモクラシーの発展段階が比較分析されている。タイトルは、米国の神学者Ｒ・

ニーヴァの Children of the Brightness, Children of the Darkness にヒントを得たものであるといい、極めて興味深い内容にあふれている。岡野氏自身、本書を一番好きな作品だと述べており、いわば氏の学問的スタートとなった業績である。ここでも岡野氏は、直接現地に赴いて、単に資料の収集だけに終わらず、関係者へのインタビューを駆使するなど、「臨床政治学」的手法を用いて分析している。

③『政治風土論』（現代評論社、1976年）

本書は岡野氏が、『世界』、『中央公論』『朝日ジャーナル』『エコノミスト』をはじめとする主要な月刊誌や週刊誌に執筆した評論集であり、そこでは、いわゆる〝田中支配＝軍団〟的なものが評論の対象となっており、〝隠蔽社会である日本政治の病理〟が克明に指摘されていて興味深い。いわば風土概念として〝日本の民主主義〟の考え方が明確に示されていて、それ以降の日本政治分析の核となった業績である。本書によって、岡野氏の政治評論家としての地位が確立されたといえよう。現在でも、本書は岡野氏の代表作の一つとして名著の誉れが高い。本書においても、永田町＝国会に直接足を運び、現場を自分の目と耳で確かめるという、臨床政治学の手法が駆使されている

④M・デュベルジェ著・岡野加穂留訳『政党社会学』（潮出版社、1970年）

本書は、政党研究者として著名なフランスの政治学者モーリス・デュベルジェの現代政党の概念および実態を記した翻訳書である。本書は二段組で、500頁におよぶ本邦初の完全なる翻訳である。周知のように、デュベルジェは、政党を「大衆政党」と「幹部政党」に区別しその概念を導入したことで知られ、政党研究のレベルを一挙に高めた政治学者であり、政治学を学ぶものにとって必読書のひとつに数えられている。岡野氏が最初に『明治大学政経論叢』に発表した学術論文も実は、モーリス・デュベルジェの政党論に関するものであり、助手時代から、政党社会学の原著を通読され、翻訳に取り組まれていたのである。

⑤岡野加穂留他編『世界の議会』（ぎょうせい、1983年、全12巻）

岡野氏が編者となった主要な業績のひとつに、全12巻におよぶ世界の主要国の議会の歴史、仕組みおよび実態を取り上げた『世界の議会』がある。『世界の議会』の発刊については、岡野氏が本シリーズ全体の編集に携

わっただけでなく、シリーズの一冊として自ら『北欧の議会』を担当・執筆している。本書では、これまでほとんど紹介されることがなかったスウェーデンの〝一院制議会〟や〝オンバズマン〟制度について言及され、わが国ではじめて本格的に北欧諸国の歴史、政治制度および議会の仕組みが克明に分析・紹介された貴重な文献であり、日本の政治学会に大きな貢献を果たした。岡野氏の代表的な仕事のひとつとして評価されている。

⑥『明日の天気は変えられないが明日の政治は変えられる』（東信堂、２００３年）

最後に遺作となったコラム集を取り上げておきたい。本書は、『東京新聞』の夕刊に約5年にわたって連載してきたコラムを一冊の本にまとめたものである。途中で途切れたこともあったが、週三回にわたり一回約８００字程度の社会評論を続けてきたその熱意については頭が下がる思いである。このコラム欄では、その時々の政治、社会、文化のあらゆる面が対象となっており、岡野氏の江戸っ子弁が随所に見られるなど、興味深い作品に出来上がっている。私はこれを見て、米国の有名な社会評論家であるウォルター・リップマンのコラム『今日と明日』を思い出した。岡野氏の社会評論家としての才能が遺憾なく発揮され、〝臨床政治〟のすべてが展開されていて面白い。一読されることをお勧めしたい[6]。

4．おわりに―臨床政治学の成果

以上、岡野加穂留氏が提唱し、発展させてきた臨床政治学の現状について述べてきたが、近年の活動動向を若干紹介しておこう。先ず、臨床政治学会は２００８年4月をもって6回目の全国研究大会を開催するなど盛会を極め、現在会員数は85名を数える。またこの間に、『臨床政治研究所』も設置され、二ヶ月に一回の割合で研究会が行われている他に、学会誌として『ポリティーク』が第10号まで公刊された。さらに、岡野氏が監修者となった「現代臨床政治学叢書」全3巻の完成に続いて、「臨床政治学シリーズ」全20巻の刊行も順調に進んでいて、現在5巻まで公刊されている。

筆者が岡野氏と最後に会ったのは、２００５年の秋、米国に在外研究で出かける直前のことである。そのとき岡野氏は、珍しくほめてくださった。「藤本君、君はプランニングがよい」と、そして「君に期待している」と声をかけてくださった。２００７年には早稲田大学の内田満先生も亡くなるなど、私学を代表する政治学者が次々と他界されて寂しい思いを深くする。今後、われわれ会員は岡野加穂留氏の遺志を継ぎ、臨床政治学をよりいっそう高める業績をあげて、後輩を育てていきたいと考えている。岡野先生さようなら。

注

（1）『日本臨床政治学会 ニューズ・レター』No.1（2003年4月）、1頁。
（2）右同じ、2頁。
（3）右同じ、3頁。
（4）岡野・大六野編『比較政治学とデモクラシーの限界』（東信堂、2002年）、5頁。
（5）右同じ。
（6）なお、岡野氏の著作一覧については、岡野・伊藤編『政治思想とデモクラシーの検証』（東信堂、2002年）、327〜338頁を、また、岡野氏のオーラル・ヒストリーについては、岡野・藤本編『村山内閣とデモクラシーの危機』（東信堂、2001年）、351〜385頁を参照されたい。

あとがき
―福田〝背水の陣〟内閣の船出

２００６年の秋に発足した安倍内閣は、国民の大きな期待の中で迎えられた。当初、安倍内閣は多くの重要法案を成立させたものの、その後、閣僚の相次ぐ失言、松岡農水相の自殺に見られる「政治とカネ」、さらに年金の管理問題などの失点が重なり、混乱の中で通常国会は閉幕した。その結果は、07年7月末に実施された参議院選挙にもろに現れた。自民党はなんと37議席の獲得にとどまり、参議院では民主党に第一党の座を奪われてしまったのである。しかし、安倍首相は続投を宣言し、党役員の交代と内閣改造で逃げ切ろうとした。

8月末、新たに安倍改造内閣が発足した。だが、農水相が1週間で辞任するなど、政権は末期的状態が続いた。9月12日、臨時国会の冒頭に、安倍首相は突然辞任を表明し、その理由として「局面の転換」を挙げた。しかし、多くの難問を抱えていたにせよ、所信表明演説を行った直後の辞任表明について、無責任であるとの批判が生じたのは当然である。その後、自民党総裁には麻生太郎を抑えて、安倍首相と同じ町村派の福田康夫が選出され、危機の中で福田内閣は船出をしたのである。

改めていうまでもなく、安倍内閣の基本的弱点は、総選挙で勝利して手にした政権ではなく、いわば小泉前首相から〝禅譲〟された政権であったことだ。そのため、安倍内閣は小泉色を継承しなければならない一方で、他方では政策面で内閣の独自色を提示することに腐心するという矛盾を抱えていた。安倍首相は「戦後レジームからの脱却」とか「美しい日本の建設」をキャッチフレーズに据えていたものの、それは小さな政府を目指し、しかも日本国憲法の改正を意図するなど、明らかに〝右翼的保守主義〟の一面を色濃く示していた。安倍首相の考える新しい日本の国家像にしても、一体いかなる国家戦略を基本として、どのような方向に進むのか政権の「政策協議事項（ポリティカル・アジェンダ）」の優先順位が今ひとつ不鮮明であったといえよう。

ところで本書は、筆者がこの数年の間に単行本や雑誌などに書き溜めてきた、現代日本政治に関する論考を一冊にまとめたものである。第1部の第6章、7章および第2部の第7章を除けば、すべて発表ずみのものが下敷きとなっている。本書の各章を構成している論文の初掲誌は、以下のとおりである。

第1部　第1章　『戦後政治ハンドブック』第1巻〜第4巻（つなん出版社、2004年—2008年）の編者序文
第2章〜第5章　『戦後政治ハンドブック』第1巻（第4章）、第2巻（第7章）、第3巻（第2章）、第4巻（第4章）
第2部　第1章〜第2章　藤本・秋山編『日米同盟関係の光と影』（大空社、2002年）第1章および第4章
第3章　『政治学の諸問題　V』（専修大学法学研究所、1999年）第1章
第4章　岡野・藤本編『村山内閣とデモクラシーの危機』（東信堂、2003年）第2章
第5章　『明治大学政経論叢』第98巻（2004年10月）
第6章　『世界と議会』2005年6月号

見られるように、本書は主として一般向けの概説書が中心となっており、必ずしも戦後の日本政治史に関する新しい事実や資料が紹介されているわけではない。ありていに言うなら、本書の内容は専門書と概説書の中間領域を焦点にしているといってよい。今後は、本書の習作を踏まえて、吉田、岸、中曽根および小泉政権などにも言及し、戦後政治史の新たな地平を開拓していきたいと思っている。

本書の校正・索引作成では、明治大学の卒業生である金野円さんにめんどうをかけた。御礼を述べたい。

最後になったが、本書は専修大学出版局から公刊の運びとなった。本書でもって私が専修大学出版局から公刊する書籍は都合5冊目となった。今回もまた、編集部の高橋泰男氏および川上文雄氏には、本書に対して適切なアドバイスをいただき、大変立派なものに仕上がった。この場を借りて、改めて感謝の意を表する次第である。

2008年1月1日　藤本一美　記す

【さ行】

【た行】

【な行】

【は行】

【ま行】

人名索引

【ら行】

【わ行】

【さ行】

事項索引

筆者紹介

藤本一美（ふじもと・かずみ）

1944年　青森県に生まれる

1972年　明治大学大学院政治経済学研究科　博士課程修了

現　在　専修大学法学部教授

専　攻　政治学，米国政治

［著書］

『戦後政治の争点　1945—1970』（専修大学出版局，2000年）

『クリントンの時代—1990年代の米国政治』（専修大学出版局，2001年）

『戦後政治の決算　1971—1996』（専修大学出版局，2003年）

『［増補］米国の大統領と国政選挙』（専修大学出版局，2008年，共著）

『米国政治のダイナミクス　上・下』（大空社，2006～2007年）

『ネブラスカ州における一院制議会』（東信堂，2007年）

『現代議会制度論—日本と欧米主要国』（専修大学出版局，2008年）など多数

現代日本政治論　1945-2005

2008年5月12日　第1版第1刷
2009年4月10日　第1版第2刷

著　者　藤本　一美

発行者　渡辺　政春

発行所　専修大学出版局
〒101-0051　東京都千代田区神田神保町3-8
㈱専大センチュリー内
電話　03-3263-4230㈹

印　刷
製　本　株式会社　加藤文明社

© Kazumi Fujimoto 2008　Printed in Japan

ISBN 978-4-88125-207-9